Peut-on penser l'économie après Marx et Keynes ?

Questions Contemporaines
Collection dirigée par J.P. Chagnollaud, B. Péquignot et D. Rolland

Derniers ouvrages parus

Claude MEYER, *Le blues du prof de fac*, 2009.
Arno MÜNSTER, *Réflexions sur la crise : éco-socialisme ou barbarie ?*, 2009.
Benoît VIROLE, *Surdité et sciences humaines*, 2009.
Xavier CAUQUIL, *Phénoménologie politique de l'Europe*, 2009.
Florence SAMSON, *L'ombre de 1929 plane en cette année 2009*, 2009.
Kamal BENKIRANE, *Culture de la masculinité et décrochage scolaire des garçons au Québec*, 2009.
Bernard BÉCLIN, Kathleen BOUILLIER, Jocelyne LOUME, Brigitte MANGIN, Hasnia MEDJDOUB, Gaëlle SALIOU (PF 93), *Placement familial 93. Loin du prêt-à-porter, du sur-mesure*, 2009.
Riccardo CAMPA, *Langage et stratégie de communication*, 2009.
France PARAMELLE, La lutte contre le crime à New York, 2009
Phillipe CADIOU, *L'école, la culture, la démocratie*, 2009.
Benoît BOUTEFEU, *La forêt mise en scène. Jeux d'acteurs, attentes des publics et scénarios de gestion de la forêt*, 2009.
Riccardo CAMPA, *L'époque de l'information*, 2009.
Jean-François BOUDY, *Vivre de deux métiers. La pluriactivité*, 2009.
Jean-Jacques TERRIN, *Conception collaborative pour innover en architecture*, 2009.
Guy ROUDIERE, *L'illusionnisme, une réalité du discours politique*, 2009.
Gilbert BÉRÉZIAT, *Cambodge 1945 - 2005 : soixante années d'hypocrisie des grands*, 2009.
Karl NESIC et Gilles DAUVÉ, *Au-delà de la démocratie*, 2009.

Henri de France

Peut-on penser l'économie après Marx et Keynes ?

Sous la crise économique, une crise des fondements

L'Harmattan

DU MÊME AUTEUR

Économie et vie spirituelle, Octarès Éditions, Toulouse, 2000.

Précis d'économie agricole pour le développement, Karthala, 2001. (nouveau tirage en octobre 2008).

L'Économique revisitée, Octarès Éditions, Toulouse, 2003.

À la mémoire du P. Stanislas Breton

« Ne crois point que j'apporte une recette et que l'accord entre les hommes réside dans la vertu d'aucun arrangement automatique ».

Paul Claudel, *La Ville.*

5-7, rue de l'Ecole polytechnique, 75005 Paris

http://www.librairieharmattan.com
diffusion.harmattan@wanadoo.fr
harmattan1@wanadoo.fr

ISBN : 978-2-296-10564-5
EAN : 9782296105645

SOMMAIRE

CHAPITRE INTRODUCTIF

Aujourd'hui, ceux qui se demandent ce qu'il y aura lieu de faire après la fin de la crise actuelle se regroupent pour l'essentiel en deux camps opposés : les optimistes et les utopistes. Les premiers se préparent déjà à la future reprise, censée permettre à la « marche des affaires » de reprendre son cours comme auparavant ; ils la jugent certaine, à court ou à moyen terme. Quant aux seconds, ils entreprennent de définir dès à présent les contours d'un autre monde dont ils jugent l'avènement nécessaire et possible, et qui reposerait sur des bases radicalement nouvelles.

Il me semble qu'une démarche préalable a été trop tôt occultée par les tenants des deux bords. Si en effet les effets de la crise que nous vivons sont aisément perceptibles, sa nature propre n'a peut-être pas été suffisamment sondée. Qu'il s'agisse d'une crise de techniques financières devenues folles, couplée à une crise de la régulation, est suffisamment clair. On peut cependant pousser plus loin l'interrogation. Il s'agit de se demander si on n'est pas en présence de la crise générale d'un système économique qui s'épuise, à force d'avoir tourné le dos à ses propres fondements. Adopter cette hypothèse, c'est dire que le capitalisme n'est malade d'un dérèglement de sa gestion que parce qu'il est d'abord la victime d'une déviation de son esprit.

Le choix d'une telle orientation implique une prise de position au niveau de la méthode : avant de chercher à *résoudre* les problèmes que pose aujourd'hui la vie économique – et notre civilisation en général - il est préférable de commencer par les *poser* de façon correcte. « Nous planifions toujours beaucoup trop et nous pensons toujours trop peu » : cette petite phrase inscrite par Joseph Schumpeter dans la Préface à la seconde édition de son dernier ouvrage[1] paraît étonnamment actuelle. Schumpeter savait qu'il vivait à une époque éprise d'action, avide de solutions concrètes, de recommandations pratiques - alors que son but à lui était avant tout de faire penser le lecteur (« *I did want him to think* »). N'est-ce pas là le cœur du message que tout enseignant d'université se

[1] J. Schumpeter : *Capitalism, socialism and democracy*, ouvrage publié en Grande-Bretagne en 1943. Sixième édition en 1987 (Unwin Paperbacks).

doit de faire passer à ses étudiants, à longueur d'année : Ne pensez pas forcément comme moi, mais pensez !

En fait, la réflexion que ce livre propose a commencé voici bien longtemps. Il s'agit au fond de répondre à une question très simple. L'économie, nous dit-on aujourd'hui, c'est le monde de la marche en avant continuelle et de la compétition permanente. Est-ce si évident ? Est-il vraiment nécessaire qu'il en soit ainsi ? S'agissant de cette part de notre activité qui consiste à produire les moyens matériels de notre existence, sommes-nous définitivement condamnés à nous battre contre les autres, contre la nature, ou encore contre une prétendue « rareté » qui pèserait sur notre destin à la manière d'un couvercle ? Est-il vraiment raisonnable - ou « rationnel », comme on se doit de dire aujourd'hui - de chercher à pousser toujours plus loin les limites de la nature humaine ?

Le présent ouvrage se présente ainsi comme le troisième volet d'une trilogie, les thèmes évoqués dans ces pages étant déjà au centre de deux livres antérieurs[2]. Dans les chapitres qui composent ce livre, et surtout dans ce chapitre introductif, mes lecteurs trouveront bien sûr un certain nombre de redites. Du moins, la démarche que je propose se situant sur des chemins fort peu fréquentés par les économistes contemporains, j'ai la certitude de ne pas recouper ici la réflexion des autres.

Je vais m'efforcer ici, une fois encore, d'interroger la théorie et la pratique actuelles de l'économie. Il ne s'agira pas d'opposer une école d'économistes à une autre, ni d'exposer une fois de plus – qui serait une fois de trop - ce qui sépare les économistes néo-classiques de leurs confrères keynésiens. Il me semble que les propos des uns et des autres, trop souvent ressassés, ne sont plus audibles aujourd'hui, car situés trop en deçà de nos inquiétudes présentes. Plus loin, je m'efforcerai de montrer que les premiers de ces auteurs, déformant de façon idéologique une image célèbre empruntée à Adam Smith, invoquent de façon quasi-magique les capacités régulatrices d'une prétendue « main invisible du marché » (voir *infra* chapitre 2). Quant aux seconds, ils invitent l'Etat, en période de crise sévère, à voler au service de l'économie – comme si la solution était encore entre ses mains, en un temps d'abolition des

---

[2] *Economie et vie spirituelle*, Octarès Editions, Toulouse, 2000, et *L'économique revisitée*, publiée chez le même éditeur en 2003.

frontières, où l'économie est passée sous le contrôle d'une finance internationalisée, anonyme autant qu'irresponsable.

Il y a peu, des économistes réputés sérieux nous proposaient la théorie des « anticipations rationnelles ». À propos de ces travaux, il est permis de reprendre le mot du prix Nobel Ronald Coase : « Blackboard economics » : économique du tableau noir. Nous avons vu en effet des *traders* livrés à eux-mêmes (qualifiés de petits génies quand ils réussissent, et de « terroristes » quand ils échouent) adopter pour le compte d'autrui – leurs entreprises, et les clients de celles-ci – une conduite relevant de l'*hybris*, c'est-à-dire de l'irrationnel pur. Aujourd'hui, des voix autorisées nous invitent à repasser une fois de plus de Milton Friedman à Keynes, du marché omniscient à l'Etat omnipotent, comme si les vieilles recettes qui ont échoué dans les années 1970 et 1980 pouvaient encore être porteuses d'espoir.

On peut se demander si les décideurs sont incapables de voir que nous sommes parvenus au temps du *grand déséquilibre* – ou, si l'on préfère, au temps des *extrêmes* – ou bien s'ils ont peur de nous annoncer, comme autrefois Churchill au peuple britannique, « du sang et des larmes » ? Il semble pourtant évident que nous nous trouvons au bout d'une logique que certains ont pu croire éternelle (« la fin de l'histoire ») mais qui ne pouvait être - comme toute entreprise humaine – qu'étroitement délimitée dans le temps. C'est donc bien de refondation qu'il s'agit, les solutions ne pouvant plus être que radicales. Ni les petits mécaniciens (du marché) ni les grands mécaniciens (de la macroéconomie) n'ont le pouvoir de porter remède aux maux dont nous souffrons. Désormais, les solutions sont à chercher au-delà – ou en deçà – de la mécanique.

Sachant cela, d'aucuns mettront leur espoir dans une révolution, qui ferait passer les rênes du pouvoir politique entre les mains de groupes sociaux aujourd'hui dominés. Mais nous savons désormais que toute révolution politique fait bientôt surgir une *nouvelle classe* dirigeante qui adoptera bientôt, comme ses devancières, un comportement de propriétaire du pouvoir (voir *infra* chapitre 3).

Si le salut ne peut venir, ni du marché, ni de l'Etat, ni d'un quelconque « grand soir », de quel côté sommes-nous en droit de l'attendre ? À cette question, ma réponse sera bien sûr la même que celle qui fut donnée dans les deux ouvrages précédents. Je crois en effet, avec d'autres, que c'est d'une révolution spirituelle que tout dépend -

révolution qui devra pour réussir, non se limiter comme en 1968 à de petits groupes de militants fervents, mais s'étendre à la nation tout entière. Pour que la transformation soit réelle, pour qu'elle ne se réduise pas à une *énième* modification de structures, elle devra reposer sur un véritable changement de regard. Le rapport que nous entretenons tant avec les hommes qu'avec la nature devra s'en trouver renversé. Si le changement ne se produit pas à ce niveau, il s'agira d'un nouveau replâtrage, destiné à échouer une fois de plus, et non d'une révolution.

Ayant lu ces lignes, le lecteur me reprochera sans doute de confondre les genres, et de ne pas respecter la séparation des savoirs qui est de règle à l'université. Pourtant, il me paraît nécessaire de faire porter le questionnement, non sur les faits susceptibles d'évaluation statistique et qui retiennent l'attention des médias (le « taux de croissance », l'emploi, le pouvoir d'achat) mais sur le soubassement du milieu économique qui nous environne. Il s'agit de retrouver le temps des questions naïves, à la manière dont Einstein procédait quelquefois : pourquoi le système fonctionne-t-il ainsi, et non autrement ?

Il ne s'agit pas là d'une interrogation gratuite, ou de passe-temps destiné à l'édification des « belles âmes » ; il se trouve qu'on perd des informations capitales si on laisse ce point-là de côté. La lecture de nombreux ouvrages d'économie montre en effet que les hommes de science avancent des théories plus ou moins construites, plus ou moins mathématisées, sur des présupposés qu'ils dissimulent, ou dont ils n'ont pas eux-mêmes conscience. Cela revient à dire qu'il existe une face cachée de ces discours qui demande à être mise en pleine lumière, dès lors qu'il n'y a rien de caché qui ne doive être manifesté. On va donc s'interroger ici sur les orientations d'ensemble, sur les choix implicites qui président à tout travail de l'esprit, en deçà des raisonnements proprement dits, de la formulation mathématique de ces raisonnements, ou des décisions prises par ceux qui tiennent les manettes de l'économie réelle ou monétaire. Car tout dépend, bien sûr, des choix effectués au départ.

De toute façon, il est clair que ce type d'investigation ne représente nullement une nouveauté. Au cours des années 1970 – qui paraissent bien éloignées aujourd'hui ! – on entendait couramment demander, à propos de l'auteur d'un ouvrage dit « de référence » : *d'où* parle-t-il ? La question n'est qu'apparemment ésotérique. Il est bien vrai, en effet, que les théories économiques ont un *lieu de naissance*, qu'elles représentent un élément partiel, en quelque sorte localisé, au sein d'une vision du monde à la fois plus répandue et plus englobante. À partir d'un cas particulier, le spécialiste de l'Inde Louis Dumont l'a affirmé naguère de la manière la plus claire :

« Quesnay a donné le premier l'idée du domaine économique comme un tout cohérent, comme un ensemble constitué de parties reliées entre elles. Avec lui, pour la première fois, le point de vue économique a produit ... l'idée d'un tout cohérent, de relations logiques s'étendant à la totalité du domaine. Je soutiens qu'une telle idée holiste... devait être dérivée de l'extérieur, devait résulter pour ainsi dire de la projection sur le plan économique de la conception générale de l'univers comme un tout ordonné »[3].

La liaison entre une conception du monde et sa « projection sur le plan économique » ne se limite pas, en fait, à l'œuvre de Quesnay. Elle est apparue tout aussi fortement un peu plus tard, au moment où la société européenne a quitté le monde de la répétition et de la sécurité (celui de Quesnay, précisément) pour se tourner vers une nouvelle manière de produire et de vivre, fondée sur la fièvre du changement ininterrompu. Une époque de mutation est toujours en quête de l'homme de plume qui traduira ses aspirations confuses en discours construit et en programme d'action. L'histoire de la « science » économique nous apprend que si un ouvrage est considéré comme important, c'est que son auteur aura joué, pour son temps, le rôle d'un porte-parole. Si tel livre a bénéficié d'une large audience, c'est qu'il était « mûr pour tomber » (Friedrich List) ; c'est que l'économiste qui l'a écrit a répondu à une attente encore diffuse chez les gens de sa génération. Mais cela ne dit rien sur la valeur proprement scientifique de son œuvre. Comme disait un jour le critique Emile Faguet, « le succès ne prouve rien, pas même contre ».

À travers les propos d'un économiste reconnu par son temps, on trouvera donc l'expression élaborée des solutions jugées normales et nécessaires par un groupe social en quête, lui aussi, de reconnaissance - ou par des responsables politiques en quête de programme, à un moment

---

[3] Aujourd'hui encore, on consultera avec profit les deux ouvrages majeurs de Louis Dumont : *Homo hierarchicus, le système des castes et ses implications*, Gallimard 1966, et *Homo aequalis, Genèse et épanouissement de l'idéologie économique*, Gallimard 1977.

donné de l'histoire de l'humanité occidentale. Et, de fait, Adam Smith en 1776, John Maynard Keynes en 1936, représentent deux exemples particulièrement éclairants de ce que je voudrais souligner ici. Si, à la même époque, d'autres auteurs, tout aussi importants, n'étaient connus que d'un petit groupe de lecteurs ou de disciples (Sismondi au début du XIXe siècle, Schumpeter au milieu du XXe) c'est qu'ils se situaient en marge de l'esprit du temps. Ce sont bien, me semble-t-il, les transformations de cet esprit du temps qui ont donné lieu aux mutations successives de ce qu'on appelle généralement « la science ». Il s'agira ici de les explorer.

Placer l'interrogation à ce niveau, cela revient à reprendre à son compte la visée que s'était donnée Gaston Bachelard : « observer l'observateur », se demander d'où il tire son point de départ, s'interroger sur la nature des obstacles sur lesquels il bute, sans s'en douter, dans l'élaboration de sa pensée ; autrement dit : à faire de l'épistémologie[4].

Au nom de quoi, ou à partir de quoi ? La critique développée par le matérialisme historique se propose de tirer au clair et de dénoncer les intérêts de classe dissimulés derrière une œuvre se présentant aux lecteurs sous les espèces rassurantes de la neutralité scientifique. Chaque fois qu'ils évoquent un pan quelconque de la culture universelle, ceux qui s'expriment dans cette langue jugent nécessaire de l'affecter d'une référence sociale particulière. C'est ainsi qu'ils parlent par exemple de l'économie politique *bourgeoise*, ou de la religion *bourgeoise*, ou encore de l'art *bourgeois*. Et certes, une telle référence, indéfiniment répétée, peut conduire à des simplifications outrancières. La critique proposée par le matérialisme historique a pu fournir trop vite à des esprits un peu sommaires les réponses qu'ils cherchaient, sans que le temps nécessaire ait été pris d'abord pour poser sérieusement les questions. Elle a souvent ouvert la voie à des raccourcis faciles (« ce n'est que... »). À des militants encartés dans des partis, elle a permis de garder en toute circonstance, et avec une entière bonne conscience, « les yeux fermés » - dont parlait aussi Gaston Bachelard. C'est toujours ce qui arrive quand une grille de lecture, quelle qu'elle soit, est maniée non pas comme un instrument d'analyse, mais comme une arme de combat.

---

[4] G. Bachelard : *La formation de l'esprit scientifique*, Vrin, 1980.

… Mais il est clair aussi que ladite grille de lecture est susceptible de fournir des indications intéressantes quand ce sont de grands penseurs qui l'utilisent, Marx lui-même en étant le meilleur exemple.

Et, de plus, il convient d'ajouter que de telles réflexions n'émanent pas uniquement d'auteurs marxistes. Sans appartenir pour autant à ce courant, je crois indispensable d'introduire la référence sociale dans une analyse économique (et même dans une réflexion sur la vie spirituelle, car il est clair que chaque classe sociale a porté sa propre lecture du christianisme - pour s'en tenir à cet exemple). En ce qui concerne la vie économique, Schumpeter a toujours souligné le lien étroit qui existe entre le capitalisme, la conception utilitariste de la vie et la classe bourgeoise ; et il ajoutait que ce système serait appelé à prendre fin quand la bourgeoisie cesserait d'être inventive (d'où le titre d'un chapitre de son dernier livre : « l'obsolescence de la fonction d'entrepreneur »). S'agissant de la philosophie, Jacques Maritain, entre les deux guerres mondiales, n'hésitait pas à évoquer la fin d'un « humanisme bourgeois », opposant celui-ci à « l'humanisme intégral » dont il appelait de ses vœux l'avènement. Enfin, son contemporain Nicolas Berdiaev, appuyé qu'il était sur ses racines slaves, est allé encore plus loin, consacrant un ouvrage entier à une sorte de radiographie spirituelle de « l'esprit bourgeois »[5]. Comme l'écrivait Eugène Porret dans son introduction à ce livre de Berdiaev, « le règne du petit-bourgeois, amateur de confort tant matériel que spirituel, qui 'croit au bonheur enchaîné dans le fini', voilà sa grande crainte, la menace qu'il redoute plus encore que le communisme ».

De même, dans ce livre-ci, la référence sociale sera très présente. À l'économie bourgeoise, et aux différentes formes qu'elle a revêtues au cours du temps, je m'efforcerai d'opposer diverses modalités, passées et présentes, qui relèvent à mon sens de l'économie organique.

Mais ce n'est pas pour autant que l'on doive s'en tenir à un seul paramètre. Une critique qui serait fondée sur une référence de caractère exclusivement social ne laboure pas encore assez profond. Parce qu'elle se méfie de toute proposition à caractère général, elle ne dit rien par exemple du déficit philosophique qui caractérise la réflexion économique contemporaine. C'est de ce déficit qu'est issue l'interprétation

---

[5] N. Berdiaev : *De l'esprit bourgeois*, Delachaux et Niestlé. Neuchâtel – Paris, 1949.

malencontreuse que donnent les manuels d'économie de l'image la plus célèbre d'Adam Smith (voir *infra*, chapitre 2).
François Perroux, pour sa part, déplorait cette limitation du champ ouvert à sa discipline. Au début de sa carrière (1938) il notait déjà : « l'économiste monte la garde sur ses frontières. Et malheur à celui chez qui il découvre ou devine le respect et le goût de la philosophie ! ».

Il se trouve que cette prévention est fort mal placée. Il est clair qu'un choix philosophique préalable ne saurait être absent de quelque discours économique que ce soit ; mais il reste généralement caché aux yeux du lecteur - et même, le plus souvent, de l'auteur. Schumpeter avait vu juste : notre époque préfère bien souvent l'établissement d'un catalogue d'actions immédiates à un examen soigneux des questions préalables (« de quoi s'agit-il ? »). L'homme d'affaires contemporain, observait-il, « dérive dans une forme d'esprit hostile à l'épargne, et accepte avec un empressement croissant les *théories* anti-épargne » (c'est-à-dire keynésiennes) « qui dénotent une *philosophie* du court terme ». Ainsi, derrière une conception particulière qui s'affirme comme scientifique - se présentant même sous les traits ambitieux d'une *théorie générale* - Schumpeter nous montre du doigt un *choix* sous-jacent d'ordre philosophique, soigneusement dissimulé.

La plupart de ses confrères ne poussent pas l'interrogation aussi loin. Ils disent s'en tenir à l'observation des faits, en vue d'en tirer des conclusions utilisables. Les faits ne sont-ils pas les seuls, soulignent-ils, à pouvoir être observés et quantifiés ? « Craignez que les théories, les hypothèses ou les conceptions traditionnelles ne vous écartent du réel : étudiez les faits », disait autrefois François Simiand à ses étudiants - parmi lesquels se trouvait Jean Fourastié, qui allait recueillir pieusement cette profession de foi empirique, et la transmettre plus tard à ses lecteurs. Derrière cette *peur du détour* par la théorie, (qui n'est pas autre chose qu'une modalité particulière de la *peur de perdre son temps*) on retrouve la trace des conceptions d'Auguste Comte. Elle représente en fait l'une des formes de cette idéologie du progrès dont le XIXe siècle a connu bien des manifestations, sous des formes très diverses. Selon la vision comtienne, l'humanité s'est progressivement libérée des étais sur lesquels elle s'était d'abord appuyée, dans ses efforts pour trouver des réponses aux questions qu'elle se posait. D'après cet auteur, la théologie a été la première à devoir constater son inutilité pratique et à laisser à d'autres le soin des choses de l'esprit ; puis la philosophie s'est effacée à son tour. Alors seulement est apparue la pleine lumière, avec « l'âge positif » . Depuis lors, nous dit Comte, les savants ont été mis en contact direct avec l'objet de leurs recherches. Ils n'ont plus eu besoin de médiation d'aucune sorte pour pouvoir l'appréhender.

Ils ont donc fait de la philosophie d'une manière implicite. Quand, à la fin du XIXe siècle, l'économiste français Walras - l'un des pères de l'économie politique « moderne » - scindait notre discipline en deux branches : « l'économie pure » et « l'économie appliquée », il reprenait sans le dire la distinction kantienne entre « raison pure » et « raison pratique ». Quand son contemporain Stanley Jevons écrivait que l'objet de l'économique était d'acheter le plaisir, « pour ainsi dire, avec la moindre dépense d'effort », il reprenait terme pour terme les conceptions du philosophe matérialiste Bentham (« la sottise bourgeoise poussée jusqu'au génie », selon le mot de Marx). Certes, Jevons ne s'en tenait pas à ce socle philosophique dont il avait besoin, mais dont il n'avait pas vu la pauvreté ; il lui adjoignait le recours aux mathématiques - définissant ainsi notre discipline par sa méthode et non plus par son objet. Il reste que le fondement de son travail n'en était pas moins une option philosophique. Quand l'école néo-classique (Raymond Barre compris) reconstruit toute l'analyse économique sur la base des décisions de « sujets économiques » ou d'« agents économiques individuels », elle tient implicitement un discours sur l'homme ; elle se représente celui-ci comme un atome livré à lui-même dans un univers calqué sur celui de la physique, et non comme un être de relations, un animal social. À la fin du XIXe siècle, le philosophe russe Vladimir Soloviev montrait déjà qu'un tel raisonnement reposait sur une base philosophique erronée : « La subordination des intérêts et des rapports matériels dans la société humaine à certaines lois économiques spéciales, *agissant pour leur propre compte*, n'est qu'une invention d'une mauvaise métaphysique »[6].

Il en est de même aujourd'hui. Ainsi, les enseignants d'économie disent couramment : le PIB est la somme des richesses produites pendant un an dans le cadre de la nation. Cela signifie implicitement deux choses complémentaires : que toute dépense monétaire, quel que soit son objet, est source de richesse ; et, inversement, que la richesse ne peut être obtenue que si sa production et son acquisition s'accompagnent d'une dépense monétaire. N'est-ce pas encore de la philosophie ? Naguère,

---

[6] V. Soloviev : *La justification du bien, essai de philosophie morale*. Aubier, éditions Montaigne, 1939.

Bertrand de Jouvenel avait voulu corriger le calcul pour mieux tenir compte des différentes formes que peut revêtir l'action des hommes, tant sur leurs semblables que sur la nature. Il suggérait d'intégrer dans l'évaluation de la richesse nationale les services rendus à titre gratuit, ainsi que (en négatif) les nuisances produites. Il s'agissait là clairement d'une mission impossible, et pour plusieurs raisons. L'une est d'ordre pratique : comment faire entrer, dans une évaluation tout entière basée sur la prise en compte du payant, des éléments par nature dépourvus de coût monétaire ? D'autre part, il aurait dû réaliser que la société bourgeoise est fondée tout entière sur l'extension permanente de la sphère du payant (voir *infra* chapitre 2). « Ce qui est *gratuit* ne saurait avoir de *valeur* » écrivait déjà Frédéric Bastiat en 1851, exprimant fort clairement l'opinion de la société qui se mettait alors en place en Europe[7]. Reconnaissons d'autre part que notre analyse économique contemporaine, qui pratique beaucoup l'addition, *ne connaît pas la soustraction* - ce qui, en soi, mérite déjà réflexion. Mais n'est-ce pas, à nouveau, de la philosophie[8] ?

Ce qui manque aux tenants de la vision scientiste, c'est de reconnaître qu'on examine toujours les faits à travers une grille de lecture particulière. Comme le plus souvent l'auteur de la recherche ne soupçonne même pas son existence, il ne saurait la mettre en question. François Perroux a repris ce thème à la fin de sa carrière : « L'empirisme utilitariste, cultivé sous ses formes subalternes, deviendrait si l'on n'y prenait garde un frein au développement de l'économie d'intention scientifique ... (Il) multiplierait les recherches quantitatives, indispensables, mais qui, tant qu'elles ne sont pas *situées*, n'ont qu'une signification pauvre et qu'une portée modeste ».

« Situer » correspond bien en effet à la démarche dans laquelle je me suis engagé, depuis l'époque de la rédaction d'*Economie et vie spirituelle.* Mais le propos de Perroux, tout justifié qu'il soit, manque cependant de précision. On peut « situer » une œuvre de plusieurs façons, selon l'angle à partir duquel on l'examine. C'est pourquoi il me paraît

---

[7] F. Bastiat : *Harmonies économiques*, Guillaumin et Cie, libraires, 1851).

[8] Il est clair que l'habit dans lequel est taillée l'analyse économique conventionnelle ne peut être ravaudé. Il doit être adopté en totalité, ou rejeté en bloc. Ce point a déjà été évoqué dans mon livre *Economie et vie spirituelle.* Chapitre 3 : De la théorie infirme à la pratique inopérante.

important d'annoncer, dès le début, que ces pages seront rédigées – tout comme celles qui les ont précédées - à partir d'une approche spirituelle. À ce titre, elles ne font que poursuivre la réflexion entamée dans les deux livres précédents.

Approche spirituelle : il s'agit là d'un seuil difficile à franchir. Les universitaires risquent fort de considérer dès l'abord une telle orientation comme non scientifique, car échappant aux limites étroitement balisées de leur discipline. Quant au lecteur moyen, il sera sur ses gardes, la « spiritualité » étant perçue dans la France d'aujourd'hui comme un faux nez venant camoufler le retour subreptice du religieux (chrétien) dans la recherche scientifique et dans la vie sociale.

Ce n'est pas pour autant que la catégorie de « spirituel » sera facilement acceptée en milieu chrétien. Les catholiques préfèrent souvent utiliser un vocabulaire à consonance directement religieuse (presse catholique, écoles catholiques, etc.). À travers ce langage, ils expriment le peu de résistance qu'ils opposent à la tentation de demeurer entre soi – la tentation du communautarisme, ou (pour employer un instant le style oral) la tentation du « *que nous* » - qui touche aussi les Juifs depuis 1948. Et certes, on obtiendra plus de visibilité sociale si on choisit de former une tribu, parmi d'autres tribus, que si on cherche « seulement » à être le sel de la terre... Quant aux protestants, qui sont encore plus occidentaux que les catholiques, ils manifestent de leur côté une extrême réticence à employer le vocabulaire du spirituel - qui ne renvoie, pensent-ils, qu'à une forme ou une autre de spiritualité orientale, nécessairement vague et quelque peu teintée d'irrationnel. Plutôt que de « choix spirituel », ils préféreront parler de « réflexion théologique », étant plus enclins à la réflexion qu'à la contemplation.

Restent les orthodoxes. En tant qu'orientaux, ils éprouvent normalement moins de difficultés que les autres chrétiens (Léon Bloy faisant ici figure d'exception) à saisir la présence de l'Invisible au cœur du visible ; cependant, ils prêtent souvent une oreille trop complaisante aux sirènes du nationalisme, en dépit des décisions prises en sens inverse par le Concile qui fut réuni à Constantinople en 1871. Bien entendu, la place cédée à la dimension ethnique restreint d'autant celle du spirituel ; mais il est juste aussi de signaler qu'il s'est trouvé des orthodoxes, hier et aujourd'hui, pour vouloir séparer leur engagement religieux de toute projection nationaliste. Parmi les anciens, le plus connu est Vladimir Soloviev, déjà cité, et dont il sera souvent question dans ces pages. De nos jours, il existe des voix, tout particulièrement au sein du patriarcat d'Antioche, pour se situer dès l'abord au niveau de l'universel. De plus, on doit rappeler que les patriarches des Eglises d'Orient ne sont pas (et n'ont jamais été) des chefs d'Etat, échappant ainsi aux tentations diverses que génère toujours l'exercice du pouvoir politique.

Ajoutons que bon nombre de chrétiens ne sont guère enclins à retenir la notion de « spirituel » comme opérateur, quand il s'agit de traiter des affaires de la cité. Méconnaissant les prises de position des prophètes (Isaïe et Jérémie par exemple) dans la vie publique de leur temps, ils considèrent que le spirituel s'identifie purement et simplement à la sphère du privé et du personnel. Cela les conduit, en temps de crise, à émettre un prudent : « je ne juge pas » au moment où il s'agit au contraire de *prendre parti*, les choix effectués pouvant conduire à des prises de risque sérieuses. La stricte neutralité présente évidemment moins de risques (les Anglais disent ici : *to sit on the fence*).

À partir de telles conceptions, beaucoup, au cours de l'occupation allemande, ont pu se prononcer à la fois pour De Gaulle (l'épée) et pour Pétain (le bouclier). L'auraient-ils entendu, ils auraient jugé déplacé le mot prononcé par un ami d'Emmanuel Mounier[9] à propos de l'amiral Darlan, que Pétain avait nommé en 1941 à la tête de son gouvernement : « il n'a pas le sens du spirituel ». Ils auraient sûrement été choqués par le caractère abrupt de ce diagnostic. Compte tenu des circonstances, le mot en question était cependant le plus proche possible de la vérité ; mais on sait qu'il est arrivé bien souvent, au cours de toute l'histoire du judéo-christianisme, qu'une parole prophétique ait eu pour premier effet de *déranger* les croyants.

Spirituel, religieux : les termes ne se recouvrent pas, et il est important de distinguer les plans. Je vais m'y efforcer bientôt. Cependant, avant de le faire, je voudrais donner brièvement la parole à trois penseurs qui, sans appartenir au monde de l'économie universitaire, ont cependant touché, dans tel ou tel passage de leur œuvre, les questions qui nous intéressent. Pour eux, ce qui manque le plus aux sociétés modernes, c'est précisément une base spirituelle (notons-le au passage : une telle prise de position revient à renverser, sur ce point, les positions du matérialisme historique). À leurs yeux, la référence au spirituel –

---

[9] Le capitaine Pierre Dunoyer de Segonzac, fondateur en août 1940 de l'Ecole des Cadres d'Uriage (« le vieux chef »).

indépendamment même du sens qu'y mettent les croyants en lien avec leur vie de foi - permet d'énoncer la vraie nature des maux dont souffre la société des hommes tout entière, et d'indiquer le chemin du nécessaire renouveau.

Ainsi, à la fin du XIXe siècle, Vladimir Soloviev écrivait : « Proclamer : 'laissez faire, laissez passer', c'est dire à la société : meurs et entre en décomposition ». Il montrait par là que le choix spirituel fondamental entre la vie et la mort, que tout homme doit déjà opérer pour son propre compte, se joue aussi sur le terrain de l'économie et de la société. Plus près de nous, un autre philosophe, d'origine russe lui aussi, Nicolas Berdiaev, affirmait que « le problème social lui-même ne peut être résolu qu'à travers une régénération spirituelle ». Quant au sociologue du travail Georges Friedmann, juif et agnostique, il jugeait pour sa part que « le sous-développement spirituel et moral de l'homme occidental ne serait pas aussi frappant s'il ne contrastait pas avec le sur-développement de sa puissance »[10]. L'opposition frontale entre puissance et sagesse, qui compose le titre de son dernier livre (celui-ci étant un peu son testament) est bien sûr au centre de son contenu. Opposer la puissance à la *sagesse* - et non, comme on l'aurait fait au temps des Lumières, à la *raison* - c'est se placer délibérément sur le plan spirituel.

Il reste maintenant à montrer que le religieux et le spirituel, loin de se confondre, correspondent en fait à deux niveaux de lecture différents.

S'il s'agit de donner l'*imprimatur* à un ouvrage d'économie ou de philosophie par exemple, le censeur religieux va examiner la validité des propositions émises par l'auteur à partir de ses propres énoncés dogmatiques, qui prennent rang de présupposés. C'est sur ces bases que les représentants officiels des religions vont se prononcer, pour approuver ou condamner telle ou telle théorie se présentant comme scientifique. Si ces responsables religieux disposent du pouvoir d'Etat ou peuvent s'appuyer sur celui-ci, les contrevenants s'exposent à des sanctions pénales. Au temps de la Renaissance, c'est ainsi qu'a été conduite et conclue l'affaire Galilée dans l'Eglise romaine. Notons au passage que, sur des bases différentes, les régimes qui se présentaient comme issus du marxisme ont procédé à notre époque de la même façon.

---

[10] G. Friedmann : *La puissance et la sagesse*, Gallimard, 1970.

On a même pu assister en URSS au double inversé de cette affaire Galilée, l'affaire Lyssenko – inversé, parce qu'ici, au lieu d'*interdire* le travail d'un savant, le pouvoir stalinien avait choisi de *promouvoir,* au nom de l'Etat, une doctrine pseudo-scientifique. Ainsi a pu être professée, pour quelque temps, la distinction entre une prétendue « science prolétarienne » et une soi-disant « science bourgeoise ».

Si au contraire le discours religieux ne bénéficie pas de l'appui du pouvoir politique, il risque fort de reproduire sans beaucoup de distance les fluctuations de l'esprit du temps. Il sera en faveur d'une régulation étatique de l'économie quand la mode sera du côté des propositions keynésiennes, et en faveur de l'initiative privée quand le balancier reviendra du côté du marché[11].

La démarche spirituelle, quant à elle, n'émane pas nécessairement d'autorités reconnues. Elle n'entend pas bloquer ni encourager la diffusion de travaux à caractère ou à prétention scientifique. Elle cherche à les *situer* – pour reprendre, dans un sens légèrement différent, le mot de François Perroux. Pour s'en tenir à notre discipline, elle conduit à se demander si une problématique d'économie théorique, ou une mesure de politique économique, va contribuer à libérer les hommes du poids de la nécessité – ou si au contraire elle contribuera à les rendre plus dépendants (des Etats, des marchands, ou de leurs propres pulsions). Par nature, une telle orientation a peu de respect pour les majuscules : le Progrès, le sens de l'Histoire (idoles vénérées hier) ou la Rationalité (fétiche célébré aujourd'hui). Par contre, elle pousse forcément celui qui l'adopte à l'humilité. Alors que le discours religieux, quand il est clos sur lui-même, conduira facilement à une dichotomie du type : « nous et les autres » (les autres : les païens, les impies, les hérétiques, les *kouffar*, etc.) l'auteur d'une démarche spirituelle ne sait pas où passent les frontières entre les hommes – sinon qu'elles passent à l'intérieur de chacun.

Ainsi, il apparaît que le point de vue spirituel peut être exprimé par n'importe qui : ce peut être un croyant[12], mais il peut s'agir aussi

---

[11] Toujours dans *Economie et vie spirituelle*, on peut consulter sur ce point le chapitre 1 : Peut-on parler de « doctrine chrétienne » en matière économique et sociale ?

[12] Vladimir Soloviev, dont on vient de rappeler l'importance, a écrit à ce sujet : « Un lecteur quelque peu attentif sera convaincu que je n'ai donné aucun motif sérieux

d'un agnostique. De grands savants peuvent avoir le sens du spirituel, mais celui-ci peut animer aussi bien des hommes sans culture. Il arrive que des enfants y soient portés plus que des adultes, parfois usés par la vie… Dans le conte d'Andersen, c'est bien un enfant au regard neuf qui ouvre littéralement les yeux d'une foule de grandes personnes trop complaisantes, en s'écriant : « le roi est nu » ... Celui qui choisit de regarder le monde à partir d'un tel centre le fait toujours à ses risques et périls, aucune garantie d'infaillibilité ne lui étant jamais conférée. L'esprit de prophétie, en effet, ne peut être distribué par aucune commission de spécialistes, ni par aucun comité d'éthique. Il ne peut pas faire l'objet non plus d'une auto-attribution.

Personne n'est obligé, bien sûr, de donner à ses propos une référence spirituelle explicite. Cependant, le fait de se refuser à toute recherche de ce côté-là conduit à se priver d'un moyen d'investigation à bien des égards nécessaires pour comprendre la véritable nature des phénomènes sociaux les plus graves. Comment rendre compte du nazisme, par exemple, sans faire porter l'attention, dès l'abord, sur la culture de mort qu'il véhiculait ? Derrière l'*idéologie* du peuple et de la race qu'il diffusait, comment ne pas reconnaître des *idoles* ? Pourquoi faudrait-il dissimuler le fait que le capitalisme a pour piliers la convoitise et la volonté de puissance, quand il cesse d'être tenu en laisse par « l'éthique protestante » ? S'agissant des pays communistes, se disant engagés dans la « construction du socialisme » et professant le caractère unidirectionnel de l'évolution historique, comment ne pas remarquer à quel point ils reposaient sur la prééminence de l'Idée, alors qu'il s'agissait de régimes sociaux censés reposer sur le matérialisme ?

Comment, enfin, chercher à décrire le système économique qui nous régit aujourd'hui, à l'Ouest comme à l'Est de l'Europe, sans y reconnaître une résurgence modernisée du culte du veau d'or ? Dans la tendance présente à l'affaiblissement graduel de la Sécurité Sociale, pour ce qui concerne la prise en charge de la santé et de la vieillesse, au profit

---

permettant de me reprocher l'identification absurde du Royaume de Dieu avec la chrétienté historique ou avec l'Eglise visible (laquelle, au juste ?). Je me refuse à admettre semblable identification, tant implicitement qu'explicitement, pas plus que je ne reconnais comme homme 'spirituel' ou 'fils de Dieu' tout vaurien baptisé ». Du côté des agnostiques, on retiendra cette remarque du sociologue du travail Georges Friedmann : « Parmi les catholiques – et aussi des membres d'autres confessions chrétiennes – j'ai rencontré des êtres spirituels » .

de solutions individuelles passant par le biais d'assurances privées, comment ne pas voir un retour à la logique de Caïn : « suis-je responsable de mon frère ? ». Enfin, au niveau de la politique économique, comment ne pas reconnaître que la faveur accordée aux propositions de Keynes - l'économiste du court terme - est en prise directe avec le goût de l'immédiat qui caractérise notre temps ? À tous ceux qui désirent s'installer dans la gestion de l'instant présent sans se préoccuper du sort des générations futures, il offre la meilleure des justifications, sous la forme de l'un de ces faux truismes qui assurent le succès dans les congrès : « A long terme, nous serons tous morts ! ».

Il en est de même si l'on se tourne du côté de la théorie. On peut relever d'abord l'étonnante montée en puissance du concept de *rareté* à laquelle nous avons assisté, à partir du dernier tiers du XIXe siècle. Aux yeux de David Ricardo (*Principes de l'économie politique et de l'impôt*, 1817) la rareté, envisagée par lui du côté de la production, était exceptionnelle. Seules pouvaient être qualifiées de *rares* les marchandises dont nul travail ne peut augmenter la quantité : les monnaies anciennes par exemple, ou encore les œuvres d'art, les vins d'un terroir particulier. Mais « le plus grand nombre des objets que l'on désire posséder étant le fruit de l'industrie, on peut les multiplier ... *presque sans limite assignable* » (c'est moi qui insiste).

Pour notre contemporain Paul Samuelson (prix Nobel d'économie) au contraire, la rareté doit se mesurer à partir de la consommation, et elle devient dès lors un fait général et permanent. Que nous soyons riches ou pauvres, la situation est la même : nous avons manqué hier, nous manquons aujourd'hui, nous manquerons encore demain de quelque chose. L'âne devra toujours courir derrière quelque carotte ; cela ne doit pas surprendre, puisque, nous dit-on, il est structuré comme cela, de la naissance à la mort. Dès lors Samuelson, comme la quasi-totalité de ses collègues à travers le monde, peut inscrire la rareté « au cœur même de l'économique ». L'explication qu'il donne pour justifier ce postulat paraît cependant quelque peu sommaire. Les gens, nous dit-il, « veulent consommer beaucoup plus que ce qu'une économie peut produire ». Ainsi, alors qu'on nous parle sans cesse de croissance, de marche vers la « société d'abondance » (*affluent society*), que l'obésité est devenue un problème de santé publique, que nous ne savons plus que faire de nos déchets, des professeurs d'économie vont répétant que la rareté constitue le concept fondamental de leur discipline. Sans qu'ils s'aperçoivent des conséquences de la rupture effectuée au passage, le propos de Ricardo a bel et bien été retourné.

En réalité, nous voici en présence d'une nouvelle conception de la nature humaine, donc en pleine philosophie (implicite). Elle ne laisse pas de surprendre : l'homme est présenté comme un consommateur toujours en manque, avide de posséder sans cesse plus de choses, *sans limite assignable.* En fait, c'est l'attitude spontanée de l'homme moderne, « maître et possesseur de la nature » qui, inconsciemment théorisée, fait son entrée dans le *corpus* théorique de l'économie. À ce sujet, les membres d'une expédition ethnographique ont rapporté naguère les propos significatifs tenus par des Indiens d'Amazonie qu'ils avaient rencontrés : « Les Blancs qu'on connaît, ça veut toujours casser ou acheter ». Il s'agit de casser, en fait, ce qu'on ne peut pas acheter ; ce qui n'est pas à moi n'a pas le droit d'exister. Je possède, donc je suis...

Ce renversement, ou ce changement de regard, exprime bien les convictions sous-jacentes d'une société devenue, selon le mot éclairant d'un syndicaliste britannique, une société de convoitise (*greed society*)[13]. De Ricardo à Samuelson, il y a bien eu régression spirituelle – qui n'est pas due aux orientations d'un auteur particulier, bien sûr, mais qui correspond à un glissement de l'esprit du temps.

Nous sommes ici au cœur du propos que voudrait transmettre ce livre, à la suite des deux autres qui l'ont précédé. Une régression au niveau de la base spirituelle, que peu de gens considéreront comme une perte (« allez, va faire tes méditations spirituelles ! ») en entraîne forcément une autre, chez ceux qui s'occupent de ce qu'on appelle couramment la science économique moderne. Escamotant les observations en sens contraire, on nous présente la notion de rareté comme une donnée permanente traversant les siècles et les civilisations, comme un élément constitutif de la condition humaine. Cependant des ethnologues nous disent avoir rencontré des populations vivant dans d'épaisses forêts, ou en bordure de déserts, et qui ont le sentiment de vivre dans l'abondance, consommant peu et travaillant peu[14]. Devra-t-on

---

[13] Sam McCluskie, secrétaire général de l'Union des gens de mer, *Catholic Herald* du 26 août 1988.

[14] M. Sahlins : *Age de pierre, âge d'abondance, l'économie des sociétés primitives.* Gallimard 1976. P. Clastres : *Recherches d'anthropologie politique,* Seuil 1980.

dire que, puisqu'ils ne connaissent pas la rareté, ce ne sont pas des hommes ?

Dans le sens opposé, le spécialiste des problèmes d'alimentation Joseph Klatzmann nous a appris que 20% des habitants de la terre « compromettent leur santé par une alimentation *excessive* ».

Ces observations de terrain, d'où il ressort que les fondateurs de la nouvelle économique ont bâti leur conception de la science sur un socle philosophique branlant, ne sauraient les mettre en difficulté : ils ont pris la précaution d'exclure expressément de leur mode de raisonnement toute référence à une quelconque norme. Si cette économique reconnaît et célèbre le *beaucoup*, elle a décidé une fois pour toutes d'ignorer le *trop*. Raymond Barre l'a écrit naguère de la façon la plus claire, dans son manuel destiné aux étudiants de première année : « l'utilité est une notion neutre, indifférente à la morale ou à l'hygiène ». Il suffit que la « grande bouffe » fournisse une *utilité* à des *agents économiques* quelconques pour qu'elle se voie qualifiée de *rationnelle* par les économistes les plus sérieux. On peut en mourir, certes – mais, du moins, on mourra rationnellement. Dans la même ligne, la culture du haschich sera également présentée comme rationnelle, puisque de toute évidence elle présente une utilité, tant pour ceux qui le produisent que pour ceux qui sont « accrochés » (*addicted*) à sa consommation.

Et voici comment, depuis les années 1870, l'utilité individuelle a remplacé pour la majorité des économistes la vieille notion de valeur d'usage. Elle remontait à Aristote, mais on la retrouve encore chez les fondateurs de l'économie politique, d'Adam Smith à Marx. Au premier chapitre du *Capital*, celui-ci avait clairement posé les notions de base partagées alors par tous les économistes de son temps : « Pour produire des marchandises, (on) doit non seulement produire des valeurs d'usage, mais des valeurs d'usage pour d'autres, des valeurs d'usage sociales ».

Ce double caractère, objectif et social, de la valeur d'usage ne pouvait manquer de représenter un obstacle pour les réformateurs néo-classiques de l'économie. La notion d'utilité, présentant l'avantage d'être indéfiniment modulable en fonction des goûts et désirs de chaque individu, correspondait au choix qu'ils avaient opéré en faveur de *l'individualisme méthodologique* pour servir de cadre à leur réflexion. Le libéral Bastiat avait écrit en 1851 dans ses *Harmonies économiques* : « C'est le jugement que les hommes portent sur leurs besoins et leurs satisfactions qui décide de la direction du travail ». Plus tard un autre auteur, Storch, cité par Carl Menger, fait un pas de plus en affirmant carrément : « c'est l'arrêt que notre jugement porte sur l'utilité des choses qui fait les biens ». Étonnant pouvoir de création de la volonté individuelle !

Bien sûr, cette disparition de l'objectivité du champ de l'analyse économique est de nature à choquer les disciples de Ricardo ; mais ils ne sont pas assez nombreux pour compter dans le débat – à supposer d'ailleurs qu'il y ait débat. C'est ainsi qu'aujourd'hui la valeur des entreprises est fixée à chaque instant par le marché, qui est censé intégrer la totalité des informations dignes d'intérêt, coefficienter l'ensemble de ces indices, et traduire tout cela par un prix. Cette comptabilité passera pour rationnelle, d'autant plus qu'elle peut s'appuyer à la fois sur la théorie économique la plus récente - et donc, dira-t-on, la plus exacte (!) - et sur l'appoint non négligeable représenté par le recours au jeu de mots (« mark to market »). Keynes nous avait pourtant avertis : « s'il s'agit d'estimer les perspectives d'investissement, nous devons prendre en considération les nerfs, l'hystérie, et même les digestions et réactions à la température de ceux dont l'activité spontanée dépend (de ces différents facteurs) ». Mais le chapitre 12 de sa *Théorie Générale* n'est pas la partie de son œuvre à laquelle les commentateurs se réfèrent le plus souvent.

La mise à l'écart du concept de valeur d'usage entraîne des effets concrets et observables au niveau du fonctionnement de nos sociétés. On vend un produit en marquant sur son étiquette qu'il tue. On vend ce qu'on ne possède pas (les ventes à découvert). On voit mettre sur le marché des valeurs d'usage nulles (le toilettage pour chiens par exemple) voire négatives, comme le « marché intérieur de permis d'émission » qui a été mis en place en Europe, et qu'on pourrait dénommer plus exactement le « marché des droits à polluer ». Certains pays disposent d'un surplus de droits à polluer (!) qu'ils pourront vendre, sur le marché européen, à ceux qui ne peuvent pas - ou ne veulent pas - réduire leurs émissions en dessous du volume correspondant aux « droits » dont ils disposent. Il revient ainsi à un marché spécialisé de fixer, dans le cadre européen et sur la base de la confrontation des offres et des demandes, un prix de la tonne de gaz carbonique. C'est le marché qui est chargé de réguler le marché, o illusion ! On vend aussi, pour disperser le risque, des créances douteuses, voire irrécouvrables, qui atteignent bientôt un montant très élevé, même au niveau du vaste marché interconnecté que constitue l'ensemble des Bourses mondiales. Fatalement, l'écroulement de ces montages entraîne un jour la mise à mal de l'économie et de la finance de tous les pays. Là où il y faudrait au moins un atome de sagesse, la raison ne saurait mettre des limites à un univers de convoitise où règne la passion.

Sur un plan plus général, c'est la nature même des objets manipulés par les économistes qui invite, me semble-t-il, à une lecture spirituelle. Marx n'était pas loin de le penser, lui qui écrivait, dans la Préface de la première édition du premier livre du *Capital* :

« Sur le terrain de l'économie politique la *libre et scientifique recherche* rencontre bien plus d'ennemis que dans ses autres champs d'exploration. La nature particulière du sujet qu'elle traite soulève contre elle et amène sur le champ de bataille les passions les plus vives, les plus mesquines et les plus haïssables du cœur humain, toutes les furies de l'intérêt privé ». On aurait aimé que les responsables de l'Union soviétique aient gardé présente à l'esprit cette importante remarque de leur auteur de référence, au lieu de rester figés sur la conception idéologique de la science qu'ils avaient choisi de retenir (voir *infra*, chapitre 3). Mais, d'un autre côté, on aimerait trouver au moins une allusion à cette dimension du problème dans les manuels modernes d'économie, qui diffusent l'actuelle « pensée unique » sur les cinq continents.

Cette lecture est d'autant plus nécessaire que les techniques dont disposent les hommes pour produire de la richesse sont plus performantes, et peuvent donner à ceux qui les manipulent l'illusion de la toute puissance. Georges Friedmann nous en a dûment averti : le milieu technique dans lequel nous évoluons n'est pas *dominé*. Dès lors, s'agissant de pouvoir sur les hommes et de propriété sur les choses, la convoitise et la volonté de puissance ne connaissent pas de limites. Elles ne peuvent manquer de déployer leurs effets avec une efficacité redoutable quand, ainsi qu'on l'observe à notre époque, la résistance intérieure fait défaut. Et de fait, le déficit spirituel de nos sociétés « avancées » apparaît à deux niveaux :

- Nous consommons les ressources de la nature à un rythme effréné, comme si elles étaient inépuisables. Certes, bien des cris d'alarme retentissent aujourd'hui, mais ce ne sont pas les idées qui mènent le monde ; et les remèdes proposés dans les « sommets » internationaux paraissent dérisoires, à côté de l'étendue des prédations passées et présentes, qui représentent le fruit de l'orientation non-remise en cause vers le *toujours plus*.

- Nous laissons se créer d'énormes écarts de revenus. Tandis qu'une faible fraction de la société française bénéficie de rémunérations indécentes, la classe moyenne s'appauvrit, le pouvoir d'achat d'une classe ouvrière de plus en plus précarisée s'abaisse, de nombreux jeunes entrent dans la vie active par la porte du chômage, et l'exclusion s'étend.

Au total, la crise spirituelle touche les deux niveaux autour desquels s'était constituée l'économie politique de la grande époque, avant la rupture intervenue au dernier tiers du XIXe siècle : le rapport Hommes-Nature et le rapport Hommes-Hommes.

Un vieux livre d'André Piettre a fourni des éléments à ma réflexion. L'auteur y divisait l'histoire économique de l'humanité occidentale en trois phases successives. Pour en rendre compte, il parcourait sans s'en douter tout le chemin qui va du religieux (où les réponses sont données par des autorités reconnues) au spirituel (où il s'agit pour les hommes de les trouver à tâtons, à travers un discernement éclairé). La vie économique occidentale, nous disait-il, a d'abord été encadrée par des normes à caractère religieux : elle était alors *subordonnée* (exemple : au Moyen Age, l'interdiction par l'Eglise du prêt à intérêt). Plus tard l'économie, devenue discipline à part entière, s'est autonomisée de la sphère religieuse, elle est devenue pour une brève période *indépendante* (si l'on cherche à situer cette phase dans le temps, on peut considérer qu'elle correspond à la publication des *Principes* de Ricardo et des *Nouveaux Principes* de Sismondi, et donc au début du XIXe siècle).

Enfin, au terme de l'évolution, l'économie - confondue avec la poursuite du gain maximum - en est venue à asservir à sa logique particulière l'ensemble des activités humaines. Piettre parlait à ce propos d'économie *dominante* (Perroux avait déjà employé l'expression, mais dans un sens différent). De fait, les « nouveaux économistes » nous disent que nous voilà parvenus au temps de « l'économique généralisée » - c'est-à-dire, pour tous ceux qui raisonnent sur ces bases, de l'élimination de toute forme de gratuité du champ de la vie humaine en général, et de la réflexion économique en particulier. Tout ce à quoi l'on consacre du temps coûte quelque chose. Dès lors, tout est évaluable, tout a un prix, et rien n'est gratuit. Le calcul généralisé laisse alors libre cours aux passions humaines – légitimes, puisque dites rationnelles - même si on ne parle ouvertement que d'*anticipations*.

Au cours des deux siècles et demi d'histoire de notre discipline, il est arrivé que des théoriciens de l'économie fassent allusion dans leurs travaux à la dimension spirituelle, au moins de façon indirecte. Plusieurs, par exemple, ont parlé de fétiches ou d'idoles à propos de certaines présentations de leur discipline qu'ils entendaient contester sur le fond. C'est ainsi qu'au début du XIXe siècle, les économistes de l'école de Ricardo se gaussaient du « fétichisme de l'or » qui obscurcissait le regard de leurs prédécesseurs, les mercantilistes. Et il est vrai qu'Adam Smith, le premier théoricien de l'économie bourgeoise, pensait qu'il était possible de refroidir la passion de l'or, l'*auri sacra fames* ; il suffisait pour cela de concevoir l'activité économique comme tournée en priorité vers l'efficience technique, l'activité matérielle. Pour Smith, la tâche principale des hommes consistait dans la *production* des marchandises, d'où la manière quasi-lyrique dont il célébrait la division du travail. Dans cette perspective, comme l'a observé A.O. Hirschman, des *intérêts* sagement gérés par des hommes (maîtres d'eux-mêmes et sachant calculer) devaient prendre la place des *passions* que la raison ne saurait maîtriser[15]. Face à ces *passions* incontrôlables, les *intérêts* devaient représenter une digue beaucoup plus efficace que la vieille ascèse chrétienne (c'est encore de la philosophie, remarquons-le au passage). Mais c'était oublier que la poursuite de l'intérêt personnel peut devenir à son tour une passion, quand celui qui s'y livre ne dispose pas de solides garde-fous à l'intérieur de lui-même.

À la suite de la révolution industrielle, cette nouvelle passion allait donc pousser les entrepreneurs capitalistes à couvrir la terre d'objets portant la marque de l'homme, et à « faire monter la production jusqu'au délire » (Engels). Cela poussera Marx à faire plus tard la critique de la critique précédente : « fétichisme de la marchandise », ou substitution d'un fétiche à un autre, diagnostiquera-t-il, derrière cette propension de la nouvelle école d'économistes à se vanter de sa supériorité sur la précédente, faisant abstraction de ses propres présupposés.

Dans notre pays, le chroniqueur Paul Fabra, avocat d'un capitalisme de plein emploi, a dénoncé, il y a plus de quinze ans, « l'idole-productivité » qui pousse les chefs d'entreprise à remplacer sans cesse les travailleurs par des machines[16]. Dans un article récent, le même Fabra persiste et signe. Pour lui, la globalisation - ou mondialisation - est

---

[15] A.O. Hirschman : *Les passions et les intérêts*, Presses Universitaires de France, 1980.
[16] P. Fabra : L'idole productivité, *Le Monde* du 26 février 1991.

à inscrire tout simplement au registre de la démesure. Plus tard, se référant à un passage bien connu de la Bible, il comparait le marché globalisé à « la tour de Babel en cours de construction » où « tout le monde – tiens ! – parlait déjà la même langue et pensait à l'unique et grandiose projet de la même façon »[17].

Aux Etats-Unis, l'économiste Robert Heilbroner, récemment disparu, a fait partie lui aussi de la petite cohorte qui, à l'inverse du courant dominant, s'emploie à *situer* notre discipline. Après avoir écrit une histoire de la pensée économique intitulée significativement *The wordly philosophers,* il est allé encore plus loin dans son dernier livre, n'hésitant pas à proclamer que la crise qui touche la pensée économique moderne n'est pas autre chose qu'une crise de la vision[18]. Le premier de ces deux ouvrages a eu beaucoup de lecteurs à travers le monde ; mais, pour être admis en France par la communauté universitaire, il a dû changer de titre.

Choisir une voie spirituelle, c'est bien sûr chercher à se libérer des fétiches et des idoles. Ceux-ci encombrent aujourd'hui le monde de l'économie, un monde qu'on ne voit pourtant aucune raison de considérer comme mauvais en soi. Le travail, la production, l'investissement, peuvent encore être le théâtre d'aventures dignes de ce qu'il y a de meilleur dans l'homme, et même prendre la forme d'aventures spirituelles. « *La matière a droit à être spiritualisée* », écrivait Vladimir Soloviev, reprenant le mot de saint Paul : « la création est *en attente* ... ». Même aujourd'hui, il arrive qu'un travailleur ait des raisons d'être fier des réalisations industrielles auxquelles il a prêté la main. Le viaduc de Millau, par exemple, n'est pas seulement une œuvre utile, c'est aussi une belle chose.

On peut aussi placer le débat à un niveau plus général, celui du rapport de l'économie et de la guerre. Joseph Schumpeter pensait qu'à la

---

[17] P. Fabra : Une crise bancaire programmée, *Les Echos* des 4 et 5 janvier 2008. Les bâtisseurs de la tour de Babel se disaient en effet : « Allons ! Bâtissons-nous une ville et une tour dont le sommet pénètre les cieux ! Faisons-nous un nom et ne soyons pas dispersés sur toute la terre ! » Genèse 11, 4.

[18] R. Heilbroner et W. Milberg : *The crisis of Vision in Modern Economic Thought.* Cambridge University Press, 1995. Le livre *The wordly philosophers* a malheureusement été traduit en français sous un titre infidèle : *Les grands économistes*, Seuil, collection Points, 2001. Pas de mélange des genres, et que chacun reste chez soi, semblait penser le traducteur !

différence de la société féodale, la société capitaliste « n'offre pas un terrain favorable au développement des tendances impérialistes ». Ces propos peuvent à bon droit nous laisser perplexes, nous qui avons assisté au XXe siècle - et qui assistons aujourd'hui encore - à tant de guerres engendrées par la volonté de mettre la main sur des ressources naturelles, ou de conquérir des marchés. Ils comportent cependant une part de vérité. Quand les hommes sont occupés à travailler et à produire, ils ne songent pas à se battre. Un monde voué à la production des choses, et non à la domination sur les hommes, est normalement un monde pacifique. Schumpeter précisait ainsi sa pensée : « dans le monde dominé par les valeurs capitalistes » (implicitement, il désigne ici celles qui sont à la base de l'économie politique de David Ricardo : travail, production, épargne, investissement) « ce qui fut autrefois énergie combattante devient ardeur au travail ». Du reste, on constate aujourd'hui qu'il existe une corrélation entre l'ampleur du non-travail dans nos banlieues (ne parlons pas trop vite de chômage, car ceux qui ne travaillent pas ne désirent pas forcément travailler) et l'agressivité latente qui y règne.

J'ajouterai que la croissance et le développement ne se confondent pas nécessairement avec la course permanente vers plus de richesse et de puissance, au bénéfice de quelques-uns. Car le développement fait bel et bien partie de la vocation de tout homme. Appliqué à une nation, réinterprété dans une perspective biologique, ce terme est susceptible de prendre un sens très différent de celui qu'on lui donne aujourd'hui. Il s'agit déjà d'inscrire comme priorité le développement des hommes en partant du point où ils se trouvent, pour les amener tous plus loin ; au niveau des infrastructures, de la manière de produire, chaque génération a la charge de compléter ce qu'elle a reçu de la précédente, sans qu'il soit tenu pour nécessaire de commencer par le détruire. Pourquoi devrait-on casser en permanence ce que nos prédécesseurs nous ont légué, comme des enfants gâtés mettant à la décharge leurs vieux jouets, pour leur substituer sans cesse les nouveaux objets qu'on fait miroiter sous leurs yeux ? La fuite en avant actuelle, qui s'inscrit dans la ligne de la « destruction créatrice » schumpetérienne - et qui consiste à construire sans cesse le futur en détruisant au fur et à mesure le passé - fait tout de même, aujourd'hui, beaucoup de dégâts. Changer de vision, cela signifie d'abord retrouver le respect du vivant, et donc le sens de la transmission – ou, pour employer un terme plus technique, le sens de la reproduction.

Le caractère mortifère de l'économie contemporaine n'est dû qu'à la perversion d'idées qui, en soi, étaient justes. « L'horreur économique » dont a parlé Viviane Forrester, après le Rimbaud des *Illuminations,* n'est pas une fatalité. Le rôle de l'homme est tout de même d'aménager la terre pour lui faire porter ses fruits, et de transformer une série d'événements isolés et discontinus en une *histoire* commune orientée vers un but commun qui est, répétons-le, le développement de l'homme. Je crois possible, certaines conditions étant réunies, de réorienter à nouveau l'économie dans le sens de la vie. Mais un préalable serait alors nécessaire, sous forme de cette *Révolution spirituelle,* à laquelle Georges Friedmann a consacré la conclusion de son dernier livre, et qu'il jugeait indispensable pour la survie de l'humanité.

Il ne s'agit donc pas de proposer, *ex-nihilo,* un nouveau modèle de société qui viendrait miraculeusement effacer toutes nos contradictions. On serait plus avisé de commencer, pour une fois, par le commencement. Nous sommes invités à retrouver, dans un pays où la solidarité est désormais confiée à un ministère, ce que Soloviev appelait « la connexion naturelle organique de tous les êtres ». « Chaque personne individuelle », notait-il encore, « n'est que le point de rencontre d'une multitude infinie de relations avec d'autres ; la détacher de ces relations signifie enlever à sa vie tout contenu réel » (et, du même coup, enlever à l'analyse économique tout rapport avec la réalité). L'état social n'est pas un élément qui viendrait se surajouter *ex-post* à l'existence personnelle ; ce n'est pas, comme on l'a cru au XVIIIe siècle, le résultat d'un contrat passé entre des volontés libres, comme s'il nous incombait toujours de *construire* ce à quoi nous aspirons. Il est donné au départ, « contenu dans la définition même de la personnalité ». Penser à nouveau l'économie et la société en termes de *nous,* et non plus sous la forme d'une juxtaposition de petits *je* prétendument souverains mais en compétition permanente les uns avec les autres ; c'est, me semble-t-il, le défi qui est proposé à cette génération.

Voici donc exposées sans fard les trois propositions soutenues par l'auteur de ce livre.

- Tout discours économique repose sur des présupposés philosophiques ignorés du lecteur et, le plus souvent, de l'auteur ;

- Les concepts utilisés pour l'analyse économique, et les mesures de politique économique qui en découlent, révèlent chez ceux qui les proposent des orientations spirituelles sous-jacentes, dans quelque sens que ce soit ;

- Le premier but d'un livre n'est pas de dire ce qu'*il faut faire*, mais d'inviter d'abord ses lecteurs à *penser*. Cependant, une rupture profonde au niveau de l'esprit du temps ne saurait dépendre de la seule force de conviction de ceux qui contestent un « ordre établi ». Elle ne peut que suivre, et non précéder, une rupture au niveau du fonctionnement du système économique. Dès lors, seule une crise profonde peut entraîner chez nos contemporains le nécessaire changement de regard. Peut-être les hommes de cette génération en seront-ils les témoins, et les acteurs.

Au lecteur de juger maintenant du bien-fondé de ces propositions[19].

---

[19] Je remercie mon ami et ancien collègue Vincent Plauchu, de l'Université Pierre Mendès-France de Grenoble, pour la lecture à la fois minutieuse et synthétique qu'il a faite de ce manuscrit. Bien entendu, je reste seul responsable de mon texte, et des inexactitudes qu'il pourrait contenir.

CHAPITRE 1

Les anciennes sociétés organiques et leur base spirituelle

Comme le montre son titre, la visée de ce chapitre n'est pas directement historique. Il s'agira plutôt de montrer sur quelle base reposaient les anciennes sociétés organiques, avant que la civilisation bourgeoise ne vienne leur donner congé - soit brutalement (à la ville), soit de façon plus graduelle (à la campagne). Cela nous amènera à proposer, chemin faisant, des éléments de lecture de l'évolution des sociétés occidentales. Disons tout de suite que ces éléments se situeront souvent à l'opposé de la présentation de l'histoire que l'on nous propose d'habitude. En effet, et malgré la morosité qui caractérise notre époque, l'histoire des nations nous est généralement présentée comme pourvue d'un sens, comme dirigée en permanence vers de plus grands accomplissements. Cela demeure vrai aujourd'hui, même si les progrès, nous dit-on pour nous encourager à faire encore confiance au futur, ne sont « pas encore » pleinement réalisés.

Il me semble que l'on confond ici l'histoire générale des civilisations avec une seule des dimensions – certes fascinante - de l'aventure humaine : l'histoire des techniques productives. Sur ce point, il est clair que l'on a assisté depuis deux siècles à une augmentation continue de la puissance mise entre les mains des hommes ; mais cette croissance n'a-t-elle pas entraîné aussi de plus en plus de destructions, dont certaines sont irréversibles ? Dire que l'économie bourgeoise est nécessairement supérieure à l'économie seigneuriale, puisqu'elle est venue après, apparaît généralement comme une évidence ; mais un tel jugement, trop appuyé sur la chronologie et les repères quantitatifs, ne laisse-t-il pas dans l'ombre des éléments essentiels du dossier ? La montée des *Lumières* dans notre XVIIIe siècle représente-t-elle vraiment une victoire remportée par l'esprit sur les ténèbres de l'ignorance ? La Révolution de 1789 correspond-elle bien à une victoire de la liberté sur l'oppression – ou seulement à la substitution d'une forme de domination à une autre, rendue caduque par le progrès technique ? Au total, notre vision du Moyen Age n'est-elle pas déformée par les « préjugés bourgeois » qui, aux dires de Marx, encombraient déjà, en son temps, les livres d'histoire ? « Il est par trop facile », ajoutait l'auteur du *Capital* –

qui prenait ainsi ses distances par rapport aux tenants inconditionnels de l'histoire-progrès - « d'être 'libéral' aux dépens du Moyen Age ». Cette remarque incidente nous montre qu'il est possible d'évoquer le Moyen Age européen en échappant à la fois au registre de la nostalgie et à celui de la critique systématique. Comme on le verra plus loin, la lecture de Marx peut d'ailleurs s'avérer très utile pour nous aider à nous défaire de quelques illusions.

On n'entend guère parler, aujourd'hui, d'économie organique. Bien des utopies ont été proposées aux hommes depuis l'installation en Europe et aux Etats-Unis du capitalisme industriel, mais aucune d'entre elles, jusqu'ici, n'a eu recours à ce vocabulaire. Pourtant, après la disparition des économies socialistes de l'Est européen, il me semble qu'elle représente la seule alternative possible au capitalisme financiarisé et mondialisé dans lequel nous vivons aujourd'hui, plutôt mal que bien. Encore faut-il savoir de quoi il s'agit. Parler de société organique, c'est admettre - certaines précisions de langage devant être apportées pour éviter les confusions – qu'il existe une *analogie* entre le fonctionnement d'une société et celui du corps humain. Ne parle-t-on pas couramment, d'ailleurs, de « corps social » ? Chacun sait par expérience que les organes composant le corps humain ne sont pas étrangers les uns aux autres, et encore moins ennemis. Il en est, bien entendu, dont la fonction est plus importante que celle des autres (ils ont, dira-t-on pour poursuivre l'analogie, un *statut* supérieur) ; mais chacun d'entre eux a son rôle à jouer, modeste ou essentiel, dans le fonctionnement de l'ensemble ; tous sont unis par une solidarité fondamentale. Si l'un d'entre eux souffre, c'est tout le corps qui est malade. Peut-on envisager qu'une société humaine puisse fonctionner sur des bases analogues ?

Comme le lecteur l'a remarqué, j'ai pris soin de parler ici d'analogie, et non d'identité. S'il est permis de faire référence au corps à propos des sociétés humaines, c'est à condition de rester bien conscient des différences qui séparent les deux domaines. Naguère, l'épistémologue Georges Canguilhem a attiré notre attention sur ce point. S'agissant d'un organisme vivant, observait-il, les règles sont données, elles sont immanentes, intérieures au sujet, « agissantes sans délibération ni calcul ». Ainsi, dans les domaines de l'alimentation, de l'énergie, du repos, l'organisme se réfère à un « état optimum de fonctionnement » qui a été reçu et non choisi. Quand cet état n'est pas atteint, un besoin, un manque, un mal-être apparaissent. Au niveau du domaine social au contraire, et dans la mesure où on est en présence d'une société libre, l'unanimité n'est jamais donnée au départ, la place de la contestation existe toujours. « Il suffit qu'un individu s'interroge dans une société quelconque sur les besoins et les normes de cette société et les conteste, signe que ces besoins et ces normes ne sont pas ceux de toute la société, pour qu'on saisisse à quel point le besoin social n'est pas immanent, à quel point la norme sociale n'est pas intérieure, à quel point en fin de compte la société, siège de dissidences contenues ou d'antagonismes latents, est loin de se poser comme un tout »[1].

Cette observation de Canguilhem est importante, et on la retrouvera plus loin (voir *infra,* chapitre 3). Car les dissonances qui traversent le corps social n'ont pas à être occultées. A travers leur apparition, la société se prouve à elle-même - et prouve aux autres - qu'elle permet à ses membres d'exercer leur droit à la différence. La vraie question est alors de savoir si les dissidences sont en effet « contenues », exprimées à travers des règles qui organisent un dialogue social, une prise en compte des désaccords. Sinon, elles en sont réduites à se faire jour à travers des explosions sporadiques de violence, comme nous en sommes aujourd'hui les témoins dans nos banlieues, précisément parce qu'il n'y a plus de *corps social* (il n'y a même pas toujours de consensus sur un socle minimum : par exemple, un hymne national qui serait reconnu par tous).

Ce que l'analogie permet de souligner, c'est qu'une société peut être qualifiée d'*organique* quand elle privilégie le maintien de la vie par rapport à l'accumulation des richesses. En choisissant ces termes, je me réfère à la définition de Karl Polanyi, qui appréhendait ce type de société par son contraire : c'est, écrivait-il, une société qui « refuse de laisser l'individu mourir de faim ». Dans un tel contexte, la solidarité ne se discute pas, elle est implicite ; elle fait partie de la structure même du modèle social. Tout comme dans le corps, les différents membres ne sont pas égaux entre eux, mais ils sont tous nécessaires. « Il y a plusieurs membres, et cependant un seul corps. L'œil ne peut dire à la main : 'je n'ai pas besoin de toi', ni la tête à son tour dire aux pieds : 'je n'ai pas besoin de vous' »[2].

Au cours des premiers siècles du christianisme, les Pères de l'Eglise ont proclamé que « les biens de la terre sont destinés à tout le monde ». A l'évidence, une telle prise de position s'explique par les choix spirituels qu'ils avaient effectués au départ, et donc par

---

[1] G. Canguilhem : *Le normal et le pathologique*, PUF 1979. Vingt ans après. Du social au vital.

[2] Première épître aux Corinthiens, chapitre 12.

l'importance prêtée au mot « salut » dans leur vision du monde ; mais n'oublions pas qu'ils réfléchissaient aussi dans le cadre d'une société étrangère aux réalités sélectives du capitalisme contemporain. La référence implicite était la société organique telle que la définissait Polanyi, dans laquelle personne ne meurt de faim, mais où chacun a *sa* place, grande ou petite, à la table commune. Au début du XIXe siècle, Malthus viendra proclamer que cette époque a pris fin.

En effet, les temps ont bien changé à cet égard, depuis le IVe siècle de l'ère chrétienne. On n'a rien pour rien, dit-on aujourd'hui ; *nothing for nothing*. Et cependant, des documents romains récents, qu'on désigne habituellement sous le nom de « doctrine sociale de l'Eglise » ont repris à leur compte, mot pour mot, la vieille affirmation des Pères. On peut se demander si les rédacteurs de ces documents (les encycliques sociales des Papes) ont pris une claire conscience des ruptures intellectuelles et spirituelles exigées par les références qu'ils se donnaient. Si les biens de la terre sont destinés à tous les hommes sans exception, il est clair qu'on se situe clairement en dehors du cadre du capitalisme (et même en dehors du contrat *do ut des* du droit romain). La propriété ne représente plus la valeur fondamentale, et la couverture des besoins fondamentaux des hommes ne passe pas nécessairement par le marché. Intellectuellement au moins, c'est une révolution.

Il en résulte que, dans une société organique, le développement ne prend pas d'ordinaire la forme de la destruction, fût-elle créatrice. C'est, au sens propre du terme, une *croissance*, faite d'une série d'améliorations successives apportées aux techniques et aux organisations préexistantes, qui serviront elles-mêmes de point de départ (ou de base) aux progrès restant toujours à accomplir. On sait par exemple qu'au Moyen Age la production non-agricole se déroulait dans le cadre du système corporatif. Il n'y a pas lieu de valoriser à l'excès un tel système (au surplus, le fait que des régimes fascistes ou crypto-fascistes aient eu recours à ces termes au cours du siècle écoulé nous garde à ce sujet de toute tentation idéalisante). Et de fait, comme l'a écrit Jacques Maritain, « des hiérarchies rigoureuses (étaient) à la base des relations d'autorité dans cette organisation familiale ou quasi-familiale » qu'était la corporation.

Par contre, poursuivait à juste titre le philosophe thomiste, « une telle 'hétérogénie' dans la structure sociale était compensée au Moyen Age – en raison précisément de cette conception familiale de l'autorité – par la souplesse organique et la familiarité (parfois brutale, mais tout vaut mieux que l'indifférence et le mépris) des relations d'autorité, et par un jaillissement progressif spontané, plus vécu que conscient, mais bien réel et efficace, des libertés, des franchises populaires » (l'auteur pense ici, bien sûr, au mouvement des communes)[3].

Quelles différences constatons-nous, à ce niveau, entre le présent et le passé ? Dans notre société, il est clair que les « hiérarchies rigoureuses » existent de façon encore plus visible qu'autrefois, bien que tous les membres soient nominalement égaux devant la loi. Il est devenu banal de dire que, de nos jours, les hommes ne sont pas mieux traités que les choses au sein du système productif. De surcroît, il apparaît que tous ne sont pas nécessaires à la reproduction sociale. Ainsi, on distingue couramment ceux qui sont « employables » et ceux qui ne le sont pas, ceux qui sont performants et ceux qui n'atteignent pas le niveau de productivité requis - ou encore les « bons professionnels » et les inaptes, qui relèvent d'une forme ou d'une autre de « traitement social », etc.

Pour ce qui concerne l'Europe Occidentale, nous avons payé le développement rapide qui a suivi la fin du Moyen Age par l'éclatement des sociétés organiques. « Libérer » l'initiative individuelle a eu pour corollaire l'effacement progressif des liens. Les choix ont toujours été effectués dans le même sens, tant par les générations anciennes qui se sont succédées depuis la Renaissance que par la nôtre. Elle continue à chercher sa vérité du côté du dépassement perpétuel de ce qu'elle possède déjà - en termes de produits comme au niveau des techniques.

Si on veut rechercher, chez nous, des traces de la vieille société organique, il n'est pas d'autre moyen que d'interroger le passé, puisque l'apparition du capitalisme et de la grande industrie l'a conduite d'abord à se réfugier dans une sorte de vaste « réserve » (l'économie paysanne) puis à disparaître à peu près complètement à partir du milieu du XXe siècle. Pour pouvoir produire toujours plus, en effet, le nouveau système a exigé l'élargissement continu du marché. Ce processus devait entraîner à son tour la disparition des économies locales et des unités de production faiblement capitalisées. Il allait susciter aussi l'élimination des contraintes protectrices, longtemps jugées normales et nécessaires par l'esprit du temps, mais qui, tout d'un coup, sont apparues obsolètes : aussi bien celles qui résultaient, à la campagne, de la vieille organisation communautaire, que celles qui procédaient, en ville, des règlements corporatifs.

---

[3] J. Maritain : *Humanisme intégral, op. cit.*

A l'Est de l'Europe, industrialisé bien plus tard, elles se sont maintenues plus longtemps. En 1881 (soit deux ans avant sa mort) Marx observait que, seule en Europe, la commune russe était « la forme organique prédominante » au sein de la vie rurale « d'un immense Empire ». A la fin de sa vie, il s'est demandé si le passage au socialisme ne pourrait pas s'effectuer sans rupture, à partir de formes sociales traditionnelles (organiques) comme la commune rurale russe. Il est vrai qu'une telle orientation aurait permis d'éviter le passage préalable par l'univers darwinien que représente le capitalisme industriel, et par les souffrances que l'implantation de celui-ci allait nécessairement entraîner. De plus, une ancienne « pierre d'attente » pour l'introduction du socialisme existait en Russie. Le paysan russe, en effet, n'avait jamais admis la conception absolue de la propriété de la terre, telle qu'elle fut codifiée par le droit romain et admise ensuite dans tout l'Occident. Mais le fait d'adopter officiellement une telle orientation conduisait à sortir de la vision dialectique de transformation des sociétés, telle que Marx l'avait toujours enseignée jusque-là. C'est pourquoi il a toujours hésité à donner à ses correspondants russes une réponse ferme, dans un sens ou dans l'autre, à la question qu'ils lui posaient sur la possibilité de s'appuyer sur le passé pour enfanter le futur (voir à ce sujet les quatre versions successives de sa lettre à Vera Zassoulitch).

Si l'on choisit de réfléchir sur ces bases, on est conduit à penser que ce qu'on appelle aujourd'hui *développement* consiste tout simplement dans le passage d'anciennes sociétés *organiques* (dites traditionnelles) à des sociétés dont le fonctionnement relève au contraire de la *mécanique* (on les appelle le plus souvent modernes, ou industrialisées, ou développées). D'un système à l'autre (d'un univers à l'autre) vont être modifiées en profondeur les relations des hommes entre eux, mais aussi leurs rapports avec la terre et les ressources matérielles. Le développement, se demandait Joseph Schumpeter dans son premier livre (1912) « ressemble-t-il à la croissance progressive, organique, d'un arbre dans son tronc et sa frondaison ? L'expérience répond négativement à cette question ». Au siècle précédent, Tocqueville considérait lui aussi que le mouvement historique de longue période avait fait surgir successivement en France deux types de société d'une espèce différente, et par là non comparables entre eux. Pour les qualifier, il se servait d'un vocabulaire spécifique, à consonance plus politique qu'économique : les sociétés *aristocratiques* et les sociétés *démocratiques*[4]. On jugera l'analyse pertinente, sans reprendre pour autant ces expressions ici.

Bien sûr, la plupart des auteurs contemporains utilisent de tout autres termes pour décrire les formations économico-sociales qui, à leurs yeux, précèdent l'adoption des normes de l'économie marchande capitaliste, qu'ils assimilent au développement. A leurs yeux, ces formations doivent un jour disparaître pour céder la place à une simple réalisation locale du modèle universel et normalisé – sauf, pour elles, à sortir définitivement de l'histoire. Ils ne voient dans ces formes que des états provisoires, des instruments de gestation, antérieurs à la véritable naissance de la rationalité économique : du traditionnel, du passéiste, ou encore du « pré-capitaliste ». L'économie marchande capitaliste est présentée alors comme le point d'arrivée incontournable d'une histoire humaine (qui, pour certains, s'achèverait d'ailleurs avec son avènement), ou comme l'état social dans lequel l'homme, parvenu au rang d'*homo oeconomicus,* serait enfin en mesure de gérer ses affaires rationnellement.

Compte tenu de ce présupposé, les économistes ont longtemps recouru à un vocabulaire dépréciatif pour désigner les sociétés qui ne sont pas entrées (encore ?) dans « la fièvre du développement » (Nicholas Georgescu-Roegen) : pays arriérés, ou pays attardés (*backward areas*). Plus tard, ils ont retenu des expressions plus compréhensives (pays sous-développés, ou en voie de développement) sans pour autant consentir à changer de regard. La référence, ou la norme, était toujours à chercher chez nous. Au début de sa carrière, le grand économiste Joseph Schumpeter était tout de même plus près de la réalité – tout en restant, lui aussi, dépréciatif – en parlant de « circuit stationnaire ».

Parler d'économie organique, au sens d'un système foncièrement différent du système mécanique mis en place par la civilisation bourgeoise, permet de sortir ici de la présentation courante, fondée sur le rapport de l'inférieur au supérieur, ou de l'antérieur au postérieur. Le choix d'un vocabulaire propre présente l'avantage de mieux exprimer la différence qui sépare deux modes d'organisation sociale dotés chacun d'une cohérence propre. Le spécialiste de l'Inde Louis Dumont, déjà cité, nous avait mis sur la voie, en opposant l'*homo hierarchicus* (indien)

---

4 Alexis de Tocqueville : *De la démocratie en Amérique*, Gallimard 1961, et *L'ancien régime et la révolution*, Gallimard 1967.

à l'*homo aequalis* (occidental). Chacun des deux évolue dans un cadre de vie différent. Il y a d'un côté le *statut*, qui fait naître l'homme dans un groupe, et de l'autre le *contrat*, qui met en présence des individus isolés, sans autre obligation pour eux que la prestation à effectuer par l'un et le règlement monétaire dû par l'autre. Dans ce dernier cadre, rien ne s'inscrit dans la durée, le rapport entre les deux contractants prenant fin après exécution du contrat. Aux yeux du philosophe britannique Carlyle, contemporain de la grande mutation opérée en Europe au milieu du XIXe siècle, le fait pour une société de passer du régime du statut à celui du contrat représentait, non un progrès, mais au contraire une régression (spirituelle). Il n'y a plus désormais que l'argent, observait-il, qui fait le lien entre l'homme et l'homme ; on y reviendra plus loin.

Cependant, les auteurs qui reprennent cette opposition de termes prennent ordinairement le parti opposé. A leurs yeux, la supériorité du modèle occidental (qui, à la base de son édifice juridique, a en effet placé le contrat, passé librement entre des individus) ne fait pas de doute. Ainsi, le jurisconsulte britannique Henry Maine, qui fut chargé au XIXe siècle de préparer la codification du nouveau droit (colonial) en Inde, affirmait que le progrès, pour un groupe humain, consistait précisément à passer du statut au contrat[5]. De façon non surprenante, l'économiste contemporain Hayek, apôtre de la globalisation, déclarait faire sienne cette conception du progrès économique mondial.

Compte tenu du sens donné par eux à ce vocabulaire, il apparaît que ces juristes ne faisaient que transformer en paradigme, en lui donnant valeur universelle, le changement culturel que les Européens avaient vécu chez eux - et fait vivre, plus tard, à la plupart des autres peuples - depuis le début de leur domination sur le monde. Il a consisté dans l'effacement du groupe comme matrice de la personne, dans la substitution du *je* au *nous*, dans la priorité donnée aux décisions prises par l'individu isolé, indépendamment de toute référence à une norme extérieure, et par conséquent dans la liberté laissée aux forts de devenir encore plus forts, « sans limite assignable ». Chez nous - si l'on écarte la petite frange qui persiste à mettre en cause les fausses évidences du sens

[5] Le mouvement des sociétés progressives a consisté « jusqu'à présent à aller du statut au contrat ». Cité par F. A. Hayek : *La route de la servitude*, Librairie de Médicis, 1946. Dans l'un des brouillons de sa lettre à Vera Zassoulitch, Marx porte le jugement suivant sur Sir Henry Maine : « Quant aux Indes Orientales ..., tout le monde, sauf Sir H. Maine et d'autres gens de même farine, n'est pas sans savoir que là-bas la suppression de la propriété commune du sol n'était qu'un acte de vandalisme anglais, poussant le peuple indigène non en avant, mais en arrière ».

commun - cette rupture culturelle est perçue comme naturelle, puisqu'elle est censée orienter les hommes dans le sens du progrès. La société de puissance est aussi, par définition, une société de performance, ce qui relègue l'expression de « corps social » au rang des abstractions.

Ceci étant, il me semble que nous avons besoin aujourd'hui d'un double recul, historique et géographique, pour découvrir ce que notre civilisation (ou notre système, ou notre mode de production) peut avoir de mortel et de contingent. A cet égard, les crises financières que nous subissons et qui sont, à chaque fois, plus sévères, les récessions économiques qu'elles entraînent, devraient contribuer à nous alerter. Ce faisant, nous parviendrions à relativiser ce que nous avons sous les yeux et à en découvrir la fragilité ; nous éviterions de sacraliser l'existant, simplement parce qu'il existe. Nous en viendrions peut-être à admettre que la vie sociale a pris chez nous dans le passé - et peut prendre ailleurs, aujourd'hui - des formes non pas nécessairement *inférieures*, mais *différentes*.

Certes, à propos de sociétés dont nous n'avons pas d'expérience directe, le risque de tomber dans l'utopie, le mythe ou le fantasme est élevé - surtout quand le quotidien, tel qu'il est vécu aujourd'hui, est particulièrement morose. Le mythe du bon sauvage pèse encore sur notre imaginaire ; mais on sait aussi que la conscience qu'on prend d'un danger représente le meilleur moyen de s'en prémunir. Je l'aurai présent à l'esprit au moment d'avancer des exemples concrets qui appartiennent au lointain passé de l'Europe - ou encore, pour ce qui concerne la période actuelle, à divers pays du tiers-monde, d'Afrique notamment.

Le choix de ces exemples montre combien il peut être possible, voire facile, de critiquer dès l'abord la perspective adoptée dans ce livre. Ou bien, me dira-t-on, vous cherchez vos leçons dans le passé (on se souvient du jugement sans appel formulé par le jeune Marx de 1848, à propos de la politique économique préconisée par Sismondi : « à la fois réactionnaire et utopique » ; on y reviendra) ; ou bien vous vous référez à des situations présentes de sous-développement, dont ceux qui les vivent désirent précisément sortir.

En réalité, je ne préconise nullement un retour en arrière, et c'est bien vers une *nouvelle* société organique que je tourne mes regards (voir *infra*, chapitre 5). Mais la crise multiforme que nous vivons présentement dans ce pays (crise économique aiguë ou larvée, crise du politique, crise du lien social, et plus largement crise des fondements ou des valeurs) nous oblige à éprouver d'abord la précarité d'un environnement familier, et qu'on avait pu croire éternel. Récemment, nous avons entendu évoquer « la fin de l'histoire ». Or la fin que nous vivons en réalité, me semble-t-il, c'est plutôt celle des choses mortes. C'est « la grande rupture », pour reprendre les mots du dissident russe Alexandre Zinoviev qui, en 1999, choisissait de rentrer dans son pays natal et de quitter l'Occident, dont le matérialisme pratique lui était décidément étranger. Peut-on voir dans la « rupture » en question le premier signe d'un craquement, annonçant la fin d'un système ?

Pour aider à la réflexion, je voudrais citer ici une des nombreuses formules célèbres que nous a légué le XIXe siècle. Elle est due au philosophe Hegel : « ce qui est rationnel est réel ; et ce qui est réel est rationnel ». Ce propos peut nous éclairer utilement sur les perspectives du futur ; il suffit pour cela de retourner la proposition, comme l'a fait Friedrich Engels dans son *Ludwig Feuerbach*, petit livre fort stimulant. On dira alors : un système social qui en est venu à perdre peu à peu sa *rationalité* est appelé à perdre un jour sa *réalité* - c'est-à-dire, tout simplement, à cesser d'exister. Tout ce qui avait jusque-là la solidité de l'existant n'apparaît plus, aux yeux dessillés des contemporains, que comme une coque vide. Brusquement - pour ainsi dire du jour au lendemain - un régime, une organisation sociale, perd la légitimité qui lui était jusque-là reconnue par presque tous. Hier, il avait encore toutes les apparences de la stabilité : les célébrations, le *decorum*, les manifestations extérieures de la souveraineté ; aujourd'hui, on se demande comment il se fait qu'il demeure encore en place. Paul Hazard a ainsi résumé d'une phrase le propos de son livre sur « la crise de conscience européenne » au carrefour des XVIIe et XVIIIe siècle. (Avant), « la majorité des Français pensait comme Bossuet ; tout d'un coup, les Français pensent comme Voltaire : c'est une révolution ». Les dirigeants ont beau jeter du lest au moment où ils prennent conscience des premiers craquements (Louis XVI en 1789, Mikhaïl Gorbatchev en 1985) le pouvoir n'en cesse pas moins d'apparaître comme illégitime, et il ne faut pas déployer beaucoup d'efforts pour le renverser.

Et en effet c'est bien ainsi, poursuivait Engels, que la monarchie française, ayant perdu à la fin du XVIIIe siècle son caractère rationnel (sa raison d'être), ayant cessé d'apparaître comme *nécessaire*, ne pouvait manquer d'être abolie par l'histoire. Comme on le sait, ce fut la Révolution de 1789 qui s'en chargea. Entre une forme sociale nouvelle exigeant la refondation du monde, et la société ancienne qui cherchait en vain un terrain d'accommodement avec celle qui voulait l'écarter, il ne pouvait y avoir de compromis. De la même façon, Nicolas Berdiaev a évoqué le caractère inéluctable de la fin de l'Empire russe en 1917 : « La fin de la dynastie était arrivée. Sans doute dans le passé avait-elle rendu des services, marqué d'une façon positive l'histoire de la Russie. Mais son rôle était épuisé, et depuis longtemps ».

Il en est de même, me semble-t-il, de la situation dans laquelle nous sommes placés aujourd'hui. Le capitalisme nous avait promis le plein emploi, un pouvoir d'achat élevé, une société d'abondance. Quelques décennies devaient lui suffire pour tenir intégralement ces promesses, estimait Schumpeter dans son livre-testament de 1943. « Si, en partant de 1928, le capitalisme répète sa performance passée pour un autre demi-siècle, il en finira avec tout ce qui, selon les standards actuels, porte le nom de pauvreté, y compris dans les couches les plus basses de la population – les seuls cas pathologiques étant exceptés ». A une époque où nous découvrons l'existence des *working poor* (les travailleurs pauvres) il est clair que l'accomplissement de ces promesses est de plus en plus hors de portée, tant pour nos économistes que pour nos responsables politiques. En nous appuyant sur l'exemple de notre Ancien Régime, il devient possible d'avancer que le système qui nous régit est en train de perdre « sa nécessité, son droit à l'existence, son caractère rationnel » (Engels). Si nous voulons survivre, il s'agit de regarder ailleurs. Dès lors, on est fondé à examiner, de façon un peu détaillée, le mode de régulation des anciennes sociétés organiques - cherchant au passage à en tirer quelques leçons pour aujourd'hui.

On commencera cette étude en examinant d'abord la relation aux instruments de production. Les hommes de ces vieilles sociétés ont vécu un type de rapport à la technique très différent du nôtre. Au lieu de chercher à créer sans cesse de nouveaux outils plus performants, ils se sont efforcés d'améliorer sans cesse la maîtrise de l'opérateur sur les outils dont il disposait déjà. Dans une telle culture, ce n'est pas la machine qui doit être rendue plus performante, c'est l'homme qui doit *se développer*. Le but consiste à tirer le résultat le plus achevé possible des instruments imparfaits dont on dispose. De là vient la notion de « chef d'œuvre », œuvre unique, car portant la marque de son auteur, et échappant par définition à l'univers de l'imitation et de la compétition. Dans un tel cadre, il est clair que le rendement de l'instrument sera étroitement dépendant des qualités de l'opérateur. Dès lors, une vraie fierté de métier peut se développer chez les travailleurs, chacun étant libre d'aller, s'il le désire, au bout de ses capacités, et donc au bout de soi-même. Le travail devient œuvre spirituelle. Comme l'a noté Jacques Ellul, la recherche porte « sur le 'coup de main', sur le truc de métier, sur le coup d'œil – sur toutes les perfections humaines qui peuvent donner le maximum d'efficacité à l'outil sommaire que l'on possède ». Certes, dans ces sociétés organiques, on est bien en présence d'une *technique*, au sens propre du terme ; mais elle est dépourvue de la recherche d'uniformité qui définit celle-ci, au sein de nos sociétés mécaniques. Aujourd'hui, observait Ellul, l'usage de la technique dans nos sociétés vise en priorité à obtenir des produits *standard*, à éliminer tout risque de variabilité ; l'innovation doit déboucher sur la production de série. Comme on le sait, le marché des fruits et légumes a dû lui aussi adopter cette manière de faire pour s'aligner sur la normalité ambiante ; ainsi, la nature vivante en est venue elle aussi à être calibrée, ou formatée. Et l'homme ne peut manquer de suivre.

Dans ces conditions, il ne faut pas s'étonner de voir le passage d'un sens de la technique à un autre impliquer chez le travailleur une mutation culturelle profonde, une souffrance, une perte de sens. La focalisation sur la rapidité d'exécution vient effacer le « coup de main ». C'est la machine qui fixe le rythme du travail : avant d'être exploité, le travailleur est aliéné, et cela le touche à un niveau plus profond : celui du *faire*, et donc de l'*être* - et non plus seulement celui de l'*avoir*. « Dans la manufacture et le métier » écrivait Marx au chapitre XV du livre I du *Capital*, « l'ouvrier se sert de son outil ; dans la fabrique il sert la machine ». Eparses dans son œuvre, de telles réflexions conduisent à observer qu'il n'a pas complètement claqué la porte de la philosophie, lorsqu'il a choisi de se vouer en priorité aux études économiques.[6]

Au cours de toute sa carrière de chercheur, le sociologue du travail Georges Friedmann a mené sa réflexion dans le même sens. Dans son livre *Le travail en miettes,* il donnait la parole à un OS américain travaillant à la chaîne dans une usine d'automobiles. Cet ouvrier exprimait son mal-être dans les termes suivants : « Evidemment, on s'améliore quand on fait quelque chose des centaines, des milliers de fois ; mais jamais on n'atteint le point où on peut prendre un peu de recul et se dire : Mon vieux, celle-là, tu l'as bien faite. Voilà une voiture qui, vraiment, est bien fabriquée'. Si je pouvais faire de mon mieux, j'aurais quelque satisfaction en travaillant. Mais je ne puis faire aussi bien que ce dont, je le sais, je suis capable ». A son sujet, Friedmann écrivait que

---

[6] La onzième thèse sur Feuerbach est ainsi rédigée : « Les philosophes n'ont fait qu'interpréter le monde de différentes manières ; mais ce qui importe, c'est de le transformer ». Les *Thèses sur Feuerbach* ont été composées à Bruxelles au printemps de 1845, alors que Marx avait 27 ans. Leur rédaction correspond à la première « coupure épistémologique » que l'on observe dans son œuvre.

l'homme, en pareil cas, est « supérieur à ses œuvres » - c'est dire qu'il s'abaisse en travaillant. Tout ce qu'il demande alors - et c'est fort compréhensible - c'est de travailler moins longtemps, pour échapper le plus possible au monde de la nécessité, de la répétition mécanique, et avoir l'impression de redevenir un homme libre. Dans ces conditions, le temps du travail devient, paradoxalement, celui de l'absence au monde, conformément à la prophétie que Rimbaud « le voyant » énonçait, au troisième tiers du XIXe siècle : « la vraie vie est absente, nous ne sommes pas au monde ». Avec la technique, l'homme s'était imaginé pouvoir devenir maître (« vous serez comme des dieux ») ; en réalité, il a été rabaissé au rang de serviteur.

Si, des instruments, nous passons à l'univers de la production proprement dite, nous devons porter d'abord notre attention sur le travail agricole ; c'est en effet l'agriculture qui occupait la grande majorité des travailleurs dans les vieilles sociétés organiques. Au temps où, en Europe, toute exploitation agricole était grevée de servitudes au profit de la collectivité villageoise (assolement obligatoire, interdiction de clore, droit de vaine pâture) il était possible aux pauvres de subsister dans les campagnes, dès lors qu'ils pouvaient louer leurs bras et disposaient d'un peu de bétail. Les *laboureurs* (agriculteurs possédant un attelage) qui disposaient de moyens supérieurs à ceux des simples *manouvriers,* ne pouvaient ni accaparer les terres de ceux-ci, ni même clôturer leurs propres terres. Nivellement par le bas, pensera-t-on chez nous, à partir du milieu du XVIIIe siècle. En contrepartie, cet ancien système faisait naître à la campagne « une grande cohésion sociale », « une mentalité fortement communautaire » (Marc Bloch) ; voire même, pour reprendre une formule de Jaurès (mais le terme est sans doute excessif) une forme de communisme rudimentaire.

Et Marc Bloch de conclure : « interdiction de clore, vaine pâture, assolement forcé étaient ... ressentis comme des 'lois' écrites ou non, pourvues de sanctions officielles ou tirant leur seule force d'une *impérieuse volonté de groupe »* (c'est moi qui insiste). « Il fallut, pour les abolir (au temps des grandes métamorphoses agricoles du XVIIIe siècle finissant) toute une législation nouvelle »[7]. Et c'est seulement quand ce cadre protecteur a été rompu (en France, au XIXe siècle) qu'on a assisté à la grande migration des populations rurales vers les villes. Industrialisation, urbanisation, forte croissance de la population. Le

[7] M. Bloch : *Les caractères originaux de l'histoire rurale française*, Armand Colin, 1968.

« grand déséquilibre » (Friedmann) avait commencé ; il atteint aujourd'hui son paroxysme. Et le phénomène se reproduit aujourd'hui, à une échelle accrue, dans l'Afrique sub-saharienne, où l'exode rural alimente la croissance d'immenses mégapoles qui ne méritent pas le nom de villes.

C'est dans l'économie paysanne que la société organique a subsisté chez nous le plus longtemps, puisque son vrai déclin n'a commencé qu'au milieu du XXe siècle. Elle était en effet moins défavorisée, face aux grandes exploitations agricoles, que l'artisanat face à l'industrie. Ne se fixant pas comme but l'augmentation continue de la productivité du travail (on pourrait dire : au contraire) elle disposait de forces de travail nombreuses et variées, qui pouvaient aisément s'adapter aux changements du rythme du travail imposés par la succession des saisons. Au début comme à la fin de sa vie, un homme ou une femme pouvait y trouver une place correspondant à ses capacités. Dans un tel univers, on ne parlait certes pas de « retraite », et encore moins de « troisième âge ». L'homme âgé n'était pas perçu comme un fardeau pour le groupe ; de même, les enfants ont pu y faire leur apprentissage en exécutant quelques tâches productives, temporaires et n'excédant pas leurs forces, même après que la scolarité obligatoire ait été introduite dans les campagnes.

A propos des services rendus aux chefs d'exploitation par ceux qui se trouvaient ainsi aux deux extrémités de la vie, un économiste rural marxiste, le Polonais Tepicht, a mis en évidence la rationalité de ces formes paysannes, qui existaient encore dans la Pologne socialiste. Elles seules étaient en mesure, écrivait-il, de faire appel aux « forces marginales de la ferme ». À la même époque, ajoutait-il avec une grande objectivité, les grandes exploitations collectives ne parvenaient pas à atteindre l'équilibre, obligées qu'elles étaient d'organiser le travail de leurs employés sur le modèle retenu pour les salariés de l'industrie (temps de travail, horaires, etc.). À cet égard, l'exemple venait de haut : dans l'un des rares passages où il définit brièvement les formes que devrait revêtir la future société socialiste, Marx évoque des « mesures tendant à faire graduellement disparaître la distinction entre la ville et la campagne » (*Manifeste du Parti Communiste*, 1848). Ce sont là des propos de citadin.

De même, dans l'artisanat des villes, des dispositions contraignantes venaient interdire ce que Schumpeter appellera plus tard la *cutthroat competition* - la concurrence coupe-gorge - qui est devenue aujourd'hui la norme dans nos économies mondialisées. Non seulement l'esprit du temps s'accommodait, à l'époque, de telles restrictions, mais il les estimait justifiées. Darwin n'était pas encore venu, et on n'avait pas encore admis que l'activité économique impliquât par nature la sélection des plus aptes et l'élimination des moins doués. L'accès de quelques-uns à des positions dominantes se trouvait donc interdit par des mesures strictes. Comme l'a souligné Marx (qu'on pourrait difficilement soupçonner de passéisme !) le maître de corporation ne pouvait pas accroître indéfiniment le nombre de travailleurs qu'il embauchait ; et, de plus, il ne pouvait employer que des compagnons appartenant à sa propre spécialité. A l'époque en effet, la convoitise personnelle était soigneusement canalisée par le groupe.

Ainsi, à la ville comme à la campagne, on pouvait observer, en ce temps de moindre croissance, le jeu de ce qu'on appelle aujourd'hui le principe de précaution. Bien sûr, il n'était pas question, alors, de parler de « principe ». Si d'aventure certains producteurs étaient tentés d'augmenter le volume de leur appareil de production pour accéder à une productivité supérieure (mettant ainsi en péril l'existence de la majorité de leurs confrères) des forces supérieures intervenaient pour bloquer le processus. C'est pourquoi la croissance économique des sociétés organiques, qui a été réelle (sinon la population européenne serait restée stationnaire depuis le moyen âge jusqu'à la fin du XVIIIe siècle), passant par des phases successives d'accélération et de stagnation, s'est globalement produite à un rythme modéré, en parallèle avec la croissance démographique. Le but jugé essentiel était alors de maintenir à tout prix *l'équilibre* (mot-clé des sociétés organiques), ou encore la capacité de *reproduction* du groupe. Bien entendu, la volonté d'assurer à chacun une place conduit nécessairement à ralentir la croissance globale - si toutefois cette dernière expression a un sens. Le rythme biologique, c'est bien clair, est plus lent et plus graduel que le rythme mécanique ; mais est-ce vraiment un mal ?

On doit aussi noter que la production, pour importante qu'elle soit, est loin de constituer le premier objectif d'une société organique. La structure même de celle-ci implique un certain type de rapports humains, dans lequel les *statuts* attribués à ses membres occupent une place centrale. Au moment de leur élaboration, ces statuts ont correspondu à des fonctions spécifiques. Chacun a encore à l'esprit la triade à travers laquelle les Français du Moyen Age (après bien d'autres peuples) se représentaient une société humaine équilibrée : il y a ceux qui *prient* pour le groupe, ceux qui *combattent* pour défendre le groupe, ceux qui *produisent* pour le groupe. À la différence de notre société, tout le monde n'était pas considéré comme un producteur - mais tous étaient jugés indispensables, à leur niveau, à la reproduction sociale, telle qu'on se la représentait alors.

Bien entendu, ces *ordres* n'étaient pas des *classes*. C'est à l'intérieur de chacun d'eux que s'opérait la différenciation en classes distinctes. Dans les rangs de la noblesse, on trouvait des seigneurs au train de vie fastueux et des nobliaux de province impécunieux, comme le hobereau espagnol du *Lazarillo de Tormes*. Le clergé comportait des prélats titulaires de bénéfices confortables, et des prêtres de paroisse réduits à « la portion congrue ». Quant au Tiers Etat, il comptait dans ses rangs, à la campagne, le « riche laboureur » de La Fontaine, correspondant au *koulak* de l'époque, et le pauvre manouvrier vivant du travail de ses mains ; et les mêmes inégalités se retrouvaient à la ville. Au total, inégalités économiques et inégalités de statuts étaient alors loin de se recouper.

Quand une société peut encore être qualifiée d'organique, l'existence de ces statuts n'est pas objet de contestation, le groupe entier en reconnaissant la légitimité - à condition qu'en soit assurée en même temps la contrepartie implicite : personne ne doit être privé de tout moyen d'existence, être réduit à devoir mourir de froid ou de faim. C'est seulement au moment où cette société perd de sa vitalité, du fait de la montée de l'individualisme, qu'on ne voit plus dans les statuts une forme de division sociale des tâches objectivement fondée, mais une répartition inégalitaire des privilèges et des charges. On entre alors dans une période de rupture, conduisant à l'adoption d'une autre forme d'économie et de société.

Pour protéger ses membres contre les risques de l'existence, les sociétés rurales de type organique ont utilisé des modalités diverses. Reprenant les termes d'une étude ancienne, je distinguerai ici trois niveaux : l'entraide, la solidarité, l'assistance.

- Le recours à *l'entraide* a permis à la fois de suppléer au manque de moyens techniques dans les moments de gros travail (le temps de la moisson par exemple) et de fournir une alternative aux rapports marchands qui auraient fait entrer les exploitations paysannes dans un engrenage cumulatif de dettes. Avant la révolution agricole que notre pays a connue au XVIIIe siècle, a noté Marc Bloch, « l'entraide était, dans beaucoup de communautés rurales, une obligation sociale assez forte » (*op. cit.*).

- La *solidarité* au sein du groupe (quels qu'aient pu être les conflits ponctuels entre ses membres, à propos de l'accès à la terre notamment) caractérisait aussi les sociétés organiques. La force de cette solidarité n'est nulle part mieux indiquée que dans un passage de la Bible. Il s'agit d'un court dialogue entre le prophète Elisée et une femme de Shunem qui vient de faire construire, à l'intention du prophète, une « chambre haute » sur la terrasse de sa maison. Cherchant à manifester sa gratitude, Elisée demande à la femme : « Veux-tu que je parle de toi au roi, au chef de l'armée ? » Et la femme de répondre fièrement : « je séjourne au milieu des miens », ce qui signifie : la solidarité de mon clan me suffit.

Plus près de nous, du côté des sociétés agraires du Maghreb demeurées longtemps organiques, on connaissait la pratique de la *tuiza*, qui consistait dans des travaux effectués gratuitement par des villageois du même village au profit de vieillards, de veuves, de malades, etc... Cela nous renvoie, terme pour terme, à ce que Karl Polanyi a dit de la société traditionnelle européenne : « Dans une société qui proclamait qu'il y avait place en son sein pour chaque chrétien, il fallait prendre soin des vieillards, des infirmes et des orphelins ». Aujourd'hui, notait en contraste Jacques Ellul, « il est impossible d'accepter dans le corps social quelqu'un qui ne produit pas ».

C'est aussi dans une perspective de solidarité qu'Engels comprenait la loi anglaise sur les pauvres qui fut prise en 1601, sous le règne d'Elizabeth Ire : elle « partait encore naïvement » écrit-il, « du principe qu'il est du devoir de la communauté de veiller à la subsistance des pauvres ». Cependant, à propos du même texte, l'historien Paul Mantoux a manifesté une attitude plus réservée. « Son objet primitif ... paraît avoir été la répression de la mendicité et du vagabondage, autant que le soulagement de la misère. Elle est à la fois empreinte d'un sentiment de charité chrétienne et d'un violent préjugé social. L'idée que l'aumône est une œuvre pie et rachète les péchés conduisait à distribuer des secours largement et sans discrimination ; mais elle n'excluait point la violence et la crainte à l'égard de ceux qui la recevaient ». On est alors à l'aube du XVIIe siècle, et l'ombre de Malthus commence à se profiler derrière la volonté - qui

demeure affirmée - de la prise en charge par le groupe de *ses* pauvres.
Cela nous pousse à éviter le piège déjà signalé de l'idéalisation, fort tentante au demeurant quand on constate la dureté du monde dans lequel nous vivons. Mais il ne s'agit pas non plus de réagir en sens inverse, et d'occulter le fait que la solidarité constituait un maillon normal d'une société de type organique, avant la révolution industrielle.

- L'assistance figurait, elle aussi, en bonne place dans le système de régulation des vieilles sociétés organiques européennes. En peu de mots, Tocqueville a montré que la balance des prérogatives et des charges seigneuriales était plus équilibrée qu'on ne l'a cru : « Dans l'ancienne société féodale, si le seigneur possédait de grands droits, il avait aussi de grandes charges. C'était à lui de secourir les indigents dans l'intérieur de ses domaines ».
  C'est dans l'exercice concret de ce devoir de prise en charge des pauvres par les riches que l'historien Georges Duby voit la raison du maintien prolongé du système seigneurial. « Il faut ... en finir avec le mythe de la paysannerie acharnée à détruire la seigneurie. Elle la souhaitait moins rigoureuse, mais elle ne souhaitait pas qu'elle disparaisse. Le système seigneurial n'aurait évidemment pas tenu sans ce consentement, sans cette soumission volontaire. Les effervescences, les résistances, les révoltes ont existé, avec plus de vigueur, de permanence qu'on ne le croirait en lisant des textes qui, presque tous, s'appliquent à dissimuler les contradictions de la société féodale. Mais cette rébellion latente ne doit pas masquer (le fait) que la seigneurie apportait aussi quelque chose et principalement : la sécurité. Les seigneurs ni les prêtres n'auraient été obéis s'ils n'avaient été protecteurs et secourables. La seigneurie apportait en fin de compte la 'sécurité sociale' »[8].

Il apparaît ainsi que, dans un tel cadre, les plus faibles ne se voyaient pas systématiquement privés de tout moyen d'existence. S'il lui arrive de parler de « lutte des classes » à propos du rapport entre les seigneurs et les paysans du Moyen Age, le même Georges Duby nuance

---

[8] G. Duby – G. Lardreau : *Dialogues*, Flammarion, 1980.

aussitôt son propos. « Il ne faut pas voir cette 'lutte des classes' sous une forme dramatique. C'est une affaire de *paroles*, de politique louvoyante : le seigneur demande beaucoup, on lui donne peu, on se retire, on camoufle – finalement l'équilibre se maintient » (*op. cit.)*. Dans un tel cadre, on se trouve en haut ou en bas de l'édifice social ; mais, du moins, il existe un édifice, et chacun a le droit de s'y trouver quelque part.

Pas plus qu'elles n'excluaient les mendiants, les sociétés organiques n'écartaient pas de la vie sociale ceux qu'on appelle aujourd'hui les handicapés psychiques. À cet égard les expressions peuvent être trompeuses : en France, « l'idiot du village » d'autrefois n'était pas réduit à la condition que connaissent aujourd'hui les jeunes gens qui errent dans les parcs et jardins publics de San Francisco par exemple. Il avait sa place dans le groupe, il n'était pas « de trop » (*redundant,* disent les Britanniques). Dans certaines de nos régions, il y a un siècle, ces hommes et ces femmes étaient encore appelés « les innocents » ; et on n'aurait pas trouvé choquant d'émettre à leur propos le paradoxe énoncé sans rire par tel personnage de Giraudoux : « il ne faut pas croire que les idiots soient plus bêtes que les autres ». Personne n'est de trop dans les sociétés organiques, où l'on comprenait qu'un groupe humain, pour être vivant, a besoin de faire sa place à la différence. La recherche de l'homogénéité est forcément mortifère. « Si le tout était un seul membre », observait saint Paul, « où serait le corps ? »

Notons au passage que ni l'entraide, ni la solidarité, ni l'assistance, n'ont eu besoin de faire l'objet de codifications minutieuses. Les sociétés anciennes ne souffraient pas du syndrome de multiplication des lois qui affecte les groupements modernes. Citant un exemple ancien mais fort probant, Jacques Ellul a évoqué le « principe de l'économie des formes » qui régissait autrefois le droit romain. Ce principe devait conduire, nous dit-il, « à créer le moins possible d'instruments juridiques ; les lois seront rares, les institutions aussi ; et l'on va déployer des trésors d'ingéniosité pour faire rendre à ce petit nombre de moyens le maximum de résultats ; au prix de fictions, de transpositions, d'applications '*a pari*' et '*a contrario*', etc. ».

Comme on le sait, notre société aime au contraire élaborer une loi particulière pour régler chaque problème spécifique. On aura donc une loi sur le bizutage, une loi sur les manèges, une loi sur les chiens dangereux ... À propos de ce foisonnement législatif, Joseph Schumpeter a parlé d'une « croissance tropicale de nouvelles structures légales », comme si l'avènement de la sécurité devait naître désormais, non de liens unissant les hommes dans leurs villages ou leurs quartiers, mais de la multiplication des lois et règlements contraignants.

Entre les deux modalités de « gestion du social », celle des vieilles sociétés organiques et celle de nos sociétés modernes, ne cherchons pas de position moyenne. Les deux visions s'excluent radicalement l'une l'autre. Là où nous voulons tout régenter, les sociétés anciennes ne reposaient pas sur une volonté consciente de traduire des idées générales en règles de conduite. On n'a pas eu à rédiger, pour les encadrer, une quelconque constitution écrite. Là où nous aimons manier l'abstraction, passer de l'affirmation des grands principes à l'élaboration de catalogues de mesures à prendre, elles voyaient plutôt des hommes, des visages humains. « Ne te détourne pas de celui qui est ta propre chair »...

Pour autant, ne rêvons pas. Il existe, bien sûr, un passif au bilan des vieilles sociétés organiques. Reconnaissons déjà que le fait d'être en lien permanent et quasi-obligatoire avec les membres de sa microsociété peut être pesant. À entendre aujourd'hui beaucoup de citadins heureux de vivre en ville, il paraît clair que l'anonymat que celle-ci dispense permet de protéger la vie privée de l'intrusion non-souhaitée d'autrui. Il est vrai qu'on s'y trouve, aujourd'hui, de moins en moins protégé : du fait de la surveillance multiforme dont nous sommes l'objet, et aussi du démarchage publicitaire téléphonique, venant abolir la frontière qui séparait jusque-là le *business* du *home.*

Dans un système organique au contraire, on devait accepter de vivre sous le regard des autres. Il peut être fatigant d'être dans un corps social, en rapport permanent avec les autres membres, surtout quand, de surcroît, les inégalités de statut commencent à être perçues comme des entraves, pesant lourdement sur la liberté de chacun.

Car de telles sociétés, on l'a dit, se construisaient hors de toute référence à l'égalité. Chacun se voyait attribuer une place statutaire - se heurtant forcément, un jour ou l'autre, aux limites de ce statut. Ces situations différentes, dont chacun héritait à sa naissance, pouvaient se traduire par des écarts considérables au niveau du patrimoine. « Société aristocratique », écrivait Tocqueville ; *« homo hierarchicus »*, confirme Louis Dumont.

Et le terrain économique n'est pas seul en cause. Dans le passé, ces rapports hiérarchiques ont permis à des souverains locaux de faire endosser par leur peuple des décisions qu'ils avaient prises eux-mêmes à sa place. Par là, se trouvait abolie la liberté des personnes, dans des matières qui, pourtant, relèvent hautement de la conscience de chacun. Réfléchissant sur l'évolution religieuse vécue aux XVIe-XVIIe siècles par les peuples de l'Europe, Tocqueville a observé : « Comme les hommes qui vivent dans les sociétés démocratiques ne sont attachés par aucun lien les uns aux autres, il faut convaincre chacun d'eux. Tandis que, dans les sociétés aristocratiques, c'est assez de pouvoir agir sur l'esprit de quelques-uns ; tous les autres suivent. Si Luther avait vécu dans un siècle d'égalité, et qu'il n'eût point eu pour auditeurs des seigneurs et des princes, il aurait peut-être trouvé plus de difficulté à changer la face de l'Europe ». Ce diagnostic paraît justifié.

Pour le confirmer, on remarquera qu'aujourd'hui des statuts particuliers, subsistant dans certaines régions du monde et reconnus par tous, peuvent constituer un facteur particulier de résistance à toute forme d'évolution sociale. En Afrique subsaharienne par exemple, les *vieux* (ce terme n'étant nullement péjoratif dans ce continent) font l'objet d'une reconnaissance par le groupe et bénéficient d'un statut privilégié. Celui-ci peut leur permettre à l'occasion de bloquer des mutations qui pourtant s'imposent, parce que les conditions de vie de la collectivité ont changé. Dans ce cas, il peut s'avérer nécessaire de les « apprivoiser », en utilisant un vocabulaire familier à leurs oreilles, pour qu'ils acceptent de laisser introduire des innovations dans un ordre devenu obsolète, mais qu'ils perçoivent comme éternel. Il existe, bien sûr, des sages africains, qui représentent indiscutablement de beaux types d'homme ; mais on aurait tort de s'imaginer qu'il suffit d'être vieux pour être sage...

De tels traits devaient être relevés, car ils nous empêchent de verser, après tant d'autres, dans le rêve d'un âge d'or enfoui dans la mémoire des hommes, et qu'il s'agirait de faire refleurir ; aucun retour en arrière ne peut être justifié. Par contre, nous devons nous efforcer aujourd'hui de rendre tout leur sens aux notions d'équilibre, de sécurité sociale et non individuelle, de reproduction des conditions matérielles d'existence du groupe. Autour de nous, en effet, le risque est à la fois multiforme et permanent ; à travers de multiples signes, nous voyons bien que la société du contrat traverse une crise profonde. D'où l'intérêt de cette invitation à méditer sur les enseignements que peut encore nous transmettre le mode de fonctionnement de certaines sociétés anciennes.

Mais une question se pose alors. Pourquoi et comment nos nations démocratiques sont-elles sorties de la société organique ?

Sans aucun doute, l'action de la monarchie absolue est la première responsable de la modification de l'esprit du temps. C'est bien avant 1789, en effet, que la nation a cessé de se percevoir comme un corps. Au milieu du XIXe siècle, Tocqueville notait que la France était devenue depuis longtemps une société d'individus. « Comme on avait ôté au seigneur ses anciens pouvoirs, il s'était soustrait à ses anciennes obligations. Aucune autorité locale, aucun conseil, aucune association provinciale ou paroissiale n'avait pris sa place. Nul n'était plus obligé par la loi à s'occuper des pauvres des campagnes. Le gouvernement central avait entrepris hardiment de pourvoir seul à leurs besoins ». Selon cet auteur, la montée du pouvoir étatique aurait même conduit à une destruction complète du lien social. « L'administration de l'ancien régime avait d'avance ôté aux Français la possibilité et le goût de s'entraider. Quand la Révolution survint, on aurait vainement cherché dans la plus grande partie de la France dix hommes qui eussent l'habitude d'agir en commun d'une manière régulière ... ». Le tableau est ici poussé à l'extrême. Comme on le rappellera ci-dessous, les corporations et les confréries ont tout de même existé chez nous jusqu'à la fin de l'Ancien Régime. Mais il est vrai que le processus de centralisation initié sous Louis XIV et poursuivi sous ses successeurs ne pouvait que conduire à étouffer peu à peu la nation au profit de l'Etat, et à anémier le lien social au profit d'un rapport de plus en plus exclusif reliant la base et le sommet.

Ainsi, Tocqueville se représentait l'organisation politique de ce pays, sous l'Ancien Régime mais après la dissolution du Moyen Age, sur le modèle d'un système binaire. A la base de la pyramide, on trouvait des individus isolés, séparés les uns des autres ; et, à la pointe, une entité diffuse et multiforme groupée autour d'un monarque (ce qu'on appelle en France *le pouvoir*).

Au XXe siècle, Joseph Schumpeter, très au fait lui aussi de l'histoire de France - bien que citoyen américain d'origine autrichienne - partageait le même point de vue. Prenant l'exemple du règne emblématique de Louis XIV, il notait que, dans le principe, la monarchie « dirigeait tout » (*managed everything*) « depuis les consciences jusqu'aux modèles des soieries lyonnaises, ayant domestiqué (*subjugated*) à la fois l'aristocratie terrienne et le clergé, et étendu sa domination sur la bourgeoisie, tout en ayant pris soin de protéger ses entreprises, afin d'en tirer le maximum de recettes fiscales ». D'après cette conception, ce n'est pas la nation qui, se prenant elle-même en charge, se dote d'un Etat ; c'est au contraire l'Etat qui enfante la nation.

Selon le point de vue exprimé par les deux auteurs qu'on vient de citer, il apparaît que la société française avait perdu globalement son caractère organique depuis le XVIIe siècle. Seuls demeureraient, à titre de résidu dépourvu de sens, des *statuts* qui seront abolis sans opposition le 4 août 1789. A propos de ce cas particulier, on constate le bien-fondé de la thèse de Hegel : ce qui a perdu sa rationalité est condamné, tôt ou tard, à perdre aussi sa réalité.

Il n'en reste pas moins que l'opinion émise par Tocqueville, dans sa généralité, mérite tout de même d'être nuancée. Les corporations dans les villes, l'organisation communautaire dans les campagnes, existaient encore au milieu du XVIIIe siècle, puisqu'il a fallu les abolir ! N'oublions pas que le premier traité d'économie scientifique a été publié en France en 1758, soit trente ans seulement avant la Révolution française. Il se présentait comme une théorisation du fonctionnement de l'économie de l'époque ; l'auteur, François Quesnay, la soutenait à l'aide de données chiffrées. Le *Tableau économique des physiocrates* – puisque c'est de ce document qu'il s'agit - répartissait les acteurs de l'économie nationale en trois secteurs institutionnels, improprement appelés « classes » :

- Le secteur constitué par les *fermiers*. Selon Quesnay, il produit une valeur ajoutée importante, le « don gratuit » de la nature lui permettant de dégager un supplément de richesse. Grâce à cet apport, les fermiers seront en mesure, non seulement d'assurer la subsistance de leur famille et de leurs ouvriers agricoles, mais aussi de dégager un *surplus,* qui leur permettra de verser une rente foncière à leurs propriétaires. Pour cette raison, Quesnay désignait ce groupe sous le nom de classe productive ;
- le secteur des *artisans*, qui produit bien une valeur ajoutée (ce qui permet à ses membres d'assurer leur propre subsistance et celle de leurs ouvriers), mais ne crée pas de surplus, car son activité ne bénéficie pas de la ressource supplémentaire gratuite représentée par la fertilité de la terre. De ce fait, ce groupe est désigné comme formant la classe stérile ;
- Enfin, le groupe des propriétaires fonciers, qui ne produit rien, mais consomme la production des deux autres, en la payant à sa valeur. La fonction de consommation ainsi

exercée par les non-producteurs permet aux flux globaux de s'ajuster. Tel que le système fonctionne, le risque de sous-consommation est écarté.

Au total, le *Tableau économique* donnait une représentation simplifiée, mais pertinente, des principaux flux globaux (production, répartition, utilisation du revenu, reproduction des ressources consommées au titre des opérations productives) qui résumaient alors l'activité économique du pays. De plus, les chiffres qu'il comportait correspondaient, précisait Quesnay, à des ordres de grandeur en phase avec le réel. Il est légitime de parler ici d'analogie biologique, les travaux de Quesnay faisant implicitement référence aux recherches du savant britannique Harvey (celui-ci, un siècle plus tôt, avait découvert le phénomène de la circulation du sang dans l'organisme humain). Dans un tel contexte théorique, la nation peut légitimement se présenter comme une maison commune, tous les groupes sociaux se voyant attribuer un rôle dans la reproduction sociale. Personne n'est exploité, au sens marxiste du terme. Si la terre l'est, puisqu'elle rend aux fermiers plus de produit qu'elle n'en a reçu (sous forme de semences et de travaux) elle n'est pas *surexploitée*, dès lors que les propriétaires doivent lui consentir régulièrement des *avances foncières* pour entretenir sa fertilité.

Compte tenu de la vision initiale dont elle procède, il n'est pas surprenant que cette école soit la seule qui ne se soit pas représenté la vie économique comme le terrain d'une lutte. Cela mérite d'être davantage souligné. En remontant en arrière dans l'histoire des théories économiques, on trouve d'abord les auteurs mercantilistes, pour qui la richesse d'une nation ne pouvait provenir que de la lutte contre les autres, à travers la colonisation ou l'échange inégal. L'économie, alors, c'était clairement la guerre, menée par d'autres moyens.

Puis, comme on vient de le voir, les physiocrates sont venus établir que l'activité économique pouvait être vécue de façon pacifique ; mais leur notoriété n'a couvert qu'une brève période (deux décennies environ). Peu après, on a vu apparaître la première époque bourgeoise, au cours de laquelle la lutte armée, les grandes entreprises maritimes, sont passées au second plan. Il importait désormais de *produire*. C'est le travail productif des hommes, ont enseigné alors les économistes, qui est à la base de la richesse des nations ; c'est lui qui fournit le surplus - lequel servira à financer, non la consommation et les loisirs de grands propriétaires oisifs, mais l'investissement productif destiné à préparer le futur. La lutte fera à nouveau partie du système, mais elle sera circonscrite au sein de chaque nation ; elle opposera la classe qui possède les moyens de production et celle qui les met en œuvre, et elle aura pour enjeu le partage de ce qu'on appelle aujourd'hui la valeur ajoutée. Dès lors, la lutte des classes va prendre la place de la lutte entre les nations, un moment suspendue (d'où les cinquante ans de paix européenne qui suivent la publication des *Principes* de Ricardo, mis à part les campagnes militaires qui ont accompagné l'indépendance de l'Italie ; voir *infra,* chapitre suivant).

Quant aux auteurs néo-classiques, pères de l'économie « moderne », ils nous enseignent doctement que « l'activité humaine présente un aspect économique lorsqu'il y a lutte contre la rareté ». De toute façon, que ce soit contre les hommes ou contre les choses, il faudrait forcément se battre – ce qui implique, à l'évidence, des vainqueurs et des vaincus…

Il serait faux de croire que l'économie politique des physiocrates représente seulement un exercice d'école, tout juste bon à figurer dans les manuels d'histoire de la pensée économique. Dans les campagnes françaises, au XIXe siècle, et quoi qu'en ait dit Tocqueville, des éléments d'économie organique ont pu coexister quelque temps avec le capitalisme industriel qui dominait déjà les villes. Dans un village des Mauges (région de l'Ouest de la France, aux confins de l'Anjou et de la Vendée) évoqué par Henri Mendras, une microsociété rurale fonctionnait encore à cette époque selon les normes du Tableau de Quesnay. « Les quatre châtelains et les deux ou trois familles bourgeoises possédaient l'essentiel des terres de la commune, prélevaient à peu près tout le revenu non-consommé directement par les familles paysannes, mais ce revenu était en bonne partie réemployé dans la commune sous diverses formes » (emploi de serviteurs pour l'entretien ou le jardinage ; commandes diverses passées aux artisans du village, aumônes réalisées par les châtelaines, etc.)[9].

Il demeure vrai que la monarchie absolue, en domestiquant la noblesse qu'elle choisissait d'encaserner à Versailles, en majorant considérablement le rôle du pouvoir central et de ses représentants locaux (les intendants) a porté un coup sévère à la société organique, dont le fonctionnement se trouvait dès lors entravé. À elle seule, cependant, elle n'aurait pas pu la liquider ; c'est l'essor de la bourgeoisie

---

[9] H. Mendras : *Sociétés paysannes – Eléments pour une théorie de la paysannerie,* Armand Colin, 1976.

qui lui a porté le coup fatal. Significative du changement d'esprit est l'évolution de l'attitude adoptée à l'égard des personnes dépourvues de ressources, et en particulier des mendiants. Reprenons ici l'exemple de l'Angleterre (déjà évoqué à propos de la loi de 1601) pour nous placer dans la seconde moitié du XVIIe siècle, après que les hommes de la bourgeoisie (Cromwell et les siens) aient mis fin au règne des Stuarts. « L'éthique du Moyen Age », a écrit Max Weber, « n'avait pas seulement toléré la mendicité, elle l'avait directement glorifiée avec les ordres mendiants. Les mendiants laïques eux-mêmes, dans la mesure où ils fournissaient l'occasion au possédant d'accomplir des bonnes œuvres en faisant l'aumône, étaient parfois définis et considérés comme un 'état'... L'éthique sociale anglicane des Stuarts était encore très proche, intérieurement, de cette attitude. Il fut réservé à l'ascèse puritaine de contribuer à la législation anglaise sur les indigents, laquelle, par sa dureté, a provoqué dans ce domaine un changement radical »[10].

Ainsi, la monarchie absolue (et, par conséquent, le pouvoir politique) n'a pas été le seul facteur de dissolution de la société organique antérieure. La bourgeoisie commerçante et manufacturière d'abord, puis le capitalisme industriel à partir du moment de sa mise en place, ont été des agents actifs de la démolition de cette société. « Notre expérience est bien récente » écrivait Sismondi en 1817, « dans cet ordre social qui met en lutte tous ceux qui possèdent avec tous ceux qui travaillent ; car cet ordre social ne fait que commencer ». Certes, les sociétés anciennes - qu'on dira pré-capitalistes, si on admet un instant que l'histoire comporte un sens obligatoire - ne sauraient être qualifiées d'harmonieuses. Il reste que le capitalisme industriel est venu introduire une novation dans la marche de la reproduction sociale, transformant en lutte ouverte des « dissidences contenues » et des « antagonismes latents ». Ce faisant, il a brisé ce qui restait de l'équilibre antérieur, en introduisant la pratique de la lutte des classes dans le mode de fonctionnement courant, ou « normal », de l'humanité occidentale. Et l'imposture deviendra complète, lorsqu'on viendra accuser ensuite le prolétariat d'avoir déclaré cette lutte des classes !

L'œuvre de la Révolution de 1789 a été de donner à l'édifice le cadre juridique qui lui manquait. C'est ainsi que les Assemblées révolutionnaires ont jeté les bases d'une société fondée sur l'égalité formelle. Parler ici de cadre *juridique* ne revient pas à soulever une

---

[10] M. Weber : *L'éthique protestante et l'esprit du capitalisme*, Gallimard 2003.

simple question de forme. On ne saurait trop insister, en effet, sur l'importance qu'a revêtu le droit aux yeux des acteurs de la Révolution. « D'un seul coup, c'était l'idée, le concept du droit qui prévalait » a écrit Hegel dans sa *Philosophie de l'histoire* de 1840. C'était l'idée, en effet, traduite en préceptes de droit, qui allait modeler « d'un seul coup » une nouvelle société, transformer le monde, changer la vie. Du passé faisons table rase ! Enfin, le fonctionnement de la nation allait dépendre de principes clairement posés et non de la coutume, de « ce qu'on avait toujours fait » ; enfin, la société allait reposer sur la tête ! La Révolution française, a écrit l'islamologue Maxime Rodinson, « a cru créer une société sans classes dans ce sens que les trois 'classes', les 'états' antérieurs (noblesse, clergé, tiers-état) étaient abolis, que tous les Français étaient désormais égaux devant la Loi. Les distinctions subsistant, par exemple entre riches et pauvres, étaient considérées par la plupart comme un résidu irréductible d'inégalité aussi naturel » (sic) « que la distinction entre grands et petits, forts et faibles, aucunement 'pertinentes' pour fonder une distinction en classes,[11].

C'est ici qu'apparaît clairement la faille du raisonnement des juristes qui ont pensé, puis réalisé la Révolution de 1789 (parce qu'ils pensaient exclusivement en juristes). Voulant construire un monde dont l'acte de naissance correspondrait à un commencement absolu (c'est le mythe de « l'an 1 », dont l'histoire de l'humanité a fourni bien d'autres exemples) ils ont bâti le nouvel édifice social sur des idées abstraites. Croyant faire réaliser à la société française un pas en avant décisif, ils n'ont fait que remplacer un type d'assujettissement par un autre : des rapports de domination personnalisés par des rapports impersonnels.

Cette évolution est arrivée aujourd'hui à son point extrême, comme le montre de façon drôlatique le film *Louise-Michel,* dans lequel des ouvrières licenciées cherchent en vain qui est leur véritable patron-voyou, afin de pouvoir l'assassiner ! Mais déjà Marx l'avait indiqué clairement (entre autres dans une note du chapitre IV du premier livre du *Capital).* Pour cela, il s'appuyait sur deux aphorismes jugés par lui significatifs, et datant de deux époques différentes. Il écrit : « L'opposition qui existe entre la puissance de la propriété foncière, basée sur des rapports personnels de domination et de dépendance, et la puissance impersonnelle de l'argent se trouve clairement exprimée dans les deux dictons français : 'Nulle terre sans seigneur'. 'L'argent n'a pas de maître' ».

---

[11] M. Rodinson : *Islam et capitalisme*, Seuil 1966.

Certes, on se voyait souvent un peu trop dans les sociétés anciennes ; on y butait par trop sur ses voisins, tout comme aujourd'hui dans nos « banlieues ». Dans la société bourgeoise, on ne verra plus que l'homme abstrait, auquel on attribuera des « droits » ; mais la formulation de ceux-ci planera bien souvent au-dessus des conditions d'existence des hommes concrets. Comment une distinction entre riches et pauvres pourrait-elle être considérée comme « naturelle », au sens où elle serait fixée pour toujours ? Comment peut-on confondre l'égalité formelle (juridique) avec l'égalité tout court ? Et comment est-il possible d'invoquer la liberté pour interdire aux ouvriers de s'associer ? Sur ce dernier point, on donnera à nouveau la parole à Marx. Le passage se trouve au chapitre XXVIII du premier livre du *Capital.*

« Dès le début de la tourmente révolutionnaire, la bourgeoisie française osa dépouiller la classe ouvrière du droit d'association que celle-ci venait à peine de conquérir. Par une loi organique du 14 juin 1791, tout concert entre les travailleurs pour la défense de leurs intérêts communs fut stigmatisé 'd'attentat contre la liberté et la déclaration des droits de l'homme', punissable d'une amende de cinq cents livres, jointe à la privation pendant un an des droits de citoyen actif. Ce décret qui, à l'aide du Code pénal et de la police, trace à la concurrence entre le capital et le travail des limites agréables aux capitalistes, a survécu aux révolutions et aux changements de dynasties. Le régime de la Terreur lui-même n'y a pas touché. Ce n'est que tout récemment qu'il a été effacé du Code pénal ; et encore avec quel luxe de ménagements ! Rien qui caractérise ce coup d'État bourgeois comme le prétexte allégué. Le rapporteur de la loi, (Le) Chapelier, que Camille Desmoulins qualifie d'ergoteur misérable, veut bien avouer que 'le salaire de la journée de travail devrait être un peu plus considérable qu'il ne l'est à présent... car dans une nation libre les salaires doivent être assez considérables pour que celui qui les reçoit soit hors de cette dépendance absolue que produit la privation des besoins de première nécessité, et qui est presque celle de l'esclavage'. Néanmoins il est, d'après lui, 'instant de prévenir le progrès de ce désordre', savoir : 'les coalitions que forment les ouvriers pour faire augmenter le prix de la journée de travail', et pour mitiger cette dépendance absolue qui est presque celle de l'esclavage. Il faut absolument le réprimer, et pourquoi ? Parce que les ouvriers portent ainsi atteinte à 'la liberté des entrepreneurs de travaux, les ci-devant maîtres', et qu'en empiétant sur le despotisme de ces ci-devant maîtres de corporation – on ne l'aurait jamais deviné – ils 'cherchent à recréer les corporations anéanties par la révolution' ».

On aurait donc tort de valoriser à l'extrême le mot de *liberté* que les révolutionnaires de 1789 avaient affiché sur leur drapeau. Ce qu'ils ont voulu créer, ce n'était certes pas une *société sans classes*, mais plutôt une *société sans statuts, sans groupements* – et finalement *sans liens,* autres que ceux, portant sur des transferts de marchandises ou de services, qui sont par nature limités dans le temps. Ainsi, chacun ne dépendra plus que de lui-même. Déjà, au XVIe siècle, la Réforme avait préparé le terrain, en interprétant le mot-clé du christianisme - le « salut » - comme une aventure individuelle et autant que possible privée. Elle parlait du salut par la foi seule (de l'homme seul), et supprimait tout intermédiaire entre le chrétien et le Christ.

Deux siècles plus tard, la révolution bourgeoise voudra supprimer tout intermédiaire entre l'individu et l'Etat. Le terrain est différent, mais la ligne de pensée qui sous-tend ces deux formes de rupture est identique. Ce n'est pas un hasard : « le protestantisme est essentiellement une religion bourgeoise », observait Marx au chapitre XXVII du premier livre du *Capital.* Encore minoritaire au XVIIe siècle, quand subsistaient encore chez nous des traces de la vieille société organique, cette orientation allait devenir normative à la fin du XVIIIe, avec l'arrivée au pouvoir de la bourgeoisie. Pour un siècle, l'âge du *je* allait remplacer l'âge du *nous* – ou ce qu'il en restait (on sait qu'en France, les syndicats ne seront reconnus par la loi qu'en 1884).

Si l'on se place sur le terrain économique, il apparaît que des *classes* sociales se mettront à exister d'autant plus fort que les *statuts* d'autrefois auront disparu. On sait avec quelle âpreté elles s'opposeront entre elles au XIXe siècle, autour du partage du revenu national. Juridiquement, cependant, il n'y aura plus que des individus. Le constat en a été fait bien des fois. C'est « l'époque des individus », écrivait Benjamin Constant en 1815. « L'individualité est récente », confirmait notre contemporain Jean Baudrillard en 2004. Et il poursuivait : « ce n'est qu'au cours des deux derniers siècles que les populations des pays civilisés ont revendiqué le privilège démocratique d'être des individus »[12]. Ces individus étant présentés comme semblables les uns aux autres, substituables, la solidarité cessera alors d'être « lisible » (Pierre Rosanvallon) et l'abstraction sera présentée comme le mode normal de régulation de la vie sociale. Pour reprendre le vocabulaire

---

[12] J. Baudrillard : *Le Pacte de lucidité ou l'intelligence du Mal*, Galilée, 2004.

utilisé naguère par sir Henry Maine, on arrive au moment où la société allait pouvoir être définie comme « progressive », étant désormais fondée sur le contrat.

Dans la nouvelle perspective ouverte en 1789, il ne pourra exister de liberté que si elle est individuelle. Chacun n'est en charge que de ses intérêts propres. « Suis-je le gardien de mon frère ? » Certes, on s'était débarrassé de la monarchie, mais non du terme de « souveraineté » qui s'appliquait jusque alors à la personne du roi ; on allait seulement en démultiplier les applications. Les privilèges anciens étant abolis, chaque Français devenait un petit souverain, invité à négocier avec les autres souverainetés pour se procurer par contrat les nécessités et superfluités de la vie. Mais aurait-il les moyens d'exercer cette souveraineté, en disposant pour cela de moyens d'existence suffisants ? Cela est une autre histoire, comme disait Kipling. Il était supposé que, chacun ayant besoin des autres pour vivre, tout le monde aurait nécessairement besoin de tout le monde. Postulat risqué ! On était censé avoir toujours quelque chose à vendre à autrui - ne serait-ce que sa « puissance de travailler » - pour reprendre l'expression forgée au début du XIXe siècle par Sismondi, reprise ensuite par Marx sous le nom de « force de travail ».

En 1776, Adam Smith avait théorisé à l'avance une telle conception, en s'appuyant sur la définition particulière de la nature humaine qui convenait à son propos. La division du travail , écrivait-il, « ... est la conséquence nécessaire, quoique lente et graduelle, d'un certain penchant naturel à tous les hommes ... c'est le penchant qui les porte à trafiquer, à faire des trocs et des échanges d'une chose pour une autre ». D'après l'économiste écossais, c'est à partir de l'échange marchand et du contrat *Do ut des* que devait passer la prospérité, sur le modèle : « Donnez-moi ce dont j'ai besoin, et vous aurez de moi ce dont vous avez besoin vous-même ».

Ainsi, la société marchande se voyait confier la charge de pourvoir à elle seule aux besoins des hommes, le contrat devenant le cadre privilégié de la relation de chacun avec ses semblables. Qu'est-ce qui nous prouve, cependant, que tout le monde aura toujours besoin de tout le monde, et que chacun aura en permanence quelque chose à vendre à autrui ? Il faudra d'abord être jugé utile, l'utilité devenant le mot-clé de la société bourgeoise. Le philosophe Bentham va bientôt la déclarer mesurable, l'économiste Stanley Jevons venant lui emboîter le pas à la fin du XIXe siècle. Tout devra servir à quelque chose, les hommes comme la nature. Le regard va changer. La contemplation du monde, ou ce qui en restait, va céder la place à la possession du monde. On peut citer ici les mots d'un personnage de *La ville*, de Paul Claudel.

> « L'homme lui-même est monté sur le piédestal.
> Et le monde lui a été livré dans l'immensité de son herbe,
> et nous y avons établi des chemins de fer ».

Quand l'abstraction règne, à la différence de ce qui se passait dans les sociétés anciennes, le droit et ceux qui le servent font figure de grands régulateurs du social. Les juristes élaborent un cadre abstrait, destiné à servir de base à des relations abstraites. Désormais, la priorité (comme l'a noté Nicholas Dunbar) ne consiste plus « à établir une relation avec la meilleure personne, mais à obtenir le meilleur prix »[13]. Le partenaire disparaît derrière le prix qu'il propose : un tel modèle de société implique que le paiement en espèces soit élevé au niveau de règle universelle, que le titre onéreux remplace le titre gratuit partout où celui-ci existait, et que la protection des grands (devenue inexistante) et la solidarité des compagnons (désormais interdite par la loi) soient désormais remplacées par l'interdépendance des égaux.

On doit s'arrêter un instant sur cette dernière expression : interdépendance des égaux. En 1789, les Français deviennent en effet égaux devant la loi. Certes, cela représente quelque chose. Les considérations ethniques ou religieuses, le sexe, le milieu social ... ne peuvent plus - officiellement au moins - servir de base pour écarter un postulant de l'emploi qu'il sollicite, si le poste est vacant et s'il a les qualités nécessaires pour l'occuper. Quiconque a vécu dans des pays où les considérations qu'on vient d'évoquer demeurent normatives reconnaîtra volontiers que, dans ce domaine, la bourgeoisie européenne a introduit plus d'équité, en matière de traitement des individus.

Pour autant, les citoyens ne sont égaux *que* devant la loi. Dans la vie économique, il en va autrement. Bien sûr (abstraction) les deux partenaires d'un contrat de travail - le chef d'entreprise et l'ouvrier - sont censés être à égalité dans l'échange. En effet, aucun n'est *juridiquement* le supérieur de l'autre ; vu de l'extérieur, ce nivellement apparent des

---

[13] « The rule of law means that one no longer needs to build up a relationship of trust in order to trade. The priority becomes no longer to make a deal with the best person, but to obtain the best price ». N. Dunbar : *Inventing money, the story of Long-Term Capital Management and the legends behind it. J. Wiley & Sons, Chichester, UK, 2001.*

conditions apparaît comme un progrès … alors qu'il reste cependant très formel.

Au XXe siècle, Hayek ira plus loin, en globalisant la perspective. À ses yeux, l'économie mondiale se présente sous la forme d'un vaste réseau d'interdépendances où tous les partenaires, nominalement égaux, communiquent entre eux en obéissant aux mêmes règles abstraites, sans avoir besoin de se connaître, ni de se reconnaître. C'est la vision mécanique de l'économie, qui se réduit à une série d'échanges reliant entre eux, de façon ponctuelle, des atomes disjoints. Faisant abstraction de la différence de poids qui sépare les différents acteurs, on nous présente la vie économique comme le siège d'une égalité affichée, aussi bien dans le cadre national qu'au niveau du monde entier. Mais le langage populaire, qui sait si bien découvrir le non-dit dissimulé au sein de tout discours à portée générale, n'a pas manqué d'ajouter : tous les hommes sont égaux, en effet ; mais il y en a qui sont plus égaux que les autres...

Pour résumer : la Révolution de 1789 avait aboli l'ordre concret de l'ancienne société, avec ses statuts différents, ses complexités, ses règlements, les limites de toutes sortes qu'elle mettait à l'élan créateur, tant à la ville qu'à la campagne – avec ses faiblesses aussi, puisque, à l'époque, elle n'était plus vraiment organique. Ce qui s'installait à la place, c'était un cadre juridique unifié, dans lequel le dynamisme des individus, s'exerçant désormais sans contrainte, pourrait s'exprimer à plein. L'égalité proclamée ne pouvait être que formelle. Les ressources disponibles en hommes, en matières premières, en argent (à commencer par les « biens nationaux ») allaient bien vite se concentrer entre les mains de ceux qui, disposant déjà du maximum de moyens, se trouvaient les mieux placés pour multiplier les richesses (et les concentrer entre leurs mains).

Au XIXe siècle, le goût du risque allait remplacer l'attrait pour la sécurité, trait culturel qui évoquait encore les vieilles sociétés organiques. De nouveaux écarts de revenus apparaîtraient, bien plus considérables que ceux enregistrés autrefois, entre les hommes comme entre les peuples. Fondée au départ sur l'égalité juridique, la nouvelle société bourgeoise allait faire croître de façon prodigieuse toutes les formes d'inégalité économique.

Désormais, il ne sera plus question d'équilibre. Puisque chacun est seul, l'avènement d'une concurrence sans limites au niveau de la nation (et, plus tard, au niveau mondial) allait aboutir à la sélection des plus performants et à la mise à l'écart des plus faibles. L'économie se présente désormais comme une vaste compétition. Puisqu'il n'y a pas de progrès sans lutte, puisque le progrès implique la lutte, il est *normal* qu'en économie la richesse moyenne (ce qu'on appellera plus tard le PIB par tête) s'élève, mais que des individus soient sacrifiés à la volonté de croissance des plus forts. Au XXe siècle, Schumpeter affirmera que la destruction des unités de production devenues obsolètes - que le capitalisme a pratiquée depuis l'origine, puisque c'est dans sa nature même - est forcément créatrice. Pas de sentimentalisme : tout comme le développement de l'espèce, la croissance économique passe par l'élimination des inaptes. Mais il y a aussi la vision opposée : à la même époque (1944), Polanyi parlera au contraire de désinsertion (*desembeddedness*) de l'économique par rapport au social (*op. cit.).* On le constate une fois de plus : le contenu de ce qu'on appelle couramment « la science » dépend toujours, au départ, d'une question de regard.

Si l'on s'en tient à la surface des choses, la disparition des statuts anciens et le règne sans partage de la vision bourgeoise de l'économie ont fait entrer les hommes dans l'univers paisible auquel songeait sir Henry Maine : un monde régi par des contrats, passés librement entre des individus égaux et devenus maîtres d'eux-mêmes. En réalité, on est bien chez Darwin. « Ce ne sont pas les différences », a écrit le philosophe René Girard, « mais leur perte, qui entraîne la rivalité démente, la lutte à outrance entre les hommes d'une même famille ou d'une même société »[14]. Partant d'un autre point de vue, Engels, qui observait l'évolution économique de l'Angleterre avec un recul de quelques décennies sur son démarrage, a su mettre le doigt sur le défaut originel affectant un tel système. « Darwin ne savait pas quelle âpre satire de l'humanité - et spécialement de ses compatriotes - il écrivait, quand il démontrait que la libre concurrence, la lutte pour la vie, célébrée par les économistes comme la plus haute conquête de l'histoire, est l'état normal du *règne animal...* »[15].

Mais c'est Karl Marx, dans son analyse du fonctionnement du système capitaliste, qui décrit le mieux ce qui sépare l'abstrait du concret. Au chapitre VI de son livre principal, il commence par résumer, avec talent et non sans ironie, la représentation abstraite. Au passage, la

[14] R. Girard : *La violence et le sacré*, Albin Michel 1990.

[15] F. Engels : Dialectique de la nature, *in* : *Sur la religion*, Éditions sociales, 1972. Rappelons au passage qu'en anglais, concurrence se dit *competition*.

Déclaration des Droits de l'Homme, ainsi que la première devise de la République Française, y prennent d'inattendues colorations bourgeoises.

« La sphère de la circulation des marchandises, où s'accomplissent la vente et l'achat de la force de travail, est en réalité un véritable Eden des droits naturels de l'homme et du citoyen. Ce qui y règne seul, c'est Liberté, Egalité, Propriété et Bentham. *Liberté !* car ni l'acheteur ni le vendeur d'une marchandise n'agissent par contrainte ; au contraire ils ne sont déterminés que par leur libre arbitre. Ils passent contrat ensemble en qualité de personnes libres et possédant les mêmes droits. Le contrat est le libre produit dans lequel leurs volontés se donnent une expression juridique commune. *Egalité !* car ils n'entrent en rapport l'un avec l'autre qu'à titre de possesseurs de marchandises, et ils échangent équivalent contre équivalent. *Propriété !* car chacun ne dispose que de ce qui lui appartient. *Bentham !* car pour chacun d'eux il ne s'agit que de lui-même. La seule force qui les mette en présence et en rapport est celle de leur égoïsme, de leur profit particulier, de leurs intérêts privés. Chacun ne pense qu'à lui, personne ne s'inquiète de l'autre, et c'est précisément pour cela qu'en vertu d'une harmonie préétablie des choses, ou sous les auspices d'une providence tout ingénieuse, travaillant chacun pour soi, chacun chez soi, ils travaillent du même coup à l'utilité générale, à l'intérêt commun ».

Derrière cette « providence tout ingénieuse » se dissimule bien sûr la fameuse parabole de la « main invisible » d'Adam Smith, si souvent mal interprétée aujourd'hui (voir *infra*, chapitre suivant). Si on en vient à la suite du texte, voici maintenant comment s'opère le retour au réel concret :

« Au moment où nous sortons de cette sphère de la circulation simple qui fournit au libre-échangiste vulgaire ses notions, ses idées, sa manière de voir et le critérium de son jugement sur le capital et le salariat, nous voyons, à ce qu'il semble, s'opérer une certaine transformation dans la physionomie des personnages de notre drame. Notre ancien homme aux écus prend les devants et, en qualité de capitaliste, marche le premier ; le possesseur de la force de travail le suit par derrière comme son travailleur à lui ; celui-là le regard narquois, l'air important et affairé ; celui-ci timide, hésitant, rétif, comme quelqu'un qui a porté sa propre peau au marché, et ne peut plus s'attendre qu'à une chose : à être tanné ».

Au détour de son livre admirable sur l'histoire agraire de ce pays, Marc Bloch présentait une notation qu'il nous faut retenir : c'est au niveau des problèmes agricoles, écrivait-il, que la « doctrine capitaliste » avait déployé pour la première fois, au XVIIIe siècle, « les illusions ingénues et la cruauté de son admirable, de sa féconde ardeur créatrice » (*op. cit.).* Il apparaît que la « destruction créatrice » schumpeterienne était déjà en germe dans cette formule, si concise et si complète à la fois.

Pour que cette *ardeur créatrice* puisse se déployer sans entraves, il était nécessaire de séparer l'économique du social, de dissoudre tout ce qui pouvait encore subsister comme liens concrets noués entre des hommes concrets. En ce qui concerne la France, cela a été l'œuvre des juristes qui ont posé, en 1804, les règles de droit venant régir une société d'individus. Cela a donné le XIXe siècle. Sans doute, au cours de ce même siècle, la solidarité ouvrière a essayé de recréer un tissu social sous la forme de sociétés de secours mutuel. Elles ont tenté de mettre en place une forme de « sécurité sociale », en quelque sorte dans les interstices du système dominant. On sait que Villermé a étudié les buts et le fonctionnement de telles sociétés dans son célèbre rapport.

« Ces sociétés, dites aussi sociétés de prévoyance, de bienfaisance, et, de l'autre côté de la Manche, sociétés amicales (*friendly societies*) sont des associations d'ouvriers qui mettent en commun, chaque mois ou chaque semaine, une petite partie de leurs gains pour ceux d'entre eux qui deviennent malades ou infirmes. En d'autres termes, ce sont des établissements d'assurance contre la maladie, ou même la vieillesse, fondés pour donner à ceux de leurs membres qui ne peuvent travailler, une indemnité représentative du salaire qu'ils sont hors d'état de gagner.

Les secours qu'elles distribuent consistent en une certaine somme par jour, pour subvenir aux besoins de l'ouvrier malade et de sa famille, dans les visites du médecin de la société, dans les médicaments, et souvent une petite pension pour les vieillards ».

Dans son livre *Le 18 Brumaire de Louis Bonaparte*, Marx s'est montré critique à l'égard de telles tentatives, qui cherchaient à rétablir, sur de nouvelles bases, quelque chose de la sécurité détruite. Pour lui, il convenait au contraire de se tourner délibérément vers l'avènement d'une société différente.

« Pour une part, (le prolétariat français) se jette dans des expériences doctrinaires, banques d'échange et associations ouvrières, c'est-à-dire dans un mouvement où il renonce à transformer le vieux monde à l'aide des grands moyens qui lui sont propres, mais cherche, tout au contraire, à réaliser son affranchissement, pour ainsi dire derrière le dos de la société, de façon privée, dans les limites restreintes de ses conditions d'existence et, par conséquent, échoue nécessairement ».

De fait, Villermé avait constaté les grandes difficultés rencontrées par de telles sociétés au niveau de leur pratique quotidienne, à cause de certaines erreurs de gestion, ou encore d'un nombre d'adhérents trop restreint. « Comme jusqu'ici ces sociétés n'ont eu, pour s'établir, que des données incertaines, que de faux calculs, beaucoup d'entre elles se ruinent, s'anéantissent ; la plupart du moins n'offrent pas à leurs membres tous les avantages qu'ils en tiraient dans le principe, et presque aucune n'atteint complètement, d'une manière durable, le but de son institution... ».

Il est vrai que Villermé décrivait ici la situation française. Dans les pays du Nord de l'Europe, les sociétés de secours mutuel ont connu un développement plus satisfaisant, manifestant ainsi qu'il n'est pas impossible de mettre en place des pratiques de solidarité en vue de restaurer un meilleur équilibre, même « derrière le dos » d'une société individualiste, et à titre de contre-pouvoir.

On conclura ici ce chapitre. Il est clair qu'au XIXe siècle, qui fut celui de l'investissement, le capitalisme fut porté par un authentique esprit d'aventure. Dominer la nature, multiplier les richesses sous forme de marchandises : un tel programme, emprunté à Descartes pour la première partie et à Adam Smith pour la seconde, manifeste que la bourgeoisie était à l'époque dans sa phase ascendante, que Marc Bloch dénommait à juste titre *créatrice.* Elle invitait l'ensemble de la société à se détourner aussi bien de la mystique (des religieux) que du luxe ou du gaspillage (des seigneurs). C'est du côté du travail productif, de la production de richesses matérielles, qu'elle orientait résolument les énergies des hommes. Du moins, elle manifestait alors dans ses entreprises une *ardeur* analogue à celle qui, au moyen âge, avait animé les moines défricheurs et les bâtisseurs de cathédrales. Cette production en grand de richesses matérielles mérite-t-elle vraiment qu'on y consacre le meilleur de la créativité humaine ? Cette question de fond sera posée chez nous en 1968 (et occultée par la suite) ; mais les hommes du XIX° siècle n'avaient pas de doute à ce sujet. Rappelons au passage la manière dont Marx se représentait le capitaliste de son époque : « un fanatique de l'accumulation », c'est-à-dire quelqu'un qui sacrifie le présent au futur. À l'époque, *l'éthique protestante* était là pour faire apparaître ce choix comme rationnel.

Pour ma part, je pense que cette aventure méritait d'être tentée. On comprend que des hommes industrieux et actifs aient voulu sortir des phases répétitives du Tableau de Quesnay, dès lors qu'une grappe de nouvelles inventions venait leur en procurer les moyens techniques, et que des changements de régime mettaient entre leurs mains les leviers politiques dont ils avaient besoin. Mais, pour revenir à la formule de Marc Bloch, on a le sentiment qu'aujourd'hui la *fécondité* des débuts s'est dissoute dans des formes de plus en plus triviales de *carpe diem*. Par contre, la *cruauté* demeure ; elle représente l'autre face, de plus en plus mal dissimulée, du « jouir à tout prix » d'aujourd'hui[16]. Au chapitre suivant, j'essaierai d'indiquer de façon plus précise la nature et les conséquences des mutations par lesquelles est passé chez nous le capitalisme industriel, à travers sa brève existence de deux siècles.

---

[16] C. Melman : *L'homme sans gravité. Jouir à tout prix*, Denoël 2002.

CHAPITRE 2

Le capitalisme contemporain tourne le dos à ses fondements

On a sans doute insuffisamment souligné les différences qui séparent le capitalisme d'aujourd'hui du système économique qui régissait les principaux pays européens au XIXe siècle. Certes, la dénomination était la même, mais l'esprit en était bien différent. Pour éclairer le débat, je m'efforcerai donc de résumer en quelques mots les fondements que s'était donné le capitalisme industriel, tant à travers le discours de ses premiers théoriciens qu'au niveau de sa pratique courante, telle qu'elle fut mise en place à la suite de la révolution industrielle. Il sera alors possible de pointer les divergences qui apparaissent, si l'on rapproche la forme que revêtait le système à ses débuts de celle qui fonctionne aujourd'hui.

Bien sûr, il ne s'agit pas de s'exprimer ici sur le mode de la nostalgie, en privilégiant un passé idéalisé aux dépens d'un présent morose. Le but que je poursuis est simplement de marquer la différence essentielle qui sépare une époque révolue, où il était légitime de parler d'un *esprit* du capitalisme[1], de l'époque actuelle, où les avocats de celui-ci sont à juste titre dépourvus de toute prétention à lui attribuer un quelconque esprit.

De fait, le premier capitalisme n'était pas exempt de faiblesses. Bien au contraire, diverses critiques, de diverses natures et émanant de divers auteurs, ont pu à juste titre lui être adressées. Il paraît donc nécessaire de commencer par énoncer celles-ci, avant d'en venir aux fondements proprement dits du système, tel qu'il a été à la fois théorisé et appliqué lors de ses débuts. Ici, une numérotation m'a paru nécessaire, pour bien structurer le discours.

I – Les faiblesses initiales.

- Le capitalisme n'a jamais eu *le sens du gratuit.* J'ai cité plus haut le propos d'un des grands thuriféraires du capitalisme naissant, Frédéric Bastiat, qui a écrit dans ses *Harmonies économiques* (1851) : « Ce qui est *gratuit* ne saurait avoir de *valeur*, puisque l'idée de valeur

[1] M. Weber : *L'éthique protestante et l'esprit du capitalisme*, *op. cit.*

implique celle d'acquisition à titre *onéreux* ». Il y a là, on le voit, une véritable affirmation de principe. À la même époque, le philosophe britannique Carlyle se désolait au contraire de voir les relations entre les hommes, si complexes et si variées dans les sociétés antérieures, se réduire désormais à un simple versement d'espèces monétaires (ce qu'il appelait le « *cash payment* », le paiement en *cash*[2]).

- Tout *rapport* humain étant destiné à *rapporter* quelque chose, le capitalisme s'est montré *exploiteur* dès l'origine. C'était en quelque sorte sa fonction. Au lieu de voir dans le travailleur un homme concret, complexe, différent des autres, ayant une famille et une histoire, il en a détaché (pour pouvoir l'acquérir) la partie de son identité susceptible d'échange marchand : sa force de travail. Celle-ci s'est vue transformée en une marchandise disponible sur un marché, pourvue de surcroît d'un avantage spécifique (produire plus de valeur qu'elle n'en possède) et destinée, à cause de cela, à fournir un profit à son acheteur. Au XIXe siècle, la force de travail des enfants (jugée fort utile dans l'industrie textile de l'époque) a même été intégrée à ce marché. Selon la perspective sismondienne adoptée par l'auteur de ces lignes (différente de celle de Marx, pour qui la lutte des classes est un phénomène qui embrasse toute l'histoire de l'humanité) on dira que le capitalisme a installé, depuis deux cents ans, une lutte continuelle entre « ceux qui possèdent » et « ceux qui travaillent ». Celle-ci tend seulement à se réduire aujourd'hui, dans notre société devenue post-marxienne, où nous voyons s'opérer le transfert progressif des unités de production dans les pays à « low cost ».

- Il a mis en place une économie du *déséquilibre*. Celui-ci est présent à deux niveaux. Il existe d'abord un déséquilibre entre les hommes. Comme le noteront Engels au XIXe siècle et Schumpeter au XXe, l'économie industrielle se présente comme un champ clos sur lequel s'affrontent des acteurs de taille différente, dans une compétition

---

[2] A plusieurs reprises, Marx et Engels ont repris à leur compte cette expression de Carlyle, à la fois pour en apprécier la justesse et pour en détourner le sens ; à leurs yeux, cet appauvrissement des relations humaines, réduites dans la société bourgeoise à de simples transferts d'argent, ne pouvait que rendre plus visible et plus manifeste la réalité de l'exploitation.
On notera au passage qu'il n'est pas juste de traduire *cash payment* par paiement *au comptant* (comme on le fait ordinairement) car ce n'est pas l'immédiateté du règlement qui est ici mise en avant.

permanente qui s'apparente à la lutte pour la vie évoquée par Darwin pour ce qui concerne le monde animal[3]. On observe aussi un déséquilibre au niveau des choses. L'écart entre la production et la consommation ne sera plus un simple effet de causes naturelles identifiables (atmosphériques notamment) ou le résultat d'actes de guerre (razzias, incendies de récolte) mais une donnée permanente de la vie économique et sociale. Ainsi, les crises périodiques de surproduction et de mévente vont devenir l'une des phases d'un cycle décennal indéfiniment répété. Dès 1819, Sismondi montrera que ces crises, facteurs d'insécurité infligée à une classe ouvrière périodiquement privée d'emploi, faisaient partie de la nature même du système.

Sismondi ajoutait que, pour trouver une issue à ces crises, les capitalistes recherchent en permanence l'élargissement de leur marché, se faisant concurrence les uns aux autres à travers l'abaissement de leurs prix, jusqu'à vouloir couvrir de marchandises le monde entier (au risque, bien sûr, de mondialiser la crise). À l'opposé, Schumpeter, au siècle suivant, a voulu voir au contraire dans ces mêmes chocs périodiques un élément essentiel de la dynamique capitaliste, permettant de purger périodiquement l'appareil de production des entreprises les moins performantes. Ainsi, de crise en crise, se poursuivrait le développement global induit par le capitalisme : croissance de la production totale, augmentation de la taille des entreprises - et, pour justifier le tout (y compris les éléments négatifs du processus) élévation progressive du niveau de vie.

- Le capitalisme industriel a poussé à l'extrême la *division du travail*. Certes, elle avait été inaugurée au temps des manufactures. Aux XVIIe-XVIIIe siècles, celles-ci avaient commencé à remplacer les *compagnons*, travailleurs qualifiés de l'époque artisanale, par des ouvriers spécialisés, voués aux tâches répétitives. Ainsi, nous lisons au chapitre XIV du premier livre du *Capital* : « la manufacture produit ainsi, dans chaque métier dont elle s'empare, une classe de simples manouvriers que le métier du Moyen Age écartait impitoyablement ». Il reste que le capitalisme industriel a poursuivi et amplifié le mouvement,

---

[3] Le propos d'Engels est cité *supra*, p. 65. Pour Schumpeter, si l'on veut bien distinguer la réalité du capitalisme de sa présentation universitaire (« *its textbook picture* »), il apparaît que la concurrence (« *competition)* frappe (« *strikes* ») les firmes, non pas dans le but de réduire à la marge leurs profits ou leur volume de production, mais bien au niveau de leur base et de leur existence mêmes (« their foundations and their very lives »).

l'homme devant désormais accompagner la machine et non la conduire, comme on l'a vu au chapitre précédent. « Que doit-on attendre d'un homme qui a employé vingt ans de sa vie à faire des têtes d'épingles ? » demandait déjà Tocqueville en 1840 (avant Charlie Chaplin, avant Georges Friedmann). Et il se demandait : « à quoi peut désormais s'appliquer chez lui cette puissante intelligence humaine, qui a souvent remué le monde, sinon à rechercher le meilleur moyen de faire des têtes d'épingles ! ». Ici, le monde bourgeois bute clairement sur sa limite spirituelle.

- Il a adopté et fait admettre comme naturelle une *conception exclusive de la propriété.* L'article 544 du Code Civil (de 1804) s'exprime ainsi : « La propriété est le droit de jouir et disposer des choses de la manière la plus absolue, pourvu qu'on n'en fasse pas un usage prohibé par les lois ou les règlements ». « C'est au sens propre », observait Hubert Multzer, « qu'on entend désormais le *jus abutendi* du droit romain »[4]. Dans les groupes primitifs, ajoutait le même auteur, la propriété était également exclusive ; mais c'était la propriété d'un groupe, se présentant vis-à-vis de l'extérieur comme un bloc homogène. Lorsque, avec la sécurité qui s'instaure, la cohésion du groupe se relâche, la propriété ne va pas cesser pour autant d'être exclusive. « Cet exclusivisme mystique qui s'est manifesté historiquement comme expression sociale du groupe ... va se réduire, se ratatiner aux seuls rapports, aux seuls liens de l'individu et de ce qu'il a ... La négation de toute l'humanité par l'individu à propos de ce qu'il possède est un réflexe instinctif, tribal, mais considérablement dégénéré puisque, de social, il s'est réduit à l'individu, coupé de ses liaisons collectives ».

Plus généralement, on peut dire qu'en tournant les yeux des hommes vers la terre, le premier capitalisme a fait naître, sur le plan culturel, un monde singulièrement plat. « Le monde nouveau » qui naît au XIXe siècle, a noté A.O. Hirschman, sera jugé par les contemporains « vide, mesquin, et d'un ennui accablant. Pour la critique romantique qui se nourrira de ce sentiment, l'ordre bourgeois marque, par rapport aux époques antérieures, un appauvrissement inouï : il a perdu toute noblesse, toute grandeur, tout mystère » (*op. cit*.) . On est déjà en présence de cette *meaninglessness*, de cette absence de sens, dont parleront au XXe siècle l'économiste austro-américain Schumpeter et le sociologue français

---

[4] H. Multzer : *La propriété sans le vol*, Editions du Seuil, 1945.

Friedmann. Le ciel est vide, la société organique est morte, chacun est seul, nul n'est responsable de son frère. « Ah, que la vie est quotidienne ! » soupire, à la fin du XIXe siècle, le poète Jules Laforgue.

Tout cela est vrai. En le disant, cependant, on a énoncé une série de vérités partielles, mais on n'a pas épuisé le sujet. Car, si l'on veut être juste, il convient d'instruire à la fois à charge et à décharge. Pour échapper au risque de simplifier à l'excès, je me propose d'ajouter ici quelques pièces au dossier. Cela est nécessaire, car le premier capitalisme se signalait tout de même par des traits à bien des égards opposés à ceux du système qui, sous le même nom, fonctionne chez nous aujourd'hui. Comme annoncé, il sera nécessaire d'évoquer en même temps la *pratique* qui fut celle de ce premier capitalisme, et la *présentation* qu'en ont donné ses premiers théoriciens.

II – Les valeurs de base.

Le livre d'Adam Smith publié en 1776, *La richesse des nations,* exprime clairement la part de vérité que portait la bourgeoisie européenne de l'époque. La critique des conceptions mercantilistes (et en particulier du mercantilisme colonial, voir *infra*) que contient cet ouvrage peut être résumée ainsi : pour accroître la richesse des nations, il est à la fois plus juste et plus raisonnable de *produire* que de *prélever.* C'est le travail humain, appliqué sur les ressources fournies par la nature, qui crée la véritable richesse, sous forme de marchandises produites. Smith soutient par exemple que les Espagnols, en usant de violence pour piller les trésors des Incas d'Amérique, ont mené une entreprise absurde. Elle n'a *produit* aucune richesse, puisqu'on s'est contenté d'aller la prendre là où elle se trouvait – et encore, il s'agissait là d'une erreur grossière sur la nature de cette même richesse, revenant à faire prendre le fétiche (l'or) pour la réalité (les marchandises).

- Ce primat de la production a conduit le capitalisme du XIXe siècle à être un *capitalisme d'industriels.* Il s'agissait clairement, pour les propriétaires des entreprises, de gagner de l'argent en ajoutant de la valeur aux matières premières achetées pour en faire des *marchandises,* grâce à l'intervention de la force de travail humaine. Pour les théoriciens de ce premier capitalisme, Smith et Ricardo, l'entreprise consistant à gagner de l'argent avec de l'argent (pratique courante aujourd'hui) aurait semblé une hérésie anti-économique, surtout si on l'habille d'une dénomination aussi noble que trompeuse : celle de « création de valeur ». Rappelons que Smith s'est employé à combattre l'idée, devenue de nos jours une conviction universellement répandue, selon laquelle richesse et argent doivent être « regardés comme absolument synonymes ». C'est le contraire, soutenait-il, qui va de soi. « Il serait par trop ridicule de s'attacher sérieusement à prouver que la richesse ne consiste pas dans l'argent ou dans la quantité des métaux précieux, mais bien dans les choses qu'achète l'argent et dont il emprunte toute sa valeur, par la faculté qu'il a de les acheter ». Mais, comme les préjugés ont la vie dure, son disciple Sismondi se verra obligé de reprendre à son compte, en 1837, la critique de son maître (« le numéraire se confond avec la richesse dans l'imagination du vulgaire »).

Puisqu'elle consiste dans les marchandises, la richesse revêt une forme exclusivement matérielle. C'est ainsi, dit Smith, que le travail de l'ouvrier de manufacture (*the manufacturer*), « se fixe et se réalise » dans l'objet particulier auquel il s'applique, c'est-à-dire dans une « marchandise vendable ». Du fait même de sa matérialité, cette marchandise a naturellement une certaine durée de vie ; elle représente en quelque sorte une certaine quantité de travail stocké, susceptible de changer de mains par l'intermédiaire de l'échange sur un marché. Dès lors, pour David Ricardo - le continuateur de Smith - ce sont les flux de marchandises qui précèdent les flux monétaires. La valeur des marchandises est mesurable d'abord à travers un étalon objectif (le temps de travail nécessaire à leur production) avant de s'exprimer à travers le prix, au moment où elles accèdent au marché.

C'est sur la même base théorique que Marx construira plus tard son économie politique : la théorie du développement du capitalisme. C'est bien aussi sur ces fondements que seront menés plus tard les travaux de comptabilité nationale dans les pays socialistes. Pour mesurer annuellement la richesse produite par chaque nation, ils ne prendront en compte que la production matérielle, laissant de côté l'activité des « travailleurs improductifs ». C'est donc dans les pays socialistes qu'on a été le plus fidèle aux assertions des premiers économistes bourgeois !

- Le premier capitalisme a été une *aventure*. Sur ce point, Marx a manifesté son admiration dans des termes quasiment enthousiastes, au début du *Manifeste communiste* (1848). « La bourgeoisie, au cours de sa domination de classe à peine séculaire, a créé des forces productives plus nombreuses et plus colossales que ne l'avaient fait toutes les générations passées prises ensemble. La mise sous le joug des forces de la nature, les machines, l'application de la chimie à l'industrie et à l'agriculture, la navigation à vapeur, les chemins de fer, les télégraphes électriques, le défrichement de continents entiers, la régularisation des fleuves, des populations entières jaillies du sol, - quel siècle antérieur aurait soupçonné que de pareilles forces productives dorment au sein du travail social ? ».

Au siècle suivant, un autre économiste dialecticien, Schumpeter, trouvera même une trace de « romance » et d'héroïsme dans une civilisation bourgeoise qui était pourtant, à ses yeux, fondamentalement « a-romantique et a-héroïque ». Pour lui, l'aventure collective menée par une classe sociale tout entière, telle qu'elle avait été évoquée par Marx, s'est réfractée en une multitude d'aventures individuelles. C'est ainsi qu'il traçait le portrait du capitaliste de la première époque : quelqu'un capable de « combattre économiquement, physiquement, politiquement, pour 'son' usine - et, si c'était nécessaire, de mourir sur son seuil ».

Disons-le : cette aventure méritait d'être tentée. Comme je l'ai noté à la fin du chapitre précédent, il était nécessaire, à un certain moment, de faire sortir l'économie nationale des cycles répétitifs décrits par Quesnay, du mouvement circulaire ininterrompu dans lequel se résume la reproduction simple. Le père de l'école physiocratique avait eu le tort de raisonner sur la base d'une hypothèse erronée, celle d'un pic de production qui serait par définition indépassable (« supposons ... un grand royaume dont le territoire porté à son plus haut degré d'agriculture rapporterait tous les ans une reproduction de la valeur de 5 milliards »). On ne peut reproduire indéfiniment les mêmes gestes, conserver pour toujours la même technique, rester fixé sur une seule manière de produire. L'homme est un être historique : à un moment donné, il n'était plus admissible de « compenser par l'habileté de l'ouvrier la déficience de l'outil », pour citer à nouveau Jacques Ellul.

Certes, on sait que Gandhi et ses disciples (Vinôba en Inde, Lanza del Vasto en Occident) ont voulu reprendre ce programme à leur compte en plein XXe siècle ; mais on sait aussi que ce choix les conduisait à sortir de l'Histoire. Dès lors, l'impact de leur programme sur la vie sociale de leurs contemporains s'est trouvé limité à la création de quelques enclaves. Pourtant, il est clair qu'un homme ne se dégrade pas quand il conduit une machine ... sauf, bien sûr, si c'est la machine qui le conduit.

Dans l'Europe des XVIIIe-XIXe siècles, le temps était venu de faire sa place au génie créateur qui, avant de « dormir au sein du travail social », attend son heure, en premier lieu, au fond de tout homme - à condition d'en garder le contrôle par l'esprit. Mais la civilisation bourgeoise n'a pas choisi de prendre à son compte le second volet du programme.

Des « aventures » individuelles menées par des propriétaires d'entreprise se traduisent nécessairement par des courses individuelles au profit maximum, et donc par des distorsions de résultats en fonction de la diversité des performances. Cependant, dans une économie des *moyennes,* la mobilité des capitaux permet d'obtenir un « taux moyen de profit » au sein de chaque économie nationale. Pour Ricardo, « ce désir inquiet, qu'a tout capitaliste, d'abandonner un placement moins lucratif pour un autre qui le soit davantage, tend singulièrement à établir l'égalité dans le taux de tous les profits... ». Une telle vision n'a bien sûr plus rien à voir avec les formes que revêt le capitalisme financier d'aujourd'hui, où chaque *trader* s'efforce en permanence de battre l'indice de référence, puisque sa rémunération en dépend.

- Aussi curieux que cela puisse paraître au lecteur d'aujourd'hui, on doit noter que ce capitalisme industriel, dans sa première forme, faisait une place à *l'ascèse.* Les capitalistes d'alors avaient le sens du long terme, ce qui supposait de leur part une certaine dose de désintéressement. À ce sujet, Schumpeter a été jusqu'à parler d'une « éthique capitaliste », qui « enjoint de travailler pour le futur, que l'on doive ou non moissonner soi-même la récolte ». Et de fait, le capitalisme du XIXe siècle a été clairement un capitalisme d'investissement (ou d'accumulation, comme on disait à l'époque). Le volume de ces investissements, bien sûr, supposait qu'il existât chez les capitalistes d'alors une énorme capacité d'accumulation. L'esprit du temps – lié à ce que Max Weber a dénommé *l'éthique protestante* - enjoignait aux détenteurs du capital, aux chefs d'entreprise, de pratiquer une certaine sobriété au niveau de leur consommation, afin d'investir au maximum dans leur entreprise et de préparer l'avenir. N'hésitant pas à franchir les frontières entre les disciplines, le sociologue allemand a bien mis en lumière la liaison étroite unissant cette première pratique de l'économie (et cette première économie politique) avec son infrastructure spirituelle invisible. Le travail apparaissant comme une vocation (*beruf*) aux yeux des Protestants (et surtout de la fraction la plus entreprenante d'entre eux, les Puritains) il était nécessaire de le rendre toujours plus productif. Dès lors l'ascèse, non plus monastique mais « intramondaine » (selon l'expression de Weber) deviendra l'affaire de tous. C'est ainsi qu'en

« passant des cellules monacales dans la vie professionnelle ... l'ascèse a contribué à édifier le puissant cosmos de l'ordre économique moderne ».

Dès lors, tout ce qui représentera une perte au niveau du sens de la fête et de la joie de vivre se traduira en gain, au niveau de la production matérielle. Soulignons-le encore une fois : la sphère du gratuit doit se réduire. Weber l'a clairement montré : « Si ... nous associons cette restriction de la consommation et cette libération de la recherche du gain, le résultat extérieur va de soi : c'est la formation de capital par la contrainte ascétique à l'épargne. Les obstacles qui s'opposaient à l'utilisation du gain à des fins de consommation ne pouvaient que favoriser l'emploi productif de celui-ci, comme capital d'investissement » (*op. cit.).*

Il y a là, en effet, un trait caractéristique de l'ancienne culture protestante que le journaliste littéraire Jean Amrouche avait identifié naguère, au cours de conversations avec Paul Claudel. A propos d'un livre d'André Gide (*La porte étroite*) il parlait de « la vertu sans récompense ». Certes, un tel choix peut paraître déraisonnable. Il n'empêche qu'une fois ce socle retiré, la manière de pratiquer le capitalisme qu'il soutenait perdra sa légitimité. Les horreurs de la guerre de 1914-1918, l'ampleur des souffrances vécues par les soldats, rendront insupportable l'idée même d'une ascèse a-religieuse. Dans une brochure de 1924 (voir *infra*), Keynes pourra sonner le glas des anciennes convictions sans entraîner de protestation, l'époque du *carpe diem* étant advenue. L'ironie manifestée à l'égard du long terme par l'illustre économiste de Cambridge marque bien la rupture intervenue alors, aussi bien dans l'histoire spirituelle de l'Occident que dans celle du capitalisme européen. Et les efforts de notre contemporain, le chroniqueur Paul Fabra, pour restaurer les priorités du premier capitalisme (nécessité pour les entreprises de disposer de fonds propres d'un volume suffisant pour financer les investissements et l'emploi, critique de la généralisation de « l'effet de levier », dénonciation du caractère absurde d'un capitalisme sans capital) ne peuvent renverser la tendance. Depuis bien longtemps, le capitalisme a choisi de remplacer *l'esprit* des origines par les *techniques* modernes de gestion, que l'on peut apprendre dans les grandes écoles - alors que l'esprit, lui, ne peut pas être enseigné ; et c'est bien de cette croyance aveugle dans l'efficacité d'une technique financière, dans l'habileté indiscutable des gourous de la Bourse, qu'il finira par mourir.

- Le premier capitalisme a été *pacifique*. De fait, entre la fin des guerres napoléoniennes, qui précède de deux ans la publication des *Principes* de Ricardo (1817) et la guerre austro-prussienne de 1867, il est notable que les pays d'Europe ont connu pour l'essentiel cinquante ans de paix (si l'on met de côté les combats livrés dans le cadre de l'Unité italienne). Relativement long, cet intervalle pacifique contraste avec les guerres incessantes de l'époque mercantiliste ; il s'oppose aussi aux grandes boucheries que connaîtra le XXe siècle. L'époque bourgeoise se caractérise en effet par un facteur qu'a relevé à juste titre A. O. Hirschman : la retombée des passions.

« Dans l'Europe relativement pacifique et sereine des années qui suivent le Congrès de Vienne » écrit Hirschman, « tout se passe comme si les intérêts avaient bel et bien jugulé les passions, voire comme si celles-ci s'étaient complètement éteintes ». Comme on l'a dit plus haut, cette « extinction » des passions devait se payer par un sentiment diffus d'ennui et de faillite du sens ; c'est que l'orientation matérialiste donnée alors à la société, à partir des plus hautes sphères de l'Etat, n'était pas de nature à faire lever l'espérance.

On trouve des informations là-dessus dans les articles publiés à l'époque par Marx (et réunis ensuite en volume, sous le titre *Les luttes de classes en France, 1848-1850*). Il y soulignait le rôle joué par l'aristocratie financière dans la France de Louis-Philippe. Cette fraction de la bourgeoisie, nous dit-il, « dictait les lois, dirigeait la gestion de l'Etat, disposait de tous les pouvoirs publics constitués, dominait l'opinion publique dans les faits et par la presse ». Or, ajoutait-il, elle exprimait fortement son allergie aux entreprises militaires. « Rien pour la gloire ! La paix partout et toujours ! La guerre peut faire baisser le cours du 3 et du 4% ... » . Voilà, poursuivait Marx, ce que cette France-là, celle des maîtres de la Bourse, « avait écrit sur son drapeau ».

Certes, l'échec final de l'entreprise napoléonienne ne pouvait que refroidir pour un temps les ardeurs guerrières ; il reste que, pour la classe dominante de l'époque, la défense de ses intérêts ne passait pas par une politique de conquête. Bastiat a écrit (*op. cit.)* : « La guerre est toujours la plus grande des perturbations que puisse subir un peuple dans son industrie ». Quant aux entreprises coloniales, on doit savoir qu'elles ont été mal vues par la bourgeoisie française jusqu'aux années 1870. N'oublions pas que les premiers colonisateurs ont été, non les nations bourgeoises du début de la révolution industrielle, mais bien les Etats mercantilistes des XVIIe et XVIIIe siècles. C'est seulement à un certain stade de son développement que le capitalisme devient impérialiste. Lénine n'a été ni le seul, ni le premier, à l'avoir observé.

Rappelons un fait significatif. En 1869, Henry Stanley était encore perçu par l'opinion occidentale comme un explorateur hardi, capable d'accomplir au péril de sa vie la mission à lui confiée par un journal américain : celle de retrouver Livingstone malade, au cœur de la brousse africaine (« *Doctor Livingstone, I presume ?* »). Après 1880, au contraire, il va acquérir une autre forme de notoriété ainsi qu'un nouveau statut, en passant au service de l'Association africaine internationale créée par le roi Léopold II de Belgique. Dès lors, il deviendra un acteur-clé de la colonisation du continent africain, entreprise que le congrès colonial de Berlin (1884-85) va officialiser, attribuant à plusieurs pays européens de larges morceaux d'Afrique (et d'Océanie). L'heure de dépecer l'Afrique étant venue, chacun voulant en prélever sa part.

C'est au moment où l'économie revêt de plus en plus ouvertement un caractère politique que les théoriciens de l'école marginaliste commencent à s'interroger sur le bien fondé de l'expression : *économie politique*. Dès la seconde édition de son ouvrage *The Theory of Political Economy* (1879) Stanley Jevons exprimait ainsi ses interrogations : « Je ne peux pas m'empêcher de penser qu'il serait bon de rejeter le vieux nom composé troublant de notre science ». Troublant, en effet.

Au raisonnement qui précède, on objectera bien sûr l'expédition d'Alger de 1830. Dépourvue de motif valable, conçue dans le seul but de consolider le trône branlant de Charles X, on sait qu'elle devait avoir pour résultat de précipiter sa chute. Cela montre bien, dira-t-on, que la bourgeoisie française n'avait pas attendu les années 1870 pour devenir colonialiste ! Analyse erronée : les libéraux français de l'époque, partisans de Jean-Baptiste Say, opposés à la conquête, formaient les rangs de ceux qu'on appelait alors les « anti-colonistes ». Ils pouvaient du reste se recommander du père du libéralisme économique, Adam Smith, profondément hostile aux entreprises coloniales menées par des pays européens, depuis Christophe Colomb inclusivement. Voici comment l'économiste écossais exposait les prolongements donnés par la monarchie espagnole à l'entreprise de Colomb, au moment où celui-ci rentrait de son premier voyage.

« D'après le rapport de Colomb, le conseil de Castille résolut de prendre possession d'un pays dont les habitants étaient évidemment hors d'état de se défendre. Le pieux dessein de le convertir au christianisme sanctifia l'injustice du projet. Mais l'espoir d'y puiser des trésors fut le vrai motif qui décida l'entreprise ; et, pour donner le plus grand poids à ce motif, Colomb proposa que la moitié de tout l'or et de tout l'argent qu'on y trouverait appartînt à la couronne. Cette offre fut acceptée par le conseil ».

Dans son dernier livre (publié en 1837) où il est question de l'expédition d'Alger, le Genevois Sismondi - qui s'est toujours présenté comme un disciple d'Adam Smith - adjurait les Français de renoncer à la conquête coloniale imprudemment entreprise.

« Les Français se montreront-ils plus incapables de rendre l'ordre, la paix, le bonheur et la culture de l'esprit au nord de l'Afrique, que ne le furent les successeurs de Mahomet ? Au lieu de répandre des bienfaits, poursuivront-ils cette guerre d'extermination qu'ils ont déjà commencée ?

... Ce n'est pas de transporter quelques milliers de colons français, quelques milliers d'aventuriers sur le rivage de l'Afrique qu'il s'agit, ce n'est pas de fonder quelques fermes expérimentales dans la plaine de Mitidja, ou de donner de la valeur aux actions de quelques compagnies de spéculateurs ; c'est de faire rentrer deux millions et demi de sujets, ou bien mieux encore d'alliés de la France, d'Arabes ayant recouvré l'espérance et l'orgueil de leur nationalité, dans la carrière du bonheur et du perfectionnement... ».

Et, dans un post-scriptum à ce chapitre, il se référait à un événement qui venait de se produire au moment de la publication de son livre, et qui le remplissait d'espérance :

« Le gouvernement français a noblement répondu au désir que nous exprimions ici, par le traité de Tafna du 30 mai 1837, avec Abd el Kader ».

Nous savons aujourd'hui qu'il s'agissait là d'un faux espoir.

- Le premier capitalisme a eu le *sens de la nation*. Le préfacier d'une édition abrégée de *La richesse des nations*, Gérard Mairet, a défini excellemment la conception smithienne de la nation : « c'est une surface sociale où s'inscrivent les besoins des hommes. C'est un espace de marché ». Cette définition, pour être moins lyrique que celle de Renan (« avoir fait de grandes choses ensemble, vouloir en faire encore ») exprimait une vérité incontestable, pour une époque où les flux représentatifs de l'activité économique s'inséraient encore dans le cadre national. La nation, pour les premiers économistes de la bourgeoisie, c'est en effet une aire géographique, structurée par des classes sociales, au sein de laquelle s'enchaînent et se relient en permanence des flux de production, de répartition et d'échange. Adam Smith posait comme acquise, ou comme naturelle, la préférence de chacun pour l'économie nationale. « Chaque individu préfère le succès de l'industrie nationale à celui de l'industrie étrangère » écrivait-il par exemple. Son successeur Ricardo sera encore plus explicite, en décrivant les raisons qui poussent l'investisseur à préférer le financement de l'industrie nationale à des placements effectués à l'étranger, alors même que ceux-ci pourraient être plus rémunérateurs :

« Nous savons ... que bien des causes s'opposent à la sortie des capitaux. Telles sont : la crainte bien ou mal fondée de voir s'anéantir au dehors un capital dont le propriétaire n'est pas le maître absolu, et la répugnance naturelle qu'éprouve tout homme à quitter sa patrie et ses amis pour aller se confier à un gouvernement étranger, et assujettir des habitudes anciennes à des mœurs et à des lois nouvelles. Ces sentiments, *que je serais fâché de voir affaiblis* (c'est moi qui insiste) décident la plupart des capitalistes à se contenter d'un taux de profit moins élevé dans leur propre pays, plutôt que d'aller chercher dans des pays étrangers un emploi plus lucratif de leurs fonds ».

Après avoir pris connaissance de ce jugement de Ricardo, chacun admettra qu'il existe sur ce point une forte discontinuité entre le comportement des capitalistes de 1817 et celui de nos capitalistes actuels.

- Le même Ricardo pensait que le nouveau système allait résoudre pour de bon le problème de la rareté ; au niveau de l'offre, comme on l'a dit, parce qu'il le jugeait capable de multiplier les objets que les hommes désirent acquérir « presque sans limite assignable ». Mais de plus, à l'opposé de son contemporain Malthus, il ne croyait pas à une explosion de la demande alimentaire sous l'effet de la surpopulation, *pour peu que les salaires versés aux ouvriers soient suffisants*. En effet, l'accès des classes laborieuses, par tous les moyens légaux, à l'aisance et aux plaisirs (« comforts and enjoyments ») que « tous les amis de l'humanité ne peuvent que souhaiter », représentait à ses yeux « la meilleure sécurité contre une population surabondante ».

Une fois ce tableau rapidement esquissé, nous sommes en mesure d'effectuer la comparaison entre les deux sous-systèmes qui se sont ainsi succédés dans le temps sous la même désignation d'ensemble. Si l'on rapproche le capitalisme, tel qu'il fonctionne aujourd'hui, de celui qui l'a précédé, on découvre une scène intégralement renouvelée. On s'efforcera ci-dessous de pointer les principaux changements intervenus, sans chercher pour autant à entrer trop profondément dans les détails.

III – Esquisse des principaux traits du capitalisme contemporain.

- La *finance* a détrôné l'économie, et le monde de l'économie se dématérialise à vue d'œil. Chez nous, des usines ferment chaque jour. Depuis l'année 2002, l'industrie perd chaque année plus de 2% de ses travailleurs ; en 2005, elle n'employait plus que 14% de la main d'œuvre intérieure totale. Dans ces conditions, l'idée d'un travail qui « se fixe et se réalise » dans un objet matériel porteur de valeur est de plus en plus déconnectée de la réalité. Les économistes et les comptables nationaux considèrent que tout professionnel crée de la valeur ajoutée dès lors qu'il perçoit une rémunération - y compris les coiffeurs, les dentistes et les notaires – et cela, parce qu'à la place du travail productif, c'est *l'utilité* qui est considérée comme source de la valeur. A propos de cette notion d'utilité, le prix Nobel d'économie (1991) R. H. Coase, a indiqué qu'il s'agissait à ses yeux d'une « entité inexistante ». Je soupçonne, poursuivait-il, qu'elle « joue un rôle similaire à celui de l'éther dans la vieille physique » (!).

La manière de considérer les entreprises a également changé. Aux yeux des « investisseurs de la finance », des gérants des fonds spéculatifs, elles sont plus intéressantes pour la valeur qu'elles représentent que pour les produits qu'elles ont (normalement) pour première fonction de fabriquer. On va donc assister à des prises contrôle de firmes toujours plus nombreuses - non en vue d'assurer leur développement, mais au contraire pour les revendre ensuite « par appartements ». En pareil cas, le gain financier doit provenir de la plus-value produite par cette revente - et donc d'une opération commerciale - non de la production et de la vente de « valeurs d'usage sociales », comme au bon vieux temps de Ricardo et de Marx. Nous assistons ainsi à la revanche silencieuse des mercantilistes, dont les descendants sont venus réimporter dans notre culture le vieux fétichisme de l'or. Aujourd'hui, le prix du pétrole varie moins en fonction des utilisations de celui-ci comme *produit*, que de la manière dont il est évalué comme *actif* par des investisseurs internationaux en quête de placements rémunérateurs.

Certains placent alors leur espoir dans une reprise des réglementations étatiques. En fait, celles-ci ne pourraient atteindre un minimum d'efficacité qu'à condition de bloquer la croissance - ce qui ne saurait avoir lieu, car comment imaginer qu'on puisse s'en prendre à une idole ? Et c'est ainsi que la crise financière a encore de beaux jours devant elle[5].

Au total, pourquoi faudrait-il se fatiguer à fabriquer des marchandises ? N'est-il pas à la fois plus rapide et (en principe) plus rentable, aujourd'hui, de *prendre* (en vue de revendre plus cher) plutôt que de *produire* ? Nous voilà donc repartis en arrière ; il apparaît une fois de plus qu'aucun changement de regard n'est jamais acquis par l'humanité de façon définitive, et que l'histoire suit une marche chaotique, dont le véritable sens est invisible pour nos yeux.

Comme le soulignait Paul Fabra il y a plus de trois ans, les auteurs de ces opérations « n'éprouvent aucun état d'âme pour briser des structures qu'il a fallu des dizaines d'années pour développer » (l*es Echos* des 13 et 14 janvier 2006). Notons au passage que tout un vocabulaire carnassier est redevenu aujourd'hui d'actualité. Fabra citait l'exemple du « dépeçage progressif de la fameuse et prospère marque de robinetterie Grohe ». Face à ces formes que présente aujourd'hui un capitalisme tournant le dos aux présupposés de ses origines, cet économiste soucieux du long terme manifestait une sorte d'incrédulité, de difficulté à appréhender ce qui à ses yeux demeurait proprement impensable. « Comment les acquéreurs peuvent-ils en arriver à saigner à blanc leur cible, au lieu de préparer son avenir ? » se demandait-il. Comment des hommes de l'Europe industrielle, formés (en principe) dans ses universités et disant croire au progrès, ont-ils pu revenir à des pratiques qui avaient paru normales aux XVIe et XVIIIe siècles ? Acquérir une entreprise comme on acquiert un objet, sans considérer sa fin, mais en vue de la casser et de la revendre en plusieurs morceaux, afin de récupérer plus que sa mise, cela caractérise un comportement de prédateur, non de producteur.

C'est dire à quel point le capitalisme des origines a été dévoyé. Notons du reste que cette mutation n'a rien de récent. En 1899, l'économiste américain Thorstein Veblen écrivait déjà : « l'homme de finance idéal ressemble au délinquant idéal, en ce qu'il convertit sans scrupules hommes et biens à ses propres fins, qu'il considère avec un mépris endurci les sentiments et aspirations d'autrui, et qu'il se soucie fort peu du résultat éloigné de ses actes » ; s'il en est différent, c'est « par

[5] J. M. Vittori : La machine à bulles, *Les Echos* du 16 décembre 2008.

le sentiment très vif qu'il a du rang social, et par la clairvoyance et l'application qu'il apporte à des visées plus lointaines »[6].

Répondant lui-même à la question qu'il posait (comment est-ce possible ?) Paul Fabra était contraint de sortir de sa logique propre (ricardienne, et donc pacifique) pour se résigner à admettre l'existence, dans les économies modernes, d'un « processus de destruction ». Et rien ne nous assure que cette destruction sera en dernier ressort créatrice. Dès lors, il est clair que nous ne sommes plus dans une économie marchande « normale », si tant est que celle-ci ait pu un jour exister.

Si encore les institutions financières s'en tenaient à la gestion des risques liés à l'attribution de crédit à leurs clients ! Mais on a vu se développer une pratique dangereuse dénommée « titrisation de créances », opération qui permet de faire gérer collectivement ces risques par un marché financier désormais mondialisé. La dispersion de ces titres dans le monde entier, par l'intermédiaire de nombreuses institutions financières, devait en principe écarter tout danger. Mais que peut faire le meilleur expert financier du monde, quand son bilan est chargé d'un énorme poids d'actifs irrécouvrables ? Et on a vu les effets ravageurs de la crise des *subprimes*, qui a commencé aux Etats-Unis mais qui, bien sûr, s'est rapidement étendue partout ailleurs. Conformément aux prévisions de Sismondi, la croissance a bien été mondiale – mais la crise aussi.

À la place du taux moyen de profit fixé par le marché, qui était la référence universellement admise au temps de Ricardo, l'obsession des records à battre conduit les gestionnaires de fonds, qui représentent l'avant-garde des capitalistes modernes, à se donner comme objectif la recherche du taux maximum. « *To outwit the crowd* », littéralement « semer la foule », disait déjà Keynes. En dépit de l'avertissement donné par l'économiste de Cambridge[7], on voit aujourd'hui des banques réputées sérieuses jouer au casino, en sous-estimant les risques de cette pratique ; l'*understatement* britannique n'a pas le pouvoir d'endiguer les passions.

Du coup, l'absence de borne fixée au désir du gain ne peut que rendre fous les responsables des grands conglomérats financiers, les *traders* cherchant à épater leurs collègues et leur direction, les prix Nobel

[6] T. Veblen : *Théorie de la classe de loisir*. TEL Gallimard, 1970.

[7] « Quand, dans un pays, le développement du capital devient le sous-produit des activités d'un casino, il est probable que le travail sera mal fait ». *Théorie Générale*, chapitre 12.

d'économie à qui il arrive de conseiller les gestionnaires des fonds spéculatifs, aussi bien que les cabinets d'audit qui sont théoriquement chargés d'examiner leurs comptes. Partout dans le monde, les *traders* tentent de gagner beaucoup d'argent sans créer aucune richesse, à partir de la capacité qu'ils s'attribuent de prévoir le futur. « Réussir un coup » : c'est bien le vocabulaire des corsaires qu'il convient d'utiliser ici. On se souvient du fiasco retentissant enregistré en 1998 par le fonds d'investissement américain LTCM, dont les dirigeants s'étaient fixé un programme quelque peu grisant : il venait réactualiser, grâce au concours apporté par des mathématiciens de haut vol, les rêves des vieux alchimistes : celui d' « inventer de l'argent »[8].

Les errements des maîtres de la finance entraîneront-elles la chute de l'économie ? Au-delà de la récession actuelle, allons-nous vers une dépression du type de celle des années 1930, accompagnée d'une crise sociale et d'une crise écologique induite par nos comportements irresponsables vis-à-vis des générations futures ? Cela semble bien représenter, aujourd'hui, un avenir probable, compte tenu de la fascination qu'éprouvent toujours nos dirigeants pour le présent le plus immédiat.

- La *consommation* est présentée aujourd'hui comme le principal moteur de la croissance. Autrefois, les économistes enseignaient que le meilleur chemin pour la création de richesse (tant personnelle que nationale) c'était l'épargne. À cet égard, on se souvient du mot prêté à Guizot : « enrichissez-vous par le travail et l'épargne ». Au passage, on notera qu'en arabe, le mot consommation (*istihlak*) provient d'une racine (*halaka*) qui signifie : périr, disparaître – ce qui ressort de la même logique : la survie de l'humanité dépend bien de sa capacité à préparer le futur.

Or, nous dit-on aujourd'hui, ce qui fait marcher l'économie vers toujours plus de réussite, c'est la dépense. Toute dépense monétaire, quel qu'en soit l'objet, est considérée comme source de richesse : une fois de plus, les économistes ont suivi l'évolution de l'esprit du temps. Les membres de la bourgeoisie d'argent ont repris à leur compte le comportement qui fut celui de l'aristocratie décadente, tel qu'Adam Smith l'avait stigmatisé en son temps. Quand la noblesse eut perdu ses

---

[8] N. Dunbar : *Inventing money, the story of Long-Term Capital Management and the legends behind it. Op. cit.*

fonctions sociales, écrit-il, les grands propriétaires ont « vendu leur droit d'aînesse, non pas comme le fit Esaü dans un moment de faim et de nécessité, pour un plat de lentilles, mais dans le dévergondage de l'abondance, pour des colifichets et des babioles, plus aptes à servir de jouets pour enfants qu'à être sérieusement recherchés par des hommes ».

Ce passage exprime assez bien – y compris à travers la nuance de mépris qu'il instille discrètement – l'opinion moyenne d'une société bourgeoise, encore informée par « l'éthique protestante ». On y retrouve, sous la plume d'un de ses porte-parole les plus qualifiés, le choix de la sobriété, de la *decency*, qui caractérisait autrefois le comportement de la classe bourgeoise. Ce n'est pas aujourd'hui, en effet, qu'on mettrait en avant le « sérieux », s'il s'agissait de décrire le comportement du consommateur-type ! La première économie capitaliste n'avait pas mis en place une société de *gadgets*. Mais nos classes dirigeantes actuelles sont bien loin de la société bourgeoise que Smith évoquait implicitement, de ce Tiers-État besogneux, un peu terne sans doute - mais sérieux, sobre, fuyant l'ostentation, porté par le sentiment d'avoir une mission à accomplir, et n'ayant aucun goût pour acquérir « babioles et futilités ».

Hannah Arendt, notre Cassandre, nous a cependant averti des conséquences de cette mutation dans les comportements : rien désormais sur la terre ne sera à l'abri de la destruction par consommation.

- Le *temps* disparaît. Les sociétés occidentales sont entrées dans une culture de l'instantané ; elles ont décidé, sans état d'âme, de préférer la jouissance immédiate au souci de préparation du lendemain. De ce fait, la perspective de reproduction, et le terme lui-même, allaient être discrètement écartés du vocabulaire des économistes. Désormais, on ne s'interrogerait plus sur les évolutions de long terme. Pour mesurer la « croissance » on se contenterait de prendre en compte le chiffre de la production globale (somme des chiffres d'affaires + variation des stocks) et d'en déduire les « consommations intermédiaires » pour obtenir une somme des « valeurs ajoutées ». La question du contenu de cette production ne serait pas posée. La consommation s'ajoutant à l'investissement productif dans le calcul de la demande globale, il ne serait plus fait de distinction entre les deux formes, cependant opposées, d'utilisation des ressources : les satisfactions du présent et la préparation du futur.

Primat de la consommation et abstraction du temps, cela correspond au slogan : « tout, tout de suite », qui semble être devenu le

Credo de notre époque. On a cité le mot de Jean Amrouche : « la vertu sans récompense », qui caractérise l'esprit du capitalisme d'accumulation. Nous sommes passés au temps où l'on aspire, en quelque sorte, à la récompense sans vertu. Il y a plus de 15 ans, le chroniqueur Erik Izraelewicz le constatait déjà : « Les Français s'endettent... Si, depuis longtemps déjà, ils ont recours au crédit pour l'achat de leur logement, le phénomène nouveau réside dans l'explosion des crédits de trésorerie. Tout, tout de suite : les Français veulent consommer immédiatement, quitte à payer plus tard ».

Au cours des années suivantes, le mouvement s'est poursuivi dans le même sens. À la fin 2004, une journaliste des *Échos* observait : « En affaires, il faut savoir s'endetter pour s'enrichir. En finances personnelles, il en va de même... La conversion des esprits est d'autant plus rapide que les banques ... acceptent des taux d'endettement qui vous auraient rangé dans la colonne 'suspects' il y a encore quelques années... »[9]. Il a fallu la crise actuelle pour que les banques mettent un point d'arrêt à ces pratiques. C'est désormais (mais pour combien de temps ?) la situation inverse qui prédomine : la fermeture des « robinets » du crédit.

- Le concept de *nation* n'a plus de pertinence économique. On a vu que pour Smith, c'était autour de l'intégration des flux économiques au sein d'un espace socialement structuré que se construisaient les nations. Or, depuis la fin de la Seconde Guerre mondiale, les gouvernements américains travaillent sans relâche à construire un marché à l'échelle du monde. Menée avec une grande persévérance, cette politique a obtenu le succès que l'on sait. La théorie économique contemporaine confirme la validité de cette orientation, prétendant s'appuyer au passage sur la théorie du commerce international de David Ricardo, qui n'en peut mais (voir *infra*). Le but commun de l'OMC, du Fonds Monétaire International et de la Banque Mondiale est de susciter la mise en place d'une économie mondialisée, faite d'agents économiques individuels tous semblables, attentifs aux signaux émis par le marché. Disséminés sur tous les continents, n'ayant nul besoin de se connaître – sinon par ordinateurs interposés – mais obéissant partout aux mêmes règles, ces agents pourront s'acheter et se vendre les uns aux autres, à terme ou au comptant, des matières premières, des produits

---

[9] É. Lelogeais : Le carré magique, *Les Échos* du 17 et 18 décembre 2004.

manufacturés, des services, des créances plus ou moins douteuses, des indices boursiers – bref, des produits financiers de toutes sortes.

Déjà, on observe que les capitalistes n'ont plus de pays. Si on ne les rémunère pas suffisamment, expliquait il y a peu la présidente du Medef, ces brillants *managers* partiront à l'étranger, qui leur tend les bras... « Soyez Français, mais soyez cosmopolites ! », s'est-elle exclamée lors d'une convention du Medef, en février 2008.

La disparition de la nation du champ de l'économie (comme d'ailleurs du champ de la politique) contribue aussi à rendre obsolètes les politiques économiques inspirées des conceptions de Keynes. Celui-ci avait élaboré « l'ordonnance », rédigée à l'intention des pays capitalistes confrontés à la crise de 1929, en faisant abstraction de l'extérieur. Dans notre pays, on a pu observer l'impuissance des propositions keynésiennes à provoquer le retour au plein emploi à travers les deux dernières « relances » ratées menées, à quelques années de distance, par des gouvernements de couleur politique différente : aussi bien celle initiée par Jacques Chirac en 1975 que celle conduite en 1981 par Pierre Mauroy. Penser qu'en augmentant la consommation on accroîtra, dans un cadre géographique donné, la production des marchandises et l'emploi des travailleurs, est aujourd'hui dépourvu de sens, dès lors que les productions et les marchés ont été mondialisés.

Puisque c'est l'argent qui représente désormais la richesse, on cherchera à étendre au maximum la sphère du règlement monétaire. Au cours des années 1920, l'économiste de Cambridge A. C. Pigou avait tenté de montrer, à travers le recours à l'ironie, que ce n'est pas forcément en étendant l'aire du règlement monétaire qu'on augmente le revenu national ; et inversement, qu'en la réduisant, on ne diminue pas nécessairement celui-ci. Est-on fondé à dire par exemple, écrivait-il, que « celui qui épouse sa cuisinière diminue le revenu national » ? *(Economics of welfare,* Londres, 1920). Cette plaisanterie ne fait plus rire aujourd'hui. La manière de raisonner que l'auteur voulait épingler (passer du payant au gratuit, c'est appauvrir la nation ; inversement, passer du gratuit au payant, c'est l'enrichir) est jugée tellement normale de nos jours ! Avec les « nouveaux économistes », toute relation avec autrui, et même toute activité en général, relèvent par nature de la sphère de l'échange marchand. Elle me rapporte quelque chose, mais me coûte aussi quelque chose : elle me prive des opportunités qui auraient pu s'offrir à moi si j'avais choisi d'entreprendre une activité différente, d'organiser mon emploi du temps sur la base d'autres priorités. Il conviendrait donc d'établir un solide bilan coûts-avantages avant de faire le programme de chacune de ses journées, ou de nouer tel ou tel type de relation. Dans cet univers présenté comme rationnel, il n'existe plus d'espace hors marché ; le marché pénètrera partout, y compris au sein de la vie familiale. Si ce type de vision (qui se présente comme « la science ») l'emporte définitivement, le mot « désintéressement » est appelé un jour à disparaître - du vocabulaire d'abord, du dictionnaire un peu plus tard.

Comme tout est devenu *bien*, comme tout se vend, pourquoi ne pas vendre aussi du nuisible, dès lors qu'on a fait passer à la trappe la notion de valeur d'usage ? C'est en effet sur le marché que l'on compte aujourd'hui pour régler l'énorme problème de la pollution, grâce à l'application du principe pollueur-payeur. Ne pourront plus polluer désormais que ceux qui auront les moyens de payer l'amende. Voici un problème relevant clairement de la longue période (celui du déversement d'une masse de rejets nocifs par des entreprises industrielles ou des exploitations agricoles) enfermé dans les limites étroites de la gestion à court terme. Toute la construction repose d'ailleurs sur un postulat éminemment discutable : les dommages causés à l'environnement sont supposés être toujours réversibles, la nature étant censée pouvoir, en toutes circonstances, encaisser les chocs.

La *liberté* contractuelle - base juridique de la société bourgeoise, qui a toujours proclamé la liberté et l'égalité des contractants - n'existe pas dans les faits. En 1943, déjà, Schumpeter évoquait le contrat de travail d'aujourd'hui, « stéréotypé, non-personnalisé (*unindividual*), impersonnel et bureaucratique », qui se réduit le plus souvent à un '*c'est à prendre ou à laisser' »* (en français dans le texte). Aujourd'hui, ce sont les contrats passés par les directeurs d'achat des grandes entreprises auprès de leurs fournisseurs qui révèlent le plus clairement leur nature unilatérale. Ces petits fournisseurs, ces PME, ne peuvent que subir le rapport inégal, dû à la différence de taille, qui les relie à la grande entreprise cliente. Cherchant à « optimiser la relation fournisseurs » (pour employer le jargon actuel) celle-ci pèse de tout son poids sur la petite unité de production qui lui vend des produits, pour faire en sorte que prix et conditions de livraison soient l'effet de sa seule décision. On sait ce qu'il en coûte à un agriculteur (par exemple) de se voir « déréférencer » par une grande surface !

Sur les ruines de la société du *contrat*, nous assistons au retour silencieux des *statuts*, en principe abolis chez nous depuis 1789. On connaît la thèse qu'avait émise à ce sujet le sociologue Pierre Bourdieu : il n'y a pas d'ascenseur social, les inégalités de situation en fonction de l'origine sociale se reproduisent indéfiniment, de génération en génération.

Bourdieu confirmait, dans l'étude particulière qu'il a menée avec Jean-Claude Passeron sur les étudiants, qu'il règne entre ceux-ci une égalité seulement apparente. Pour ces deux chercheurs, les jeunes gens originaires de milieux populaires se trouvent en quelque sorte 'à l'étranger' par rapport à la culture savante, dont l'acquisition correspond pour eux à un véritable changement de langage. « Différant par tout un ensemble de prédispositions et de présavoirs qu'ils doivent à leur milieu, les étudiants ne sont que formellement égaux dans l'acquisition de la culture savante... »[10].

Enfin, il apparaît que la destruction que met en œuvre le capitalisme industriel s'avère de plus en plus *destructrice.* Depuis ses débuts, il s'est développé à travers la croissance continue de la taille de ses unités de production (ce qu'on a appelé le « seuil d'entrée dans la branche » s'élevant sans cesse). Dès 1837, Sismondi signalait les conséquences de cette orientation de départ : « les manufactures qui travaillaient sur un fonds de mille livres sterling ont disparu les premières de l'Angleterre... Bientôt... celles qui travaillaient sur 10 000 livres sterling ont été estimées petites, et trop petites ; elles ont été ruinées, elles ont cédé la place aux grandes ; aujourd'hui celles qui travaillent sur 100 000 livres sterling sont estimées parmi les moyennes, et le moment n'est peut-être pas éloigné où celles-là seulement seront en état de soutenir la concurrence qui travailleront sur un million sterling ». Trente ans plus tard, Marx labourait encore plus profond, quand il décrivait en parallèle la dégradation de la santé des ouvriers des villes, et la dégradation de la fertilité des sols dans l'agriculture capitaliste de l'Angleterre :

« La production capitaliste ne développe ... la technique et la combinaison du procès de production sociale qu'en épuisant en même temps les deux sources d'où jaillit toute richesse :

La terre et le travailleur » (*Le Capital*, Livre I, chapitre XV).

---

[10] P. Bourdieu et J.C. Passeron : *Les héritiers – Les étudiants et la culture*. Les Editions de minuit, 1985.

De fait, une destruction peut être irréversible, et l'argent ne peut tout réparer.

Cette faculté de destruction permanente, inhérente à la civilisation du capitalisme, que Sismondi déplorait (et qui, aux yeux de Marx, devait se résoudre dans l'économie socialiste, seule capable de réintégrer les réalisations matérielles du capitalisme dans le cadre d'une « synthèse nouvelle et supérieure ») a été au contraire célébrée par Schumpeter. Dans le cadre du raisonnement dialectique qu'il pratiquait, les destructions opérées au nom de l'impératif de croissance ne représentaient que le premier stade d'un processus plus global. Cette étape une fois franchie, le développement capitaliste allait se poursuivre encore plus fort, grâce à un appareil de production rénové, purgé de ses poids morts - jusqu'au moment, du moins, où l'esprit d'entreprise déserterait les entrepreneurs.

Mais les difficultés de l'époque présente nous poussent à adopter des conclusions différentes de celles de Schumpeter. Vivant aujourd'hui « la fin des temps faciles » (Jean Fourastié : *Les trente glorieuses*, Fayard, 1979), nous savons en effet que le processus décrit il y a plus de soixante ans par l'auteur de *Capitalisme, Socialisme et Démocratie* est susceptible de s'inverser, et que la destruction peut s'avérer tout bonnement destructrice. Aujourd'hui, les usines qui ferment ne laissent pas la place à des unités de production plus modernes et plus performantes ; elles s'arrêtent de produire, ou sont tout bonnement transportées ailleurs. Cela contribue d'ailleurs à rendre obsolète l'économie politique marxienne, comme on le verra plus loin.

Sur le plan global, les premiers symptômes de cette inversion du processus apparaissent déjà sous nos yeux : réduction drastique de la population active agricole et fin de la paysannerie, désertification des zones rurales éloignées des grands axes routiers, délocalisation d'entreprises industrielles, ou du moins d'une partie significative de leur activité. Nous constatons aussi les difficultés qu'éprouvent les jeunes pour entrer dans la vie active, la mise à l'écart des travailleurs de plus de cinquante ans, la persistance d'un taux de chômage élevé que la crise pousse encore vers le haut, la forte croissance des inégalités, le laminage des classes moyennes, la montée générale de la précarité. Et tout cela s'accélère aujourd'hui. Les différences de traitement deviennent abyssales, la rémunération des PDG atteignant des niveaux qu'il y a peu de temps encore on aurait jugé indécents. Les prix observés sur le marché de l'immobilier empêchent des personnes cependant pourvues d'un emploi de se loger décemment. Loin d'éradiquer la misère, le progrès technique la fait croître, en rendant inutiles nombre d'hommes et de femmes qui n'ont pas, à un degré suffisant, le profil de *gagneur* jugé nécessaire aujourd'hui. On leur dit, de façon plus ou moins enveloppée ou brutale, qu'ils sont « en trop ». Et cependant, à cette société qui fait de plus en plus l'expérience de la précarité quotidienne, des milliers d'Africains et d'Asiatiques, au péril de leur vie, tentent chaque jour de s'agréger.

Pour être complet, il faudrait ajouter encore, au passif du capitalisme moderne, les dégradations imposées à la nature, elle aussi sacrifiée à l'idole de la croissance. Mais on sait que bien des rapports - toujours accueillis avec faveur mais bien rarement suivis d'effets - ont déjà été consacrés à cette question.

La destruction est particulièrement visible dans le domaine de l'emploi. On a rappelé au chapitre précédent l'idée qui permettait, en 1789, de justifier la liquidation de ce qui restait de la société organique : tout le monde a besoin de tout le monde, et tout le monde a quelque chose à vendre à autrui, ne serait-ce que sa force de travail. Si cela était vrai, on pourrait légitimement parler d'égalité devant l'emploi, et les seules catégories de chômage méritant d'être signalées seraient le chômage conjoncturel et le chômage frictionnel. Il s'agit là d'un vocabulaire ancien : celui qu'on utilisait couramment au cours des décennies 1960 et 1970 (les années keynésiennes, le temps des certitudes). Aux yeux de tous, le plein emploi représentait alors la situation normale ; cette règle, affirmait-on, ne cessait de s'appliquer que pour de courtes périodes, du fait de circonstances exceptionnelles. La science étant mise au service de l'emploi, le vieux spectre du chômage était considéré comme définitivement conjuré. « On a les outils » déclaraient alors les économistes, avec autant de suffisance que de naïveté.

Les temps sont changés. Derrière le problème de l'emploi, dont on peut mesurer l'ampleur à travers l'évolution du nombre de chômeurs, se profile celui, qualitatif, des conditions de travail. Les cas de suicide en entreprise qui se sont produits chez nous entre 2007 et 2009 ne font que traduire les effets de la compétition permanente qui se déroule dans le monde du travail. Cela montre l'actualité de la remarque d'Owen, citée par Marx au chapitre XV du premier livre du *Capital* : « Depuis l'introduction en grand de machines coûteuses, on a voulu arracher par la force à la nature humaine beaucoup plus qu'elle ne pouvait donner ».

Ainsi, dans les conditions actuelles, la reproduction sociale n'est plus assurée. La société égalitaire, fondée, en bonne philosophie matérialiste, sur l'intérêt personnel, juridiquement sur le contrat, économiquement sur le marché, vit une rupture qui pourrait être décisive. La mécanique s'enraye ; ni les règles du jeu, ni les principaux acteurs, ne paraissent plus bénéficier de la confiance du public. Les certitudes sur lesquelles on a vécu au temps des « Trente Glorieuses » : recherche du bien-être individuel + culte de la performance + immersion dans le court terme + présence d'un secteur public fort + parapluie de l'État ... ont laissé place aux errements actuels. L'heure de vérité paraît approcher. Dans son livre déjà abondamment cité, Joseph Schumpeter avait déjà fait remarquer que la Bourse était un bien « pauvre substitut pour le saint Graal ». Aujourd'hui, elle ne remplit même plus la fonction qu'elle était censée tenir dans une économie capitaliste : permettre aux entreprises d'obtenir des fonds propres suffisants pour leur donner les moyens de financer leurs investissements. On assiste, en effet, à une surprenante inversion dans le sens des flux financiers. « Depuis quelques années, non seulement le marché boursier n'apporte plus, ou presque plus, de capitaux aux entreprises, mais ce sont ces dernières qui en distribuent aux investisseurs, et dans des proportions croissantes »[11].

Si les institutions ont perdu leur sens, c'est que nous sommes arrivés au temps du pilotage à vue. En août 2005, Alan Greenspan, qui présidait pour quelques mois encore la Réserve Fédérale américaine, mettait en garde, dans son discours d'adieu, les gouverneurs des banques centrales du monde entier. « L'intensification de la mondialisation et les changements technologiques des années 90 nous ont fait nous ajuster aux événements sans le confort d'une référence historique » (théorique, en réalité) « pour nous guider. Les prévisions ne peuvent donc être énoncées qu'en termes de probabilités. Le monde économique et financier change d'une manière que nous ne comprenons pas totalement » (il s'agit d'une litote !). « Les responsables ne peuvent donc pas toujours compter sur leurs capacités à anticiper les événements potentiellement néfastes ». De fait, cette prophétie devait se réaliser en septembre-octobre 2008.

[11] Y. de Kerdrel : La machine boursière tourne à l'envers. *Les Échos* des 16 et 17 avril 2004.

Ces propos ne laissent pas d'être inquiétants, en dépit des précautions de langage prises par leur auteur pour ne pas susciter un mouvement incontrôlé de panique, immédiatement ressenti sur les marchés boursiers. Qui en prend connaissance ne peut que mettre en doute la capacité de la « science économique », telle qu'elle est enseignée aujourd'hui, à rendre compte des évolutions réelles, dont nous subirons les effets du fait de l'interdépendance générale qui caractérise aujourd'hui le monde. Selon la perspective adoptée dans ce livre, on tirera de cette évolution une conclusion peu rassurante à moyen terme. Depuis longtemps, la société bourgeoise a perdu tout contact avec une quelconque infrastructure spirituelle. Désormais, ceux qui ont la charge d'assurer la régulation de l'économie ne savent plus très bien comment la diriger. À quoi bon abaisser les taux d'intérêt, mettre des milliards d'argent public à la disposition des banques, si les entreprises choisissent de ne pas investir en présence d'une demande atone ? Peut-on reprocher aux ménages français, inquiets pour la pérennité de leurs retraites, de maintenir un taux d'épargne relativement élevé ? On sent bien qu'une crise du système, d'extension évidemment mondiale, fait désormais partie du champ des possibles. Dès lors, le navire sur lequel nous sommes tous embarqués, bon gré mal gré, ressemble de plus en plus au *Bateau ivre* de Rimbaud.

On a aujourd'hui le sentiment que le capitalisme vit surtout de l'absence d'adversaires. Depuis l'effondrement des économies socialistes de l'Est européen, le système dont j'ai tenté de résumer les traits essentiels n'a plus de concurrents à sa taille. Il est présenté comme un modèle unique, ayant vocation à l'universalité. Pour traiter des divers maux de l'humanité (chômage, pauvreté, faim, épidémies, dégradation du climat) il conviendrait de s'en remettre au marché ; il semble même parfois que la question n'est plus discutable. « Être contre le marché, c'est comme être contre l'attraction terrestre », déclarait par exemple un professeur d'économie à l'université Toulouse I[12]. L'établissement d'une économie de marché figurait parmi les *standards* que la « communauté internationale » souhaitait voir adoptés par les Albanais du Kosovo, avant de consentir à octroyer à ce territoire le *statut* qu'ils revendiquaient (l'indépendance) ; mais on sait que ceux-ci, par la suite, ont unilatéralement proclamé celle-ci…

---

[12] Marchés parfaits, marchés imparfaits, la perspective de Claude Crampes. *Les Échos* des 9 et 10 décembre 2005.

Bien entendu, ce n'est pas de l'alternance politique que l'on peut attendre le moindre changement de logique. C'est un socialiste français qui, à la tête de l'OMC, conduit l'extension de la mondialisation. Il pense que l'entrée dans le commerce mondial doit « permettre aux pays pauvres d'être moins pauvres ». Demandez ce qu'ils en pensent aux paysans maliens qui se sont lancés dans l'aventure du coton.

IV – Une justification idéologique : la recherche de la caution des pères fondateurs.

Aux développements exposés ci-dessus, certains objecteront que les économistes contemporains se réfèrent toujours aux pères fondateurs. C'est bien Adam Smith qu'ils citent, en effet, quand il s'agit de faire l'apologie de la régulation par le marché ; et ne voit-on pas le directeur général de l'OMC évoquer les « avantages comparatifs » de Ricardo, chaque fois qu'il évoque la nécessité de supprimer les obstacles aux échanges mondiaux de marchandises ?

Malheureusement, ces deux interprétations de la pensée des premiers théoriciens du capitalisme manufacturier, puis industriel, correspondent à autant de contresens. Reprenons-les une par une.

1. On lit en effet, dans le manuel universellement répandu de Samuelson-Nordhaus, les lignes suivantes : « L'objectif principal de ces chapitres sur les marchés de produits est de comprendre la logique de la *main invisible* d'Adam Smith – d'étudier comment les prix et les profits assurent la coordination de l'activité économique et de comprendre les propriétés de remarquable efficacité d'un mécanisme de marché fonctionnant correctement »[13].

Malheureusement, il s'agit là d'un détournement des intentions de l'auteur de la *Richesse des nations,* quand il proposait sa parabole de la main invisible. Venu, ne l'oublions pas, de l'enseignement de la philosophie (*Théorie des sentiments moraux*, 1759) il se plaçait ici au niveau très large des fondements de la vie sociale. Si l'on veut, disait-il, obtenir le plus grand « revenu annuel de la société », on perdrait son temps à vouloir prêcher aux marchands le sens du bien commun, l'amour

[13] P.A. Samuelson – W. D. Nordhaus : *Microéconomie*, 14° édition (Les éditions d'organisation). Chapitre 5 : Offre et demande sur les marchés individuels.

désintéressé de la collectivité. Soyons sérieux ! La poursuite par chacun de ses intérêts (qu'il n'est nul besoin d'encourager) obtiendra à cet égard de bien meilleurs résultats. Grâce à l'action d'une « main invisible » (qui n'est pas un mécanisme de marché, mais le substitut bourgeois de la Providence chrétienne, comme Marx l'avait bien vu) chacun sera conduit – sans le savoir, sans le vouloir - « à remplir une fin qui n'entre nullement dans ses intentions », et qui n'est autre que la prospérité de tous. Ainsi, les abeilles qui butinent dans le but exclusif de nourrir leur collectivité n'ont en vue que la recherche du pollen ; ce faisant, elles jouent aussi un rôle essentiel – sans le savoir, sans le vouloir – dans la fécondation des plantes. Se pose ici, une fois de plus, la question de fond qu'a soulevé Engels : doit-on s'inspirer du comportement des animaux pour fixer les normes des activités des hommes ?

Quoi qu'il en soit, il ressort du raisonnement que l'intérêt privé est le meilleur adjuvant du bien-être social. Dans ces conditions, la poursuite du « bien général » n'a nul besoin d'être l'objet d'une démarche consciente, ou d'être recommandée par une quelconque autorité morale. Chacun étant laissé libre de mener à son gré ses affaires, le bien commun sera donné en quelque sorte par surcroît. Enrichissez-vous par le travail et l'épargne ; par le fait même, vous enrichirez les autres ; vous ferez croître, à la mesure de votre activité, la richesse de la nation.

Implicitement, ce raisonnement renvoie au brûlot qu'avait lancé, quelques décennies auparavant, Bernard de Mandeville. L'auteur de la *Fable des abeilles* avait soutenu que la pratique de la vertu appauvrit toujours les sociétés, alors que le vice les enrichit : il laisse en effet le champ libre à un certain nombre de métiers lucratifs qu'une société vertueuse exclut de son fonctionnement normal – ce qui ne peut manquer d'entraîner une certaine atonie des affaires. On vend moins, évidemment, quand on ne vend pas n'importe quoi ! Si on adopte cette perspective, l'économique et le spirituel se trouvent placés, par nature, dans une opposition irréductible ; il est absurde de chercher à les réconcilier, et ce livre n'a pas de sens.

C'est à ce point du raisonnement qu'intervient la démarche smithienne de récupération, et aussi de correction, du propos mandevillien. À la *provocation* de son prédécesseur, Smith substitue le *paradoxe* : vous voulez aider votre prochain ? Soyez égoïstes ! En passant de Mandeville à Smith, on reste sur la même ligne de pensée. Le changement est dans le ton : d'un livre à l'autre, on passe du pamphlet à la réflexion de fond. Pour ce qui est de l'auteur, on est conduit de l'esprit fort, cherchant avant tout à faire un éclat, à un des pères fondateurs de l'économie bourgeoise, plus réfléchi, plus à même de construire un discours argumenté. Comme l'a écrit A.O. Hirschman, Adam Smith « émoussera la pointe » de la thèse mandevillienne « en remplaçant les mots 'passion' et 'vice' par des termes inoffensifs comme 'avantage' ou 'intérêt' ». C'est pourquoi, à propos de cette parabole de Smith sur la main invisible, on pourrait parler d'un Mandeville rendu « économiquement correct » par la pratique de l'enseignement universitaire, à Glasgow et à Edimbourg.

Que vont faire les économistes contemporains du paradoxe moral énoncé par Smith ? Comme on l'a dit plus haut, ils vont le transformer en recette d'efficacité managériale de court terme. Il s'agira de le faire sortir du champ de la philosophie pour le rendre plus opérationnel, plus directement utilisable. Une fois ceci réalisé, on ne sera pas surpris d'entendre prononcer à bien des reprises une expression que l'on prétend tirée de Smith, mais qui s'écarte du texte de *La richesse des nations* : « la main invisible du marché ». Au moment des crises bancaires récurrentes dont souffre le capitalisme contemporain, des voix autorisées se mettent à dire (en opposition avec leurs propos précédents) qu'il y a lieu de revenir à plus de réglementation, ladite « main invisible du marché » ne fonctionnant plus de façon correcte.

Une expression couramment employée n'en reste pas moins fautive, si elle ne correspond pas au texte d'où l'on prétend la tirer. Ici, on est en présence d'un changement de terrain, dont la motivation est clairement idéologique. Le centre du propos de l'économiste écossais était d'imposer silence à ce qu'un philosophe du siècle suivant appellera les « belles âmes », ecclésiastiques ou non. C'est peine perdue que de vouloir prêcher à des producteurs l'amour du prochain, expliquait-il. « Ce n'est pas de la bienveillance du boucher, du marchand de bière ou du boulanger, que nous attendons notre dîner, mais bien du soin qu'ils apportent à leurs intérêts ». Il devrait être clair pour tous que ce réalisme (ou ce cynisme) souriant, cette « leçon de choses », n'avait pas pour but de vanter les mérites de l'économie mondialisée. Il avait au contraire pour point de départ une observation tirée du gros bon sens bourgeois, à savoir que la nature humaine a des limites relativement étroites. Sur la base d'une philosophie matérialiste fondée sur la prévalence de l'intérêt personnel, Smith fait intervenir sa providentielle « main invisible ». Elle joue chez lui un rôle analogue à celui que Hegel prêtera à la « Ruse de la Raison ». Il ne s'agit pas pour lui de faire l'apologie de la concurrence comme moyen de régulation de l'économie, mais d'affirmer que les hommes atteignent, sans s'en douter, d'autres buts que ceux qu'ils poursuivent de façon consciente - pour le plus grand avantage de la société.

2. On observe aussi que des responsables de rang élevé se réfèrent volontiers à la théorie ricardienne du commerce extérieur, tout en la comprenant généralement à rebours. En fait, ils se trouvent confondre les *avantages comparatifs* de Ricardo avec les *avantages absolus* d'Adam Smith. On nous dit par exemple : le Viêt-Nam offre à ses travailleurs des salaires plus faibles qu'en Occident ; c'est *son* avantage comparatif. Ou encore : l'Espagne jouit d'un ensoleillement plus intense que celui dont bénéficie le reste de l'Europe ; cela lui permet de produire des oranges, et de les exporter sur tout le continent ; c'est *son* avantage comparatif. En septembre 2008, le président du Monténégro déclarait à la télévision que son pays possédait deux avantages comparatifs : l'agriculture dans le Nord et le tourisme dans le Sud. En l'écoutant, on pouvait se demander ce que les avantages en question pouvaient bien avoir de « comparatif ». Aux yeux de Ricardo, pour que les avantages obtenus dans le commerce bilatéral puissent être qualifiés de comparatifs, il est nécessaire qu'ils se prennent deux à deux, et que - une fois les échanges réalisés - ils se trouvent répartis entre les deux partenaires.

Mais ce sont aussi des responsables d'organisations internationales – en principe plus cultivés - qui disent sans complexe aux représentants des pays pauvres : « développez », ou encore : « valorisez » *vos* avantages comparatifs. Une lecture fidèle de la théorie ricardienne aurait cependant conduit à des recommandations bien différentes. On demanderait par exemple, aux pays du Nord qui subventionnent leurs producteurs de coton, de laisser une place sur le marché mondial aux producteurs africains, moins bien placés que les agriculteurs du *cotton belt* sur le plan de la productivité du travail. Au-delà de ce cas particulier il s'agirait, pour les plus développés, de savoir s'appuyer aussi sur la *force du faible.* En concentrant leurs moyens sur les secteurs où eux-mêmes peuvent produire le plus de richesses au moindre coût, ils pourraient offrir, aux partenaires moins avancés qu'eux sur le plan technique, la possibilité d'occuper un espace dans la production et le commerce des marchandises. Cela reviendrait à leur reconnaître le droit d'exister *économiquement* – au lieu de leur offrir symboliquement de percevoir le produit d'une taxe sur les billets d'avion, de telle sorte qu'ils se voient, une fois de plus, confinés au niveau du *social.*

En fait, nous en sommes restés, sur le plan du commerce international, à l'époque mercantiliste. Les échanges internationaux de marchandises continuent à revêtir la forme d'un jeu à somme nulle, où l'un ne s'enrichit que de ce que l'autre perd. On a soutenu que la diplomatie, c'est la guerre menée par d'autres moyens ; on peut dire la même chose du commerce mondial.

Il reste que les situations évoluent, aux différentes époques de l'histoire. Au niveau du monde comme au sein de chaque nation, les faibles ne sont pas toujours les mêmes ; mais il y a toujours des faibles. Dans la course perpétuelle au progrès, ils seront les perdants. La place que l'Asie du Sud-Est s'est taillée dans les échanges mondiaux depuis le milieu du XXe siècle, elle l'a conquise à la force du poignet. Les bas salaires qu'elle pratique, la technicité dont font preuve ses travailleurs, la productivité de ses entreprises, constituent pour elle des avantages *absolus*. « Le bon marché de ses produits est la grosse artillerie qui bat en brèche toutes les murailles de Chine et contraint à la capitulation les barbares les plus opiniâtrement hostiles aux étrangers ». En 1848, ces lignes désignaient, sous la plume de Marx, « la bourgeoisie » des pays alors industrialisés. Aujourd'hui, les vieilles nations capitalistes se trouvent placées dans la situation des « barbares » que le futur auteur du *Capital* évoquait alors dans *Le Manifeste*. Le textile, bien sûr, mais aussi la production navale, l'électronique... sont de plus en plus souvent fabriqués là-bas ; et c'est chez nous, désormais, que les usines ferment.

Ainsi, dans l'économie contemporaine tout comme aux XVIe-XVIIe siècles, il y a toujours des vainqueurs et des vaincus. Sur le plan des idées, il n'y a pas grand-chose à reprocher au raisonnement de David Ricardo. Dans le cas d'un échange de produits entre deux pays inégaux, il serait raisonnable que le plus avancé se spécialise dans le domaine où son avantage est incontestable, et qu'il laisse son partenaire moins doué prendre en charge celui où l'écart de productivité est beaucoup plus faible. Mais ce grand économiste (1772-1823) ne pouvait pas avoir lu les « maîtres du soupçon », Marx et Freud. Il ne savait pas que les intérêts l'emportent sur les idées, et que la raison est bien souvent étouffée par les passions.

Ainsi, on observe que la théorie économique contemporaine n'a pas pour objet d'analyser le fonctionnement du capitalisme d'aujourd'hui tel qu'il se présente, mais qu'elle se place délibérément à côté du réel. Le monde auquel elle se réfère est un monde imaginaire, dans lequel tout conflit est écarté grâce au recours à la rationalité mathématique :

économique du tableau noir, *blackboard economics*. En réalité, le système qui nous régit repose, on l'a dit, sur la volonté de puissance (que professent ouvertement les grands) et sur la convoitise (sur laquelle ceux-ci s'appuient, pour convaincre les petits de participer eux aussi à la course au « toujours plus »). Il est difficile, à supposer qu'on veuille le faire, de mettre le pouvoir en équations. François Perroux s'y était essayé naguère, mais on doit admettre que le résultat de ses efforts n'est pas très convaincant.

V – Conclusion.

Les économistes qui persistent à raisonner dans le cadre du premier capitalisme éprouvent une difficulté croissante à comprendre le monde présent. Cette difficulté apparaît assez bien à travers les chroniques de Paul Fabra. Dans *Les Echos* des 6 et 7 janvier 2006, on lisait par exemple : « Ce qui rend problématique l'aboutissement des ambitions affichées par l'OMC est leur déphasage par rapport au doute lancinant qui hante désormais les opinions publiques des deux côtés de l'Atlantique. Qu'attendre de la mondialisation des échanges, telle qu'elle est mise en pratique par les sociétés multinationales et leurs émules (la recherche effrénée de la main-d'œuvre la moins bien payée), couplée à la mondialisation financière telle qu'elle est animée par les gestionnaires de l'épargne collective (l'exigence d'un taux de retour sur capital investi d'au moins 15%...) ? ».

L'année suivante, le même chroniqueur écrivait, sous le titre : Des inégalités destructrices : « Dois-je en faire la confession, je ne me voyais pas écrire un article pour dénoncer les 'inégalités' ! ... Cependant, les conditions dans lesquelles se pose le problème semblent bien avoir changé du tout au tout» (*Les Echos* des 21 et 22 septembre 2007).

La recherche du coût le plus bas possible entraîne, dans tous les secteurs où la technique le permet, un appel aux pays où la législation du travail est la plus rudimentaire possible, au sein de l'économie-monde. On assiste ainsi à l'alignement progressif des principaux acteurs du marché sur le moins-disant social. Toujours placée à la base du système, « l'idole-productivité » continue à asservir les hommes. De ce fait, l'installation des nations occidentales dans la désindustrialisation et le chômage durable deviennent des phénomènes en quelque sorte naturels, surtout quand la finance, pour grossir à la manière d'une boule de neige, fait comme si elle n'avait plus besoin de l'économie - ou quand un grand patron entreprend de vanter les mérites de « l'entreprise sans usine ».

Sur le plan théorique, les tentatives courageuses menées par des pionniers désireux de revenir, envers et contre tout, à la perspective biologique, paraissent, dans le contexte actuel, vouées à l'échec. Bien sûr, cela n'obère nullement leurs chances de retrouver le contact avec le réel, dans un futur proche ou lointain ... si la révolution spirituelle s'accomplit.

Il y a quelques décennies, on a cru que l'économie, devenue enfin majeure grâce aux recettes du Dr Keynes, allait apporter les solutions pratiques qui avaient manqué aux générations précédentes. Sans le dire, on faisait comme si « la science » pouvait tenir en lisière l'*hybris*. Mais comment, de l'entrechoc des puissances financières qui mènent le jeu mondial, pourrions-nous attendre une quelconque régulation ? Notre discipline a besoin d'un socle, ou alors elle devient folle. Les leçons données par les pères fondateurs ont été oubliées ou détournées. Comme on l'a vu plus haut, c'est la vision elle-même qui a changé depuis 1817 (Ricardo) et 1819 (Sismondi). C'est pourquoi il est si important de garder présente à l'esprit l'intuition si juste de l'économiste américain Robert Heilbroner (voir *supra*, chapitre introductif) : la crise de la théorie économique contemporaine est avant tout une crise de la *vision*.

Comme l'économie socialiste il y a vingt ans, l'économie capitaliste mondiale court le risque d'éclater un jour. Si un krach mondial se produit, c'est parce que l'économie aura été étouffée par la finance, la production par la spéculation, le réel par le virtuel. Ceux qui donnent la principale impulsion au mouvement d'ensemble font vraiment trop d'erreurs – et d'erreurs trop graves - pour que le système puisse se reproduire encore très longtemps en l'état. Ils nous parlent de « création de valeur » quand le prix des actions d'une société s'élève sur le marché financier. Il se trouve que celui-ci n'est pas un instrument de mesure fiable de l'activité économique d'un pays. Il évolue en fonction d'anticipations que l'on nous présente comme objectives, mais qui varient, en fait, au gré du tempérament, du goût plus ou moins prononcé pour le risque, et de la propension plus ou moins grande à l'optimisme manifesté par les acteurs. On nous assure qu'une prétendue « main invisible » est en mesure de prévenir les chocs ... jusqu'au moment où de grands dirigeants viennent demander à l'Etat d'intervenir, pour bloquer les effets d'un processus global de destruction - parce que la situation paraît trop grave, et que les dégâts produits si on ne faisait rien seraient d'une trop grande ampleur.

Keynes avait parlé, pour s'en gausser, du « fétiche de la liquidité ». Pour les entreprises, enseignait l'économie moderne, l'impératif de liquidité peut être avantageusement remplacé par l'acquisition de produits financiers susceptibles de « prendre de la valeur » indéfiniment (mais qui peuvent aussi en perdre, faisant ainsi baisser la « valeur » de l'entreprise elle-même !). Or, on a vu récemment de grandes banques assiéger les Etats pour se procurer ces fameuses liquidités qui leur faisaient brusquement défaut. Les Etats sont donc conduits à emprunter pour prêter ; mais leur signature est-elle vraiment au-dessus de tout soupçon ? Il est convenu de dire qu'un Etat ne peut pas faire faillite, mais qui sait s'il ne s'agit pas là du prochain dogme économique appelé à voler en éclats, après celui de l'efficacité des mécanismes de marché pour réguler l'économie ? Le journaliste économique Jean-Marc Vittori écrivait en janvier 2009 : « il y a trois mois, l'Etat islandais aurait sauté comme une vulgaire banque si les Russes ne lui avaient pas prêté 4 milliards d'euros à la dernière minute ... L'Islande sera peut-être aux Etats-Unis ce que fut IKB (une petite banque allemande, qui fut la première à tomber en juillet 2007, au moment de la crise des *subprimes*) à Citigroup : le signe avancé d'une déroute inconcevable »[14].

Le problème majeur est venu d'une foi aveugle dans la capacité attribuée à toute créance - quelle qu'en soit la nature, et sans qu'il soit nécessaire de mesurer le risque de non-recouvrement qu'elle présente - de trouver un acquéreur sur le grand marché du monde. Cependant, mondialiser le risque ne signifie pas qu'on parvient à s'en prémunir, loin de là. Lorsque l'inconscience de certains acteurs entraîne par contagion la fragilisation des autres, c'est au contraire le système tout entier qui est mis en danger. C'est ainsi qu'on a vu la crise dite des *subprimes,* dont l'origine se situait aux Etats-Unis, s'étendre presque aussitôt à l'Europe et à l'Asie, les délais de transmission étant beaucoup plus courts aujourd'hui qu'ils ne l'étaient au cours des années 1930. On a confié aux banques la tâche de fixer elles-mêmes le niveau de risque qu'elles peuvent supporter et, à des cabinets d'audit, le soin d'évaluer la santé financière de grandes sociétés, comme s'ils étaient en mesure d'attribuer une mauvaise note à un bon client...

---

[14] J. M. Vittori : L'ultime krach, *Les Echos* du 20 janvier 2009.

D'après ses premiers théoriciens, le capitalisme avait pour tâche de multiplier les richesses matérielles. Ainsi les hommes, à quelque classe sociale qu'ils appartiennent, pourraient vivre mieux. Ambition légitime : dans les vieilles sociétés paysannes la vie était dure, bien souvent, pour les agriculteurs - et surtout pour leurs épouses[15]. Mais quand il s'agit d'abord de produire de l'argent avec de l'argent (ce sont les « produits financiers ») le système se trouve dévoyé, et la sanction ne peut manquer d'intervenir. Les moins-values succèdent aux plus-values ; l'économie réelle, qu'on a subordonnée à l'économie financière, est entraînée par les turbulences que connaît celle-ci. Plus intense aura été le délire, plus dure sera la chute. Comment nommer le phénomène ? L'expression vient immédiatement sous la plume : il s'agit, à n'en pas douter, d'une belle claque de la main invisible...

Au total, nous sommes en présence d'une « accablante faillite intellectuelle », comme l'écrivait Paul Fabra dans *Les Echos* des 14 et 15 mars 2008.

Les dernières traces de la vieille société organique, qui avaient pu subsister *incognito* dans le paysage - en particulier dans les campagnes - s'effacent de plus en plus. En France, il a suffi d'un demi-siècle pour liquider à peu près complètement l'économie paysanne, avec le concours actif de la partie la plus dynamique des paysans eux-mêmes. Les partis sont dévalorisés, la solidarité ouvrière se fragmente sous l'effet de la gestion individuelle des carrières ; sauf dans certaines grandes entreprises nationales, les syndicats, chez nous, sont de plus en plus réduits à leurs appareils. Les « nous » se font de plus en plus étroits. Chacun n'est responsable que de lui-même, et éventuellement de sa famille ; mais cet ultime refuge de la personne se trouve à son tour fragilisé. On assiste aujourd'hui à la multiplication des familles dites « monoparentales », et l'on voit des liens familiaux qui paraissaient solides se dénouer avec une étonnante facilité. Dans ce domaine comme dans les autres, le législateur ne fait que mettre en musique l'esprit du temps. Pour nous en tenir à un seul exemple, la formation et la dissolution d'un PACS se présentent aujourd'hui comme de simples formalités, au but essentiellement fiscal.

---

[15] Une des raisons invoquées par les jeunes agriculteurs français pour lancer, au cours des années 1950, une nouvelle révolution agricole était leur prise de conscience de la vie pénible que menaient les femmes en milieu rural. On sait aussi que cette même révolution agricole, échappant à ses promoteurs, allait conduire à la quasi-disparition de la paysannerie dans ce pays.

Il me semble qu'ici l'économiste doit absolument élargir son champ. N'est-ce pas en sortant des limites étroites d'une spécialité qu'on peut le mieux comprendre son époque ? La nôtre, on l'a déjà dit, se caractérise par le vide. Il y a quinze ans, René Passet attirait déjà l'attention de ses lecteurs sur la convergence reliant certains événements qu'au premier abord on a du mal à relier entre eux, mais qui envahissent le quotidien de nos sociétés incertaines d'elles-mêmes. Il en tirait la même conclusion : « Drogue, casses dans les banlieues et intégrismes... Quand des phénomènes en apparence aussi étrangers l'un à l'autre se manifestent partout à un moment donné, ce n'est pas un hasard. Entre eux et l'esprit d'une époque, il doit bien y avoir un lien. Risquons d'emblée une hypothèse : celle de la faillite du sens »[16]. Dans ces conditions, la recette qui nous est soufflée aujourd'hui depuis les plus hauts sommets de l'Etat (« travailler plus pour gagner plus ») paraît bien dérisoire. À observer les comportements de consommation qui s'affichent au sommet de notre société, nous croyons revivre le temps des Sybarites, tels que les présentait Sismondi en 1824. « Ces riches vécurent pour se reposer, pour consommer, pour jouir, de même que le reste de leurs concitoyens vivaient pour travailler ». Enfin, en ce qui concerne la définition de la richesse et les conceptions qui encadrent le commerce extérieur, nous sommes revenus aux conceptions mercantilistes : la richesse, c'est l'argent ; le commerce extérieur, c'est la compétition, et éventuellement la guerre. La parenthèse de la première économie bourgeoise s'est refermée.

Au terme de cette réflexion, je proposerai la conclusion suivante : dès lors que le sens du spirituel s'efface dans une société, l'esprit du temps s'affaisse. La science elle-même en souffre, puisque, devenue servante de l'époque, elle révèle de plus en plus clairement son visage d'idéologie. L'économie vacille, puisque le règne incontesté de l'argent détruit toute notion de recours à la règle. Et, à la fin, c'est la société elle-même qui se défait, ayant perdu l'infrastructure qui la soutenait invisiblement. Il est permis de se référer ici au livre du Deutéronome : « Je te propose la vie ou la mort, la bénédiction ou la malédiction. Choisis donc la vie, pour que toi et ta postérité vous viviez... ». Il ne s'agit plus en effet de s'en tenir à quelques effets d'annonce, du type

---

[16] R. Passet : Exclusion sociale et faillite du sens. La vénération d'un système productiviste sans finalité. *Manière de voir* (supplément au *Monde diplomatique*) n° 13, août 1991.

« Grenelle de l'environnement ». Devant nous, le choix entre la mort et la vie attend notre décision.

Mais il n'existe pas de modèle alternatif tout préparé. Contrairement à ce qui s'est passé en France après 1789, en Russie après 1917, nous ne disposons pas aujourd'hui d'un programme déjà élaboré, soutenu par des militants convaincus, et qu'il suffirait d'appliquer ensuite point par point. Le modèle socialiste, dans lequel, depuis le XIXe siècle, beaucoup (et pas seulement des marxistes) voyaient une alternative crédible, voire la prochaine étape de l'évolution des sociétés, a disparu du paysage en Europe. Sans doute, il est tombé sous les coups qui lui furent portés par de puissants adversaires, qui tenaient à ce qu'il n'y ait sur la planète qu'un seul super-grand ; mais il a pris fin aussi, et même surtout, sous l'effet de ses propres faiblesses internes. Il se trouve que les formes revêtues par la société socialiste, telle qu'elle fut mise en place au XXe siècle dans les pays de l'Est de l'Europe, prétendaient représenter une alternative au règne capitaliste de la convoitise, tout en mettant de côté toute référence au spirituel. Cette formulation peut paraître paradoxale ; on s'en expliquera au chapitre suivant.

CHAPITRE 3

Le socialisme sera spirituel ou ne sera pas

Il y a bien des manières de comprendre le mot *socialisme.* Dans ce chapitre, je m'efforcerai de distinguer, en m'en tenant à l'essentiel, trois niveaux de signification. Il s'agira d'abord de rappeler qu'au XIXe comme au XXe siècle, ce terme a correspondu aux aspirations de groupes d'hommes voulant sortir d'un monde jugé trop violent et brutal, pour créer « ailleurs » des manières différentes de travailler et de vivre. Pour ceux qui avaient fait un tel choix, c'était Carlyle plutôt que Marx qui tenait le rôle de référence implicite. Leur but avoué était en effet de mettre fin à la réduction du rapport de l'homme à l'homme au pur et simple paiement en *cash.* Le changement des structures était à leurs yeux la manifestation d'un changement d'esprit, qui pourrait ensuite se communiquer à la société tout entière - c'est pourquoi on les a appelés *utopistes.*

C'est dans un sens opposé que d'autres auteurs ont interprété le mot socialisme. Pour certains économistes, celui-ci n'était pas autre chose qu'une forme particulière de gestion de la société industrielle - singulièrement dépourvue de poésie, car réduite à sa dimension purement technique. Il n'est pas question ici d'un changement de comportement des hommes, ou de naissance d'une nouvelle société. Ceux qui adoptent cette perspective peuvent s'en tenir, pour décrire le système, à des mesures organisationnelles, comme la nationalisation des moyens de production et la mise en place d'une planification centralisée.

Enfin, on sait qu'à partir de 1917 en Russie, et de 1945 dans les « démocraties populaires », les dirigeants des Partis Communistes ont jugé possible d'associer ces deux éléments hétérogènes - les aspirations et la gestion - en mettant en place, dans leurs pays respectifs, ce qu'on pourrait appeler des formes de « socialisme d'Etat ». Bien que Marx ne se soit jamais présenté comme un théoricien de l'économie socialiste, ses disciples se recommandaient bien sûr de sa pensée. Mais une question se pose : ont-ils bien saisi la complexité de cette pensée ? En particulier, ne sont-ils pas passés à côté du versant spiritualiste (je n'ai pas dit : idéaliste) de cette pensée? Ce point mérite d'être étudié à part. Le présent chapitre sera donc composé de quatre éléments.

1. Socialisme et utopie.

Commençons par le relever : les socialistes utopiques du XIXe siècle n'étaient pas des économistes, mais des hommes chez qui, au point de départ de la réflexion, se trouvait la perspective morale. Cela les conduisait à réfléchir sur la manière dont il convenait de « changer la vie » (jugée par eux, à juste titre, insupportable) de ceux qui subissaient alors les contraintes issues de la révolution industrielle. Dans ses phalanstères, Fourier souhaitait combiner deux éléments - en vérité bien difficiles à associer : la participation à une entreprise collective et la liberté individuelle. De son côté, Owen, dans le dessein de libérer les relations humaines de la dictature de l'argent, avait monté en Angleterre des « magasins d'échange du travail ». Les sociétaires venaient y échanger le produit de leur travail contre les marchandises dont ils avaient eux-mêmes besoin, l'unité de compte présidant aux transactions n'étant plus la monnaie, mais le temps de travail dépensé. Ici, l'utopie a buté sur un double problème : avant tout, la difficulté de mesurer de façon précise la valeur des marchandises (tous les travaux ne s'équivalant pas) et la malhonnêteté de quelques-uns.

Au total, les socialistes utopiques sont plus importants par l'acuité de leur diagnostic sur la dureté de la civilisation industrielle du XIXe siècle que par les essais de rénovation qu'ils ont tenté d'implanter, en quelque sorte *dans le dos* de l'économie dominante. C'est ainsi que Fourier a nommé les fabriques (c'est ainsi qu'on dénommait les usines à l'époque) des « bagnes modérés », et qu'Owen a écrit : « Depuis l'introduction en grand du machinisme, on a voulu arracher par force à la nature humaine beaucoup plus qu'elle ne pouvait donner ».

En 1968, on a vu refleurir, sur nos murs et dans nos campagnes, les grands thèmes du socialisme utopique. On peut en retrouver l'écho aujourd'hui dans les ouvrages de Cornelius Castoriadis. Pour lui, le « mouvement de mai », c'est « la critique de l'ordre établi, les célèbres invocations de l'imagination, certes des apologies de la liberté et de la 'jouissance', mais surtout du socialisme et d'un nouvel ordre social ». Ce qu'il faut en retenir, écrit-il, ce n'est pas la violence qui a éclaté ici ou là. En réalité, « les gens cherchaient la vérité, la justice, la liberté, la communauté » (comme dans l'utopie fouriériste ; mais il n'est pas facile de faire cohabiter cet ensemble disparate d'aspirations). Et de fait, poursuit le philosophe, « ils n'ont pas pu trouver de formes instituées qui incarneraient durablement ces visées. Et – on l'oublie presque toujours –

ils étaient une minorité dans le pays ». Le divorce entre l'idée et la « forme instituée », entre le rêve et la réalité rugueuse, c'est en effet le drame de l'utopie socialiste, comme de l'utopie communiste ou de l'utopie sioniste. Citons enfin, toujours de Castoriadis : « Même les pires des mystifications qui ont eu cours avant, pendant et surtout après Mai, étaient étayées sur le désir de voir réalisé quelque part un état d'activité collective auto-organisée et spontanée »[1]. Auto-organisation : mais comment éviter en pareil cas, soit l'anarchie, soit la domination d'un leader, charismatique ou non ?

Toutes les tentatives que nous venons d'examiner relèvent d'une croyance (que chacun pourra juger noble ou naïve, ou même noble *et* naïve, selon sa manière de penser) dans la possibilité de réaliser sans délai un type de société différent de celui dans lequel on vit, et dont on refuse de cautionner les institutions et les codes. Implicitement, elle revient à affirmer qu'un autre monde est immédiatement possible, et qu'il suffit de le vouloir. C'est sous-entendre que les idées mènent le monde. Dès lors, il apparaît que cette conception, même si elle a connu diverses incarnations au cours du « siècle de l'histoire » (le XIXe) fait par trop abstraction d'un préalable essentiel : la réalisation de conditions historiques nécessaires à l'enfantement d'un monde nouveau.

Contemporains de Fourier et d'Owen, Marx et Engels pensaient au contraire que l'avènement du socialisme correspondrait à l'ultime étape du développement de l'humanité. Le progrès continu de l'inférieur au supérieur exposé au livre de la Genèse, ils pensaient pouvoir le transposer à l'histoire des sociétés humaines. Celle-ci, d'après eux, est orientée dans le sens du progrès ; mais (comme chez Darwin et contrairement à la Genèse) elle s'analyse en une série de luttes et d'éliminations successives, dont chaque étape constitue un seuil à franchir pour qu'il soit possible de passer à la phase suivante. Le seuil une fois franchi, un mode de production supérieur est appelé à succéder au précédent devenu caduc, si deux conditions impératives se trouvent en même temps réunies.

Il faut d'abord que le mode de production ancien, parvenu au bout de ses possibilités objectives, se trouve en état de sénescence ; mais cela ne suffit pas. La classe sociale montante, jusque-là écartée du

---

[1] C. Castoriadis : *La montée de l'insignifiance, IV Les carrefours du labyrinthe*, Seuil 1996. Avec plusieurs camarades, Castoriadis avait fondé en 1948 le groupe et la revue *Socialisme et barbarie*. Le groupe lui-même s'est dissous en 1966-67.

pouvoir économique et politique, doit encore être prête à assumer la succession. La responsabilité historique de cette classe consiste en effet à édifier, sur les ruines de l'ancien monde (dont elle récupérera tous les éléments utilisables, pour les structurer autrement) les éléments constitutifs d'un monde nouveau : une nouvelle économie, un nouveau droit, un nouvel appareil politique. Elle devra admettre, pour ce faire, la nécessité du recours à la violence, une mutation de cette ampleur ne pouvant se réaliser pacifiquement. Le passage par la révolution est donc inévitable ; ceci étant admis, la violence peut valablement être présentée comme « l'accoucheuse de l'histoire ».

Il se trouve que la Révolution française représente une illustration assez convaincante de cette manière de se représenter la marche de l'histoire. C'est en effet le moment où la bourgeoisie urbaine est en mesure de supplanter l'aristocratie foncière (déjà domestiquée par Louis XIV) pour devenir clairement la nouvelle classe dominante. Mais Marx et Engels ne s'enfermaient pas dans les limites d'un exemple concret, fut-il probant ; leur propos revêtait un caractère général. À leurs yeux, le socialisme devait sortir un jour du capitalisme, tout comme celui-ci était sorti précédemment « des entrailles » du féodalisme. Sa naissance serait donc le fruit, à la fois d'une rationalité, voire d'une légitimité historique (puisque l'évolution des sociétés humaines est censée se dérouler sur un vecteur ascendant) et de l'action volontariste d'un groupe d'hommes déterminés, doués de conscience historique et de goût pour l'action.

Dans cette perspective, la révolution socialiste devait se produire d'abord dans les pays industrialisés, au sein desquels les capitalistes – sans le vouloir, sans même le savoir - auraient fait en quelque sorte le lit du socialisme. Sur la base d'un niveau élevé des forces productives (en les développant, la bourgeoisie aurait ainsi réalisé sa mission historique, et pourrait ensuite sortir de l'histoire) son avènement viendrait réaliser une transformation profonde des rapports de production.

Ainsi, on sortait du volontarisme des socialistes utopiques, et du présupposé a-historique qui les animait (tout est possible à tout moment, il suffit de le décider). Au contraire, la révolution intervenait à un moment précis de l'évolution des sociétés, et elle s'étendait à une nation tout entière ; par là, c'était l'histoire elle-même qui prenait un sens. Au XXe siècle, les communistes des pays de l'Est européen qui ont participé à la mise en place d'une organisation socio-économique radicalement différente de l'ancienne ont pu éprouver le sentiment de faire avancer l'histoire et de contribuer à la naissance d'un monde nouveau - même si l'environnement matériel demeurait précaire. Dans son récit intitulé *Niki, ou l'histoire d'un chien* (Seuil, 1957), le grand écrivain hongrois Tibor Déry a attribué un tel sentiment à son personnage principal, l'ingénieur communiste Janos Ancsa : « Les trams marchaient à une allure d'escargot, mais ils marchaient. Et, cependant que les voyageurs qui montaient et descendaient lui écrasaient les cors, l'ingénieur songeait non sans émotion qu'ils travaillaient tous à un chapitre nouveau de l'histoire de la Hongrie »[2].

2. Le socialisme réduit à la gestion.

Bien loin de l'utopie et de ses choix maximalistes, certains économistes se sont représenté l'avènement du socialisme de façon beaucoup plus prosaïque. Laissant de côté la vaste fresque historique brossée par Marx et Engels (l'humanité allant du féodalisme au socialisme, en passant par le capitalisme) ils ont préféré définir l'économie socialiste comme représentant seulement une modalité de gestion des sociétés industrielles, induite - sans révolution - du simple fait de l'évolution particulière du système capitaliste. Une telle vision, bien sûr, était compatible avec l'adoption d'une perspective dialectique.

Et de fait un économiste dialecticien, Joseph Schumpeter, a annoncé la probable installation du socialisme dans nos sociétés d'Occident (« le capitalisme peut-il survivre ? Non. Je ne pense pas qu'il le puisse »). Selon lui, le processus de développement que nous avons connu depuis deux siècles depuis deux siècles produit de lui-même sa propre négation, c'est-à-dire la destruction de la « civilisation du capitalisme » et le remplacement de celle-ci par son contraire : une société socialiste. Cette mutation devait être à ses yeux le résultat de l'effacement de *l'entrepreneur,* dont le rôle et la personnalité avaient caractérisé les premiers âges du capitalisme. Cet acteur essentiel avait pour fonction, on s'en souvient, de réaliser des *innovations* continuelles dans la manière de produire. C'est de celles-ci que provenait son profit, mais (aux yeux de Schumpeter) là n'était pas l'essentiel ; leur application

---

[2] Seuil, 1957. Tibor Déry, qui avait adhéré au Parti Communiste en 1919, dut émigrer à la fin de la Commune hongroise. Plus tard, revenu dans son pays, il connut la prison sous le régime Horthy, ses écrits ayant été jugés « propagande bolchevique ». Après avoir connu la gloire au cours des premières années de la démocratie populaire, il fut à nouveau attaqué, cette fois par les idéologues de son parti. Finalement, il fut arrêté à nouveau en 1957, du fait de ses prises de position lors de l'intervention soviétique de 1956.

avait avant tout pour effet d'augmenter le niveau de vie de la société tout entière. Tout comme le jeune Marx de 1848, l'économiste austro-américain pensait que « la bourgeoisie ne peut exister sans révolutionner constamment les moyens de production » - ou, plus précisément, la bourgeoisie *au cours de sa phase créatrice.* Un jour, cependant, estimait-il, cette ardeur créatrice était appelée à s'éteindre. Alors, une nouvelle phase commencerait, le capitalisme ayant fait son temps ; mais cette nouvelle organisation correspondrait à une perte de vitalité, non à un progrès.

Ce n'est donc pas à partir d'une vision de l'histoire comme processus de progrès continu, issu de ruptures successives et réalisées à travers la violence, que Schumpeter fondait sa prévision de la fin du capitalisme. Il voyait au contraire à l'œuvre une évolution régressive, tendant à l'étouffement progressif de l'économie de développement que ce système avait tout d'abord installée. Loin de penser qu'il serait renversé par une révolution sociale, il estimait qu'il allait connaître une sorte de maladie de langueur, le conduisant à s'épuiser peu à peu, à perdre de plus en plus le dynamisme qui avait été le fondement de sa croissance. À la tête de l'entreprise, il n'y aurait plus de chef « prêt, s'il le fallait, à mourir sur son seuil ». Les améliorations apportées aux techniques productives seraient bientôt le fruit d'un travail de routine, assuré collectivement par des bureaux d'étude peuplés de salariés, accomplissant sans passion leur tâche quotidienne. Dans la conduite des affaires, « le travail de bureau, rationalisé et spécialisé, effacera finalement le rôle de la personnalité (du chef d'entreprise)... Ainsi, le conducteur d'hommes (*the leading man*) deviendrait tout juste un employé de bureau parmi les autres – un employé qui n'est pas toujours difficile à remplacer ». Ainsi, dans son analyse de la fin du capitalisme, Schumpeter restait fidèle à la manière dont il avait décrit l'essor de celui-ci à travers tous ses écrits. Privée de sa dimension épique, cessant d'apparaître comme une aventure, tombée entre les mains de salariés besogneux, cette ultime mouture du capitalisme ne pourrait qu'être rejetée tôt ou tard dans les oubliettes de l'histoire.

On peut noter qu'aux Etats-Unis, d'autres auteurs avaient prédit comme Schumpeter une disparition programmée du capitalisme ; mais sans anticiper pour autant une marche vers le socialisme. Ce qui attendait les pays industrialisés, estimaient-ils, c'était le règne sans partage des techniciens. C'est ainsi qu'en 1941, Burnham publiait *The Managerial*

Revolution[3]. Il annonçait dans ce livre qu'en raison de la complexité de la marche des usines modernes, les capitalistes – propriétaires en droit - seraient progressivement évincés de la direction effective des entreprises. De plus en plus souvent, leur place était déjà prise par un « groupe social nouveau », celui des *managers*, en passe de devenir partout la « classe dirigeante », aussi bien en Russie soviétique que dans l'Allemagne du national-socialisme, ou même aux Etats-Unis, temple de l'économie libérale. Parmi les membres de la classe dirigeante qui ont fui l'Allemagne nazie, observait Burnham, figuraient des intellectuels, des savants, des artistes ; mais pas un *manager*. Les membres de ce groupe se trouvaient « chez eux » dans un régime qui les plaçait aux commandes de l'économie, leur confiant le soin de trouver des solutions à des problèmes présentés comme relevant de la seule technique[4].

Quelques décennies plus tard, John Kenneth Galbraith allait se placer sur une ligne proche de celle de Burnham en popularisant le concept de « technostructure ». C'est dire que l'analyse présentée en 1942 par Schumpeter était (pour reprendre l'expression déjà citée de List) « mûre pour tomber ». Cependant, par rapport aux deux auteurs qu'on vient d'évoquer, le propos de Schumpeter témoigne d'une ambition plus grande. En effet, il a voulu montrer qu'une vie économique dans laquelle l'esprit de création serait de plus en plus battu en brèche par les tâches de gestion, et où toutes les décisions seraient prises en fonction d'impératifs techniques, appelait un système d'organisation collective : le socialisme. Bien sûr, le cadre de la réflexion étant ainsi posé, il était clair que ce socialisme ne serait pas en mesure de proposer aux hommes une perspective qui allât plus loin que la simple administration des choses.

---

3 Le livre a été traduit en français sous le titre : *L'ère des organisateurs* (Calmann-Lévy, 1947).

4 Ceci étant, il ne faut pas s'étonner de découvrir qu'un mécanicien de la macroéconomie comme Keynes ait jugé que sa « théorie » était bien mieux adaptée aux structures d'un Etat totalitaire qu'un quelconque traité d'économie libérale. Il l'a écrit explicitement - quoique dans une forme peu claire - dans la Préface à l'édition allemande de la *General Theory*, parue dès 1936 : « La théorie qu'entend fournir ce livre ... est beaucoup plus facilement adaptable aux conditions régnant dans un Etat totalitaire que ne l'est la théorie de la production et de la distribution d'un produit créé dans des conditions de libre concurrence et de relatif laisser-faire ».

3. La construction du socialisme en URSS et dans les pays de l'Est européen : l'union de l'utopie et de la gestion ?

En URSS et dans les démocraties populaires, le programme d'édification socialiste ne se présentait certes pas comme une utopie ; mais son objectif ne se réduisait pas non plus à une simple mutation opérée dans les modalités de gestion d'une société industrielle. Du reste, en 1917, la révolution n'avait pas éclaté dans une nation industrialisée, comme l'Allemagne ou l'Angleterre - contrairement aux prévisions de Marx et d'Engels - mais dans un vaste pays, la Russie, demeuré très largement agricole. La réflexion globale sur l'évolution des sociétés humaines, telle que l'avaient théorisée les fondateurs, cédait la place aux entreprises d'hommes d'action avant tout soucieux de résultats, ceux-ci fussent-ils seulement partiels et limités. Du fait de son urgence, la question de l'immédiat (« *Que faire ?* ») évacuait la réflexion sur la longue période, où l'on s'efforce de discerner le sens caché des grandes évolutions historiques. Aux yeux de Lénine en effet, c'était bien en Russie – et en Russie seulement - que la rupture était possible, puisque ce pays représentait le seul lieu du monde où la révolution était mûre, « le maillon le plus faible de la chaîne impérialiste ».

Cependant, sur ce terrain géographiquement restreint, l'objectif affiché était très large : il s'agissait autant de modifier les orientations de l'individu (c'est la « construction de l'homme nouveau ») que de changer les bases de la société. Et de fait, les transformations du cadre institutionnel entreprises à la suite du succès de la révolution d'Octobre ont été profondes. Elles peuvent être résumées à partir de quelques éléments.

- Une société socialiste pose en principe la suprématie de la *classe ouvrière*. Après la révolution et la prise du pouvoir, le Parti Communiste demeurait « son » parti ; de plus, comme le Parti tenait en mains l'Etat, celui-ci allait devenir, au moins théoriquement, « son » Etat, l'Etat des travailleurs. Dès lors, les organisations encadrant la classe ouvrière allaient être intégrées à la structure même de l'Etat. Selon la conception léniniste, le syndicat et le Parti agissent dans le même sens, le syndicat étant même présenté comme la « courroie de transmission » du Parti.

Une fois admis que le Parti est l'authentique porte-parole de la classe ouvrière, on pourra dire que c'est elle qui possède les moyens matériels de la production (avec de modestes exceptions en ce qui concerne le secteur agricole). À partir de là, on ajoutera qu'elle dispose des instruments du pouvoir politique, qui contrôle le contenu de l'enseignement et la diffusion de la culture - et qui, à ce titre, sépare le bon grain (la science) de l'ivraie (l'idéologie).

Dans ces conditions, la société soviétique se présentera officiellement comme une société dépourvue de contradictions internes. Dans son rapport présenté le 25 novembre 1936 au VIIe Congrès des Soviets de l'URSS, Staline présentait ainsi la situation sociale qui, à ses yeux, prévalait alors en Union soviétique : « Plus de classe des capitalistes dans l'industrie. Plus de classe des koulaks dans l'agriculture. Plus de marchands et de spéculateurs dans le commerce. De sorte que toutes les classes exploiteuses ont été liquidées » (visiblement, l'usage du mot « liquider » ne l'effrayait pas !). Dès lors, il pouvait affirmer : les contradictions économiques et politiques de classes « tombent » et « s'effacent ». La société est censée devenir homogène .

Comment occulter, cependant, les contradictions qui traversent toute forme de société humaine ? On dira qu'elles proviennent d'individus qui se sont mis d'eux-mêmes hors du cadre. Ils seront considérés comme « ennemis du peuple », celui-ci étant censé former une unité, rassemblée autour de son Parti. En tant que tels, ces individus seront poursuivis. L'histoire nous a pourtant montré à quel point la recherche de l'homogénéité peut être stérilisante : qu'il s'agisse d'une mythique « pureté du sang » (l'Espagne du XVIe siècle) ou de l'unité de religion imposée par un Etat (la France de Louis XIV).

Une telle orientation va entraîner l'uniformisation du discours public, à chaque moment donné, en fonction de ce qu'on appellera « la ligne » - cette ligne pouvant bien sûr se modifier avec le temps, et parfois de manière brutale. En ce qui concerne la sphère privée, le citoyen soviétique était conduit à opérer une dissociation entre pensée et parole, celle-là pouvant demeurer libre, alors que celle-ci devait rester conforme au modèle proposé par les instances dirigeantes.A la fin de sa vie, le physicien Andreï Sakharov avait demandé la suppression de l'article 6 de la Constitution, qui donnait au Parti communiste le « rôle dirigeant » dans la société soviétique. Mais il était trop tard, cette prise de position intervenant au moment où l'Union soviétique était elle-même sur le point d'éclater.

- Dans une société dont les porte-parole affirment leur attachement au marxisme (il est donc supposé que le « marxisme » représente un système achevé, dépourvu de contradictions - ce qui est loin d'être évident[5]) l'histoire est présentée comme une science. On ajoutera même qu'elle est destinée à « devenir une science aussi exacte que la biologie » (Staline). « Nous avons la science », disaient les communistes, aussi bien en Union soviétique qu'en Occident[6]. Assertion aux conséquences redoutables, car elle conduit à attribuer à l'histoire un sens unidirectionnel – ce à quoi tout bon historien, de l'Est comme de l'Ouest, devrait *a priori* se refuser. Une telle affirmation relève clairement de l'idéologie (en l'espèce, de la téléologie) - ce qui la prive par le fait même de tout caractère scientifique. Et Castoriadis creuse encore davantage : « Le projet d'émancipation, de la liberté comme activité, du peuple comme auteur de son histoire, s'inverse en imaginaire messianique d'une Terre promise à portée de la main et garantie par le substitut de transcendance produit par l'époque : la 'théorie scientifique' »[7].

Dans ces conditions, le fait, pour un savant soviétique, de choisir telle manière de pratiquer l'analyse économique de façon non-conforme à la norme officielle, ou de critiquer telle mesure de politique économique prise dans le cadre de l'Etat

---

[5] Je me permets de renvoyer ici à mon livre *Economie et vie spirituelle*. Le chapitre 2 contient d'assez longs développements sur ce que j'ai appelé les « espaces intermédiaires » qui jalonnent en permanence la pensée de Marx.

[6] Ceux des communistes qui disaient « avoir » la science se trompaient tout autant que ceux des croyants qui disent « avoir » la vérité. Autant il est beau de se mettre au service de la science ou de la vérité, autant il est faux de vouloir les *posséder*.

[7] C. Castoriadis : *La montée de l'insignifiance, op. cit.* Marxisme-léninisme : la pulvérisation.

socialiste, pourra être présenté comme une forme de déni de la science. Le grand théoricien de l'économie paysanne, Alexandre Chayanov, devait en faire la douloureuse expérience au cours des années 1930[8]. Dans un tel cadre, la superstructure, disposant de pouvoirs de police, deviendra la grande régulatrice de la pensée ; tout, désormais, deviendra politique.

- Conformément au point le plus constant de l'enseignement de Marx, il devait y avoir correspondance entre la nature des forces productives et celle des rapports de production. Dès lors que le travail s'effectuait dans des usines regroupant de nombreux travailleurs, dans le cadre d'une « coopération complexe » impliquant division du travail et recours au machinisme, les rapports de production devaient à leur tour être socialisés. « Le caractère social du processus de production *exige* la propriété sociale des moyens de production » (Staline ; c'est moi qui insiste). Se placer dans cette perspective, c'est considérer qu'en URSS les conditions étaient réunies pour permettre d'atteindre la « synthèse nouvelle et supérieure » que Marx, en son temps, appelait de ses vœux. Le système qui s'est mis en place en Union soviétique représentait, à n'en pas douter, une synthèse nouvelle ; mais on peut se demander si elle était vraiment supérieure.

- En Union soviétique, on affirmera que l'agriculture – où régnait cependant, au début des années 1930, la coopération simple du travail, sans division du travail ni mécanisation - devait suivre le mouvement de socialisation. En 1929, soit douze ans après le décret sur la terre de 1917 qui confiait l'exploitation de la terre aux paysans, Staline posait une question centrale. « Peut-on, pendant une période plus ou moins longue, faire reposer le pouvoir des Soviets et l'édification socialiste sur deux bases différentes : la base de

[8] Il avait eu le tort d'utiliser l'analyse marginaliste proposée par l'école de Vienne pour définir le point où, selon lui, le paysan cesse de vouloir travailler davantage pour accroître sa consommation. « Je n'ai pas commis le péché autrichien ! » s'exclamait-il, quand il croyait encore le communisme stalinien compatible avec l'humour.

la plus grande industrie socialiste unifiée et la base de l'économie paysanne à petite production marchande la plus morcelée et la plus arriérée ? » Et il y répondait lui-même : « La question se pose ainsi : ou l'une ou l'autre voie ; ou en arrière vers le capitalisme, ou en avant vers le socialisme ».

Tous les moyens de production, à la ville comme à la campagne (même s'ils étaient rudimentaires) seraient donc nationalisés et deviendraient objets de propriété sociale. Après la rupture intervenue entre Tito et Staline, le Yougoslave Edvard Kardelj montrait le caractère totalement abstrait de cette manière de voir. S'il en était ainsi, s'exclamait-il, le socialisme aurait été possible dès le Moyen Age !

- Les économistes des pays socialistes ont toujours insisté sur l'importance du développement des forces productives, ce qui les a conduits à poser très tôt le principe du primat de l'industrie lourde. En Russie, observait Nicolas Berdiaev, « c'est ... sous les auspices du communisme que l'industrialisation devait s'effectuer. Et il appartenait au régime communiste de l'effectuer dans l'enthousiasme, de transformer la prose en poésie, de faire de la réalité laborieuse une mystique, de créer le mythe du plan quinquennal »[9].
Ce choix a conduit les pays socialistes à se fixer en permanence des taux d'investissement très élevés. Chaque année, le « surplus » le plus élevé possible devait être affecté à l'essor des moyens de production. Dans cette perspective, les satisfactions du présent devaient passer après le souci de construction du futur. Ainsi, on constate une fois de plus que la priorité donnée à l'investissement au niveau de la nation conduit nécessairement l'individu à la pratique de l'ascèse. L'aliment de cette ascèse, dans ce cas, sera la « construction du socialisme ». Mais que faire, quand la base spirituelle fera défaut, quand l'enthousiasme des commencements sera retombé ?

---

[9] N. Berdiaev : *Les sources et le sens du communisme russe*. Ecrit en 1935, ce livre a été publié par Gallimard en 1938, puis réédité en 1951 (collection Idées).

- Dans le même sens, l'affectation des ressources disponibles ne devait pas être laissée aux errements des décisions individuelles. En fonction des priorités fixées au sommet de l'Etat et du Parti, elle était déterminée par le Plan, qui fixait, pour plusieurs années, des objectifs quantifiés à atteindre. Ce Plan pouvait d'ailleurs être préparé sur de fausses bases, certaines estimations reposant sur des chiffres fictifs. Il n'empêche : le recours à la célébration permettait de mythifier la réalité. C'est ainsi que, selon Staline, « le processus spontané de développement cède la place à l'activité consciente des hommes ». Un système « d'émulation socialiste », comportant des distinctions comme l'inscription au tableau d'honneur de l'usine – mais assorti aussi de récompenses plus tangibles qualifiées de « stimulants matériels » - devait inciter les travailleurs à aller sans cesse de l'avant, en vue de « dépasser le Plan ».

- Conformément aux vues de l'économiste « bourgeois » Adam Smith, les travailleurs dits « productifs » (ceux qui sont engagés dans la sphère de la production matérielle) bénéficiaient de rémunérations plus élevées que ceux qui se voyaient qualifiés d'improductifs - ceux-ci fussent-ils professeurs d'université. C'est bien de ceux-là en effet, et de ceux-là seuls, que provenait l'augmentation de la richesse nationale, telle que la mesurait chaque année la « comptabilité du produit matériel ». En soi, il n'est nullement scandaleux que ceux qui prennent le monde « avec les mains » soient rémunérés autant que ceux qui le prennent « avec la tête ». C'est la différence établie au détriment de ceux-ci qui paraît choquante. L'expérience montre en effet que le fait de travailler avec son cerveau demande parfois un rude effort.

Concrètement, ce que nous avons vu mettre en place, sous le nom de socialisme, en URSS et dans les pays de l'Est, c'est la conjonction de tous les pouvoirs entre les mains de l'Etat. Comment une contestation (individuelle ou collective) aurait-elle encore été possible sur le lieu de travail, dès lors que le syndicat faisait partie de la structure même du pouvoir ? Les anniversaires de la révolution et de la victoire de 1945 donnaient lieu à un rituel de célébrations unanimistes impliquant participation obligatoire. Pour ce qui est de « l'émulation socialiste » évoquée plus haut, Jacques Ellul y a vu surtout une « forme d'action psychologique », visant à entretenir en permanence un climat de compétition sur le lieu de travail. En dépit ou à cause du « passage au socialisme », la vie économique était toujours présentée comme le lieu du dépassement continuel de soi-même. Nous découvrirons peut-être un jour qu'elle ne mérite pas tant.

À partir des éléments qui précèdent, nous pouvons voir quelle dérive dangereuse menace toute société choisissant de fonctionner sans contre-pouvoirs. Parmi les diverses formes qu'a pu revêtir l'*hybris* (la démesure) en Union soviétique du fait de la concentration des pouvoirs qui y régnait, on peut citer : la « liquidation des koulaks en tant que classe », la famine organisée, utilisée comme moyen de répression, la déportation de populations entières, les confessions arrachées à des militants communistes lors des procès de 1937 - ou encore la guerre, brutale ou larvée, menée contre les croyants.

Il n'empêche que les dirigeants de l'Union soviétique se prévalaient en permanence du soutien de la population. Dans le passé de nos sociétés occidentales, on pourrait d'ailleurs trouver d'autres exemples de ce qu'on pourrait appeler un « besoin d'unanimité » parmi les membres d'un groupe social. C'est l'occasion de rappeler un élément signalé au chapitre introductif de ce livre : il existe une différence de nature entre le corps humain et le corps social. En matière sociale, la référence biologique ne peut être évoquée qu'au titre de l'analogie. On peut rappeler ici les propos de Canguilhem déjà cités *supra*. « Il suffit qu'un individu s'interroge dans une société quelconque sur les besoins et les normes de cette société et les conteste, signe que ces besoins et ces normes ne sont pas ceux de toute la société, pour qu'on saisisse ... à quel point en fin de compte la société, siège de dissidences contenues et d'antagonismes latents, est loin de se poser comme un tout ».

Si en effet on la considère comme un tout, comme une *totalité*, le risque de totalitarisme est grand. En URSS, les responsables du Parti ont cru pouvoir surmonter l'obstacle dû à la diversité des orientations et des aspirations des hommes, en jugeant possible de « forger », *ex-nihilo*, un homme nouveau. Celui-ci, doté de nouveaux conditionnements, issus d'un nouvel environnement matériel et de l'éducation reçue, serait un jour capable, pensaient-ils, de se couler dans le moule d'une conduite commune. C'est de cet espoir qu'étaient nées les multiples organisations d'encadrement qui structuraient la vie sociale en Union soviétique : l'enfant entrait normalement chez les pionniers, puis le jeune homme était incité à faire partie des *komsomols*, enfin l'adulte « conscient » adhérait au Parti communiste. De là découlait aussi le foisonnement indéfini de la sphère étatique qu'on observait dans le pays. En 1935, Nicolas Berdiaev écrivait à ce sujet : « La dictature du prolétariat, renforçant le pouvoir gouvernemental, développe une bureaucratie colossale, envahissante, qui, telle une toile d'araignée, recouvre tout le pays. Bureaucratie soviétique, plus forte que l'ancienne bureaucratie tsariste, c'est une classe privilégiée nouvelle qui, à son tour, peut cruellement exploiter les masses populaires ».

De tels choix découlaient en fait d'une analyse erronée. Ce n'est pas l'Etat qui peut transformer la société, enfanter l'homme nouveau. Vouloir donner forme étatique à un rêve conduit forcément à étouffer le rêve ; on en a vu d'autres exemples dans l'histoire ancienne ou récente. Ce sont au contraire des citoyens régénérés qui peuvent transformer l'esprit régnant au sein de la nation - et, par là, les règles de fonctionnement de l'Etat. Pour y parvenir, encore faut-il, bien sûr, qu'ils aient envie d'être régénérés.

« Une classe privilégiée », notait Berdiaev. Il s'est trouvé aussi des marxistes pour raisonner à partir de la même analyse, ou de la même lecture du réel social ; mais eux étaient en mesure d'aller encore plus loin dans la critique, pouvant appuyer celle-ci sur les outils conceptuels fournis par le marxisme lui-même. C'est bien au nom de la Vulgate marxiste qu'ils en venaient à contester les fondements d'une société se présentant officiellement comme marxiste. Ainsi, le Yougoslave (on dirait aujourd'hui : le Monténégrin) Milovan Djilas, ancien président de l'Assemblée nationale de son pays, effectua en 1954 la remise en cause d'un régime dont lui-même avait été l'un des acteurs essentiels. Il allait s'en prendre alors au cœur même du système. Dans son livre *La nouvelle classe,* il montrait qu'un pays socialiste possède ses contradictions internes, et qu'il est finalement, lui aussi, un Etat de classe. C'est bien, en fait, une véritable classe dirigeante qui y exerce le pouvoir, derrière le voile de la « dictature du prolétariat » servant de couverture officielle. Allant jusqu'au bout de sa logique, Djilas démissionnait du Parti communiste en même temps qu'il publiait son livre. Bien que la Yougoslavie de Tito ne fût pas l'URSS de Staline, l'auteur de *La nouvelle classe* paya sa prise de position « déviationniste » d'un nouveau séjour en prison, qui venait s'ajouter à celui qu'il avait déjà effectué sous le régime précédent vingt ans plus tôt, à partir de 1934.

Et pourtant, le Président de la Yougoslavie de l'époque avait déjà stigmatisé l'écart existant entre les principes dont se réclamaient les dirigeants de l'Union soviétique et les réalités concrètes. Dans un discours prononcé le 26 juin 1950 devant l'Assemblée nationale yougoslave, le maréchal Tito balayait les mythes, affirmant qu'en URSS « les ouvriers n'ont que la possibilité et le droit de travailler. Cela ne fait pas une grande différence avec le rôle que laissent aux ouvriers les pays capitalistes. La seule différence pour les ouvriers c'est qu'en Union soviétique il n'y a pas de chômage – et c'est tout ». Cette critique était fondée, bien sûr. Certes, Staline avait évoqué « l'activité consciente des hommes », pour qualifier le fonctionnement des unités de production en économie socialiste ; il n'en reste pas moins qu'un exécutant reste toujours un exécutant.

Cependant, par rapport aux propos iconoclastes que Djilas tiendrait quatre ans plus tard, la critique émanant du chef de l'Etat yougoslave avait une portée moins grande, Tito se gardant bien de poser le problème au niveau théorique. Consécutive à la rupture avec Moscou, sa dénonciation ne servait qu'à légitimer la distance prise à l'égard de l'ex-« pays frère ». En tant que responsable politique, il ne pouvait pas se demander ouvertement si l'écart constaté entre les conceptions exposées dans les livres et les pesanteurs de l'organisation concrète ne se retrouvait pas, au-delà du cas particulier de l'URSS, dans les pays socialistes en général.

C'est pourtant bien ainsi que la question se pose. On se rappelle le mot de Péguy, à propos du contraste existant entre l'atmosphère de ferveur caractérisant les débuts de l'affaire Dreyfus et les médiocres prolongements parlementaires auxquels celle-ci devait donner lieu. « Tout commence en mystique et tout finit en politique » - ce dernier terme étant pris ici dans le sens qu'il revêt en effet le plus souvent : un ensemble de ruses, d'habiletés et de compromissions permettant de conquérir et, ensuite, de conserver le pouvoir.

Chez nous, un autre déviant par rapport à cette « orthodoxie » de l'époque, l'économiste marxiste Charles Bettelheim, a également placé sa critique au niveau théorique. Pour décrire le système régissant les pays socialistes, il avait forgé le concept de « propriété d'Etat ». C'est ainsi qu'il notait en 1969 : « sous le couvert de la propriété d'Etat, existent aujourd'hui en URSS des rapports d'exploitation semblables à ceux qui existent dans les autres (*sic*) pays capitalistes... ». Bien sûr, le groupe dirigeant n'est pas *juridiquement* propriétaire des moyens de production ni des marchandises produites ; *en fait*, cependant, il dispose du pouvoir que confère habituellement la propriété : celui de répartir le produit du travail entre les différentes utilisations possibles : investissement productif, consommation des ménages, fonds sociaux, etc. Dans la même ligne, il écrivait en 1974 : « La vie s'est chargée de montrer (ou plutôt de rappeler) que la transformation des formes juridiques de propriété ne suffit pas à faire disparaître les conditions d'existence des classes, ni donc celles de la lutte des classes »[10].

Pour désigner les titulaires de ce pouvoir en URSS (qu'il appelle : « les agents de la reproduction sociale autres que les producteurs immédiats ») Bettelheim parlait de « bourgeoisie d'Etat ». C'est elle qui, selon lui, était la véritable titulaire de la « propriété d'Etat ». En effet, « la bourgeoisie peut connaître des formes d'existence transformées et revêtir, notamment, la figure d'une bourgeoisie d'Etat ». « Idéologie d'Etat », ajoutait l'islamologue Maxime Rodinson, qui lui-même a toujours conduit ses travaux dans la ligne du matérialisme historique.

Il est bien vrai que, dans les usines, ni le mode de direction, ni la technique, ni le mode de rémunération, n'étaient fondamentalement différents de ce que l'on trouvait à la même époque dans l'Occident capitaliste. Concrètement, en effet, « les usines sont gérées par des directeurs qui n'ont avec 'leurs' ouvriers que des rapports de commandement et qui ne sont responsables que vis-à-vis de leurs supérieurs ... D'une façon générale, les producteurs directs n'ont pas droit à la parole, ou plutôt on ne la leur donne que lorsqu'on leur demande rituellement d'approuver les décisions ou les 'propositions' élaborées en dehors d'eux dans les 'sphères supérieures' de l'Etat et du Parti ».

Dès lors il convenait, pour Bettelheim, d'aller au bout du raisonnement, et d'affirmer que l'URSS n'était pas un pays socialiste. On y constatait, observait-il, la persistance de rapports marchands et monétaires. La division capitaliste du travail était maintenue dans les usines, où les ouvriers se trouvaient soumis, tout comme à l'Ouest, à des rapports salariaux. Les unités de production, fonctionnant de façon relativement indépendante, agissaient en fait comme les « agents économiques » de la théorie économique enseignée dans les pays

---

[10] C. Bettelheim : *Les luttes de classes en URSS*, Tomes I et II - Seuil Maspero, 1974 – 1977. Avant-propos.

d'Occident. De surcroît, toutes les « réformes économiques » entreprises à l'époque en URSS n'étaient à ses yeux que des tentatives destinées à améliorer le fonctionnement du système économique, de telle façon qu'à chaque fois, il se calque davantage sur celui de l'Occident.

À travers les choix qu'ils effectuaient, les dirigeants de l'Union soviétique faisaient subir à la doctrine une déviation que Bettelheim qualifiait « d'économisme ». Pour eux, en effet, les choses étaient simples : une fois posées les bases matérielles du socialisme, les rapports de production correspondants et la superstructure adéquate se développeraient aussi. Et Bettelheim de dénoncer un slogan de l'époque, qui à ses yeux dévoilait la perspective mécaniste implicitement adoptée par les dirigeants de l'URSS : « la technique décide de tout ».

Il paraît important de souligner l'intérêt que présente le diagnostic porté par un marxiste sur des réalités sociales présentées comme édifiées « à la lumière du marxisme ». Pour prolonger l'analyse, j'ajouterai que le passage d'un mécanicisme capitaliste à un mécanicisme socialiste ne saurait représenter qu'une rupture en trompe-l'œil. La véritable rupture ne peut consister que dans une réorientation radicale de l'économie, dans un sens plus ouvert sur la liberté et l'inventivité des hommes. Pour sortir de l'univers mécanique et définir les traits caractéristiques de ce qui serait, à ses yeux, une véritable économie socialiste, Bettelheim pariait en quelque sorte sur une possible re-création de l'humanité. Il omettait cependant de dire, comme l'aurait fait Georges Friedmann, que celle-ci supposerait la réalisation préalable d'une « révolution spirituelle ».

Pour être qualifié de socialiste, selon Bettelheim, un système social devrait représenter une rupture complète avec son homologue capitaliste. Pour pouvoir y prétendre, il lui faudrait procéder à une triple exclusion :

1. Exclusion de la division sociale entre la fonction de direction et fonction d'exécution ;
2. Exclusion de la séparation entre travail manuel et travail intellectuel ;
3. Exclusion des différences entre villes et campagnes, et ouvriers et paysans (cette dernière mesure étant tirée littéralement des recommandations du *Manifeste du Parti communiste)*.

En 1935, Nicolas Berdiaev avait montré du doigt les véritables étais qui ont soutenu les débuts du socialisme russe, à titre d'infrastructure spirituelle invisible. À ses yeux, le régime communiste, après s'être appuyé dans sa phase créative originelle sur des énergies, une ferveur, une capacité de don de soi issues d'une source spirituelle accumulée préalablement[11], allait installer en Russie, pour la première fois, les conditions objectives de l'embourgeoisement.

« Le peuple russe n'avait jamais été bourgeois, il n'avait aucun des préjugés bourgeois, il ne s'inclinait pas devant les vertus et le code de la bourgeoisie. C'est à présent que le danger de l'embourgeoisement est très fort en Russie soviétique. Les énergies religieuses du peuple russe se sont donné cours dans l'enthousiasme de la jeunesse pour la construction soviétique. Si cette énergie religieuse est tarie, l'enthousiasme tarira aussi, l'égoïsme apparaîtra très compatible avec le communisme ».

Et, de fait, certains Soviétiques n'hésitaient pas à décrire à leurs visiteurs – si ceux-ci étaient jugés suffisamment fiables - une réalité beaucoup plus prosaïque que ne le laissaient supposer les messages sur « l'homme nouveau » diffusés par les organes de propagande de l'époque. En utilisant le vocabulaire traditionnel du marxisme et en se référant à l'Espagne franquiste d'alors, un politologue soviétique a expliqué à Jean et Nina Kéhayan (celle-ci, communiste française, russophone, était partie en URSS avec son mari pour accomplir là-bas une tâche de traductrice) sur quel groupe social pouvaient s'appuyer ceux qui tenaient les leviers de commande dans son pays. De ses propos en demi-teinte, émane une sorte de réalisme doux-amer, une forme de résignation souriante à l'inéluctable. « Les dirigeants espagnols, pour se maintenir, ont été contraints de créer une classe moyenne de cols blancs dont le statut social consistait à pouvoir s'offrir une Seat 600. Ce pas franchi, elle devenait un allié objectif du pouvoir pour conserver ce 'privilège'. Selon un schéma classique, le possesseur d'une voiture de série oublie toutes ses rancœurs et toutes ses critiques contre la société. Il a en quelque sorte réalisé le rêve de sa vie. Il en va de même chez nous. Mais il n'y a pas une classe structurée de possesseurs de voiture au sens strict du terme. Par contre, et sur le même schéma, notre pays a un corps constitué – une sorte de caste, encore que ce mot soit impropre – formé par l'ensemble des membres du Parti. Ce sont les gardiens du temple, les

[11] Faisant confiance au sens de l'humour du lecteur, je parlerais volontiers ici d'un cas inattendu de *previous accumulation* ! (l'expression de Smith, reprise par Marx, est généralement traduite par *accumulation primitive*).

fidèles piliers de la société qui ont prêté un serment d'allégeance, quoi qu'il puisse arriver. Et, franchement, le monde moderne connaît-il une seule organisation sociale qui n'ait d'une manière ou d'une autre, une classe vouée à la compromission ? »[12].

Ainsi s'exprimait un responsable soviétique qui souhaitait voir son interlocuteur occidental conserver de lui « l'image d'un homme d'appareil lucide qui ne (lui) a jamais menti ». Lisant ces propos, on est fondé à donner raison à Bettelheim, pour qui l'économie soviétique tendait à « faire fonctionner les individus et les entreprises comme des sujets (économiques) qui donnent la primauté à leurs intérêts particuliers ». Et il ajoutait : « seule une lutte des classes se développant sous la dictature du prolétariat » (!) « peut faire disparaître les rapports économiques capitalistes en s'attaquant à la division capitaliste du travail », la pire des choses étant selon lui de persuader le prolétariat d'URSS « que la lutte des classes a désormais pris fin ».

La place de l'intérêt personnel était donc tout aussi présente dans le fonctionnement de la société soviétique que dans n'importe quelle nation européenne ou aux Etats-Unis d'Amérique. Serge Schmemann (le fils du grand théologien orthodoxe Alexandre Schmemann) a montré à quel point la société russe reposait alors sur une rigoureuse dichotomie entre ceux que les gens du système appelaient « les nôtres », et ceux qui échappaient à la norme (les autres). Quelle pouvait être au juste la place des deux groupes ? À cette question, Serge Schmemann apportait une réponse très claire.

« L'Etat soviétique ne demandait pas la foi – les vrais croyants étaient les premiers à être dévorés dans les purges – mais la soumission à la norme soviétique ... L'Etat fournissait à la fois le nécessaire et le superflu (*every necessity and nicety*).

Si vous donniez votre accord, il vous attribuait un toit, des vacances à la mer Noire, des soins de santé dans une clinique spécialisée, et une attribution mensuelle de beurre et de saucisses. Si vous étiez un écrivain loyal, il publiait vos livres en un nombre respectable d'exemplaires ; si vous étiez un scientifique compréhensif, il diffusait vos travaux de recherche. Et si vous n'aviez jamais dévié de la norme, il pouvait même vous honorer par le biais de l'ultime avantage – un voyage à l'étranger ; d'abord dans un pays ami, comme la Bulgarie par exemple,

---

[12] N. et J. Kéhayan : *Rue du prolétaire rouge*, Seuil, Paris, 1978.

puis peut-être quelque part dans le tiers-monde, et finalement, si vous demeuriez indéfectiblement loyal, à Paris ou à New York.

Si, au contraire, vous résistiez, les avantages s'évanouissaient, les portes se fermaient, et les amis étaient avertis qu'il convenait de s'éloigner. Et si vous persistiez dans votre défi, l'Etat déployait alors tout l'arsenal de sa vengeance : persécution, camps de travail, exil, asiles psychiatriques, mort »[13].

Il est certes plus difficile de transformer le cœur de l'homme que de couvrir un pays d'usines et de nouvelles institutions. À ce niveau, les changements opérés se présentent immédiatement sous une forme visible ; ils peuvent apparaître comme autant d'illustrations probantes d'une révolution qui aurait réussi. En URSS, le programme de transformation des cadres de la société étant fixé au départ, il suffisait de l'appliquer à partir du sommet. Une fois de plus, la pointe de la pyramide devait entraîner la base, vers plus de science et de conscience. C'est de là que procédait le discours, indéfiniment répété, sur « la fabrication de l'homme nouveau » sous l'égide du Parti - discours dont nous percevons bien, aujourd'hui, la forte dose de volontarisme (autant que de naïveté) qu'il contenait. Comme le soulignait encore Nicolas Berdiaev : « Lénine ne croyait pas à l'homme, il ne reconnaissait en lui aucun principe intérieur, il ne croyait ni à l'esprit ni à la liberté spirituelle. Mais il croyait infiniment à la discipline sociale de l'individu, il croyait qu'une organisation sociale autoritaire pouvait créer un homme nouveau, l'homme social parfait, apte désormais à se passer de cette autorité » (*op cit.)*

Ayant adopté ce double parti pris : d'infinie capacité créatrice du côté des dirigeants, et d'infinie plasticité de la pâte humaine apte à former la nouvelle cité socialiste, Lénine pouvait juger légitime de décréter dans un premier temps la croissance des organes de l'Etat, pour aboutir - une fois la transition achevée - au « dépérissement » de ce même Etat. L'organisme étatique grandirait d'abord, introduisant partout ses organes, dans le dessein (au moins théorique) de jouer un rôle de pédagogue de la société tout entière. Puis, « quand les temps seraient accomplis » (à certains égards, le communisme est un décalque laïcisé du christianisme) il s'effacerait - la société, devenue adulte, pouvant alors se prendre en charge par elle-même. Désormais débarrassée de tout germe

---

[13] S. Schmemann : *Echoes of a native land, two centuries of a Russian village*. Londres 1997.

de division et de convoitise, du fait de la disparition des classes sociales antagonistes, la nation n'ayant plus besoin de pédagogue pourrait se passer d'Etat. Sur de telles bases conceptuelles, Staline pouvait affirmer, dans ses *Fondements de la philosophie marxiste*, le caractère non-contradictoire de deux orientations en sens inverse : « Il ne faut pas opposer la volonté de renforcer l'Etat socialiste à la perspective de son dépérissement. Ce sont là les deux côtés d'une seule et même médaille ».

Aujourd'hui, l'histoire étant allée, comme lui-même l'aurait dit, « en arrière », il apparaît qu'il s'agissait là d'une déviation idéaliste, ou – pour sortir du langage philosophique – tout simplement d'une vue de l'esprit.

Mais c'est de manière plus générale que la césure entre les principes fondateurs et la réalité apparaissait frappante. Théoriquement, la révolution de 1917 était présentée comme correspondant au grand renversement, à la grande rupture, par rapport à l'organisation de toutes les sociétés de classe que l'humanité avait connues jusque-là. Elle devait organiser, pour la première fois, l'accession des anciens exploités au pouvoir économique et politique, ce qui devait leur permettre de changer les règles de la vie sociale. Bien des communistes, de par le monde, ont adhéré au message. Ceux qui ne croyaient pas au ciel pourraient enfin consacrer leur vie, non plus à la lutte contre les règles de fonctionnement d'une société injuste, mais bien à la construction d'une économie libérée désormais de l'exploitation. Ils pourraient se dire qu'il existe une terre promise, quelque part sur la terre. Voici par exemple comment le communiste français Jean Kéhayan se représentait l'atmosphère du pays dans lequel sa femme et lui se rendaient pour participer à l'œuvre commune, pleins d'espoir et d'illusions : « l'homme nouveau, l'abnégation au travail, le désintéressement, l'humanisme, le don de soi : tout cela existait quelque part, tout cela m'était proche... » (*ibid.*).

Il y a là de la ferveur. Certes, elle est vite retombée, dans ce cas précis, au dur contact du réel. N'empêche que le mal-être contemporain, qui tient à de multiples causes, est issu entre autres de l'extinction de cette espérance. L'essentiel du communisme, écrivait Emmanuel Mounier en 1947 en se référant au vocabulaire de Gabriel Marcel, « ce n'est pas … l'ensemble des problèmes qu'il soulève, c'est son *mystère*, cette force centrale qui établit sa puissance dans le cœur des hommes, et entretient depuis trente ans l'inquiétude de l'histoire »[14].

Le matérialisme dialectique - point de passage obligé pour toute personne désirant accéder aux responsabilités dans une cité socialiste - pouvait-il apparaître comme un substitut de croyance ? Etait-il possible d'édifier une représentation du monde et de la vie sur un tel fondement ? Élaboré par Marx et Engels au milieu du XIXe siècle, on voit bien à quel point il était dépendant à la fois de Hegel et de Feuerbach. Il reposait d'abord, de la part des fondateurs du marxisme, sur un double refus : d'une part, celui de la conception hégélienne d'une prétendue « Idée absolue » se réalisant par elle-même à travers le temps ; d'autre part, celui du culte feuerbachien d'un Homme abstrait, coupé à la fois des réalités économiques et des circonstances historiques. Puis, après le temps du refus initial, venait celui de l'adhésion partielle aux thèses (opposées) de ces deux philosophes. Marx et Engels voulaient récupérer à la fois, dans une tentative hardie de double dépassement, la dialectique hégélienne et le matérialisme feuerbachien. Celle-là représentait à leurs yeux un apport indispensable, si on voulait percer les secrets de la nature et de l'histoire ; mais il convenait de la « remettre sur ses pieds » en transformant la base du raisonnement, en substituant la matière à l'idée, grâce au recours à Feuerbach.

Mais la greffe était-elle vraiment possible ? Comment considérer qu'un mouvement dialectique est à l'œuvre au sein de réalités purement matérielles ? Comment attribuer aux choses, si on considère celles-ci comme livrées à elles-mêmes, une quelconque capacité de développement ? Pour qu'il y ait dépassement des contradictions au sein d'une synthèse supérieure, la conscience humaine doit être présente ; dans le monde matériel, en effet, on n'aura jamais affaire qu'à un « heurt d'atomes » (Berdiaev).

Le matérialisme dialectique – ou du moins ce qu'on range sous une telle dénomination – a représenté un véritable boulet pour l'expérimentation du socialisme en URSS. Car une question fondamentale se pose : s'il s'agissait de faire naître une société juste, pourquoi fallait-il en écarter *a priori* ceux des croyants qui étaient eux-mêmes épris de justice ? Pourquoi les poursuivre au titre du code pénal ?

---

[14] E. Mounier : Réponse à une enquête du périodique *Confluences* sur le communisme, 1947.

Pourquoi, pour être considéré comme un bon citoyen soviétique, devait-on donner préalablement son adhésion au postulat philosophique indémontrable posé par Engels (une grande intelligence cependant) selon lequel « l'esprit n'est lui-même que le produit le plus élevé de la matière » ? A cette question, la réponse est toute simple : parce que c'était au niveau du choix philosophique préalable entre matérialisme et idéalisme que s'opérait la coupure fondamentale entre amis et ennemis de la révolution socialiste. Engels avait traité ce point de façon nuancée, en philosophe et en pédagogue, dans son grand petit livre (si on me permet ce rapprochement de termes antithétiques, ou cet oxymore) : *Ludwig Feuerbach et la fin de la philosophie classique allemande.* Plus tard, Lénine l'a repris de façon beaucoup plus polémique, tirant de ce point de départ des conséquences politiques, voire policières (*Matérialisme et empiriocriticisme*).

Pourquoi placer les croyants (pour qui le monde est pourvu de réalité matérielle, puisqu'il a été *créé* !) dans le camp des philosophes idéalistes comme Hegel – aux yeux duquel la nature n'est que le produit de l'aliénation d'une mystérieuse « Idée absolue », existant on ne sait où ? Le fait de ranger dans cette lignée un philosophe comme Jacques Maritain, qui a passé sa vie à dénoncer ceux qui « nient la réalité des choses et du monde », devrait apparaître, aux yeux de tous, comme une entreprise à la fois absurde et mensongère[15].

La réponse à la question est à chercher du côté d'un syllogisme un peu simplet. Pour les croyants, Dieu est esprit, et c'est l'esprit qui a créé la matière. On est donc fondé à les ranger du côté de l'idéalisme puisque, au premier carrefour, ils ont choisi le mauvais chemin ! Il va donc falloir lutter contre la religion, soit de façon *soft,* soit de manière brutale, à travers la condamnation à la prison ou au camp.

Une lutte véritable a donc été déclenchée. En 1935, Berdiaev faisait remarquer que la lutte contre toutes les religions figurait dans le plan quinquennal. Des cours d'athéisme étaient dispensés dans les écoles. Alors que les délinquants de droit commun étaient définis comme « socialement proches », les croyants étaient systématiquement rangés parmi ceux qui se trouvaient - en quelque sorte par nature - éloignés des

---

[15] Dans son livre *Le paysan de la Garonne* (Desclée de Brouwer, 1966) J. Maritain écrit : « Bien des sortes de réalisme philosophique sont concevables en théorie, mais, de fait, il n'en est à présent que deux : le réalisme marxiste et le réalisme chrétien ».

nouvelles réalités sociales. Voilà ce qui arrive quand le partage entre les hommes s'opère à partir d'un seul paramètre ...

Il apparaît ainsi que la tentation de demeurer entre soi, que j'ai appelée ci-dessus tentation du « que nous » (voir *supra*, chapitre introductif) touche aussi les communistes !

En vertu du socle philosophique préalable dont il vient d'être question, les dirigeants de l'Union soviétique ont refusé de laisser le champ libre aux convictions religieuses, même quand elles ne tendaient en aucune façon à ébranler l'ordre social. La question de la validité de ce choix a pu cependant être posée, en URSS, par des inculpés eux-mêmes - non sans rencontrer parfois un certain écho chez des membres subalternes des « Organes » chargés de les interroger. À cet égard, il est intéressant de citer ici un passage du premier tome de *L'Archipel du Goulag*, d'Alexandre Soljenitsyne (Seuil, 1974).

« Lorsque le commissaire Goldman donna à signer l'article 206 à Vera Kornéïeva, elle comprit quels étaient ses droits et se mit à étudier en détail l'*affaire* des seize membres de leur « groupe religieux ». Le commissaire entra en fureur, mais il ne pouvait refuser. Pour ne pas s'embêter avec elle, il l'emmena alors dans un grand bureau où se trouvait une demi-douzaine de fonctionnaires divers, puis il sortit. Au début, Kornéïeva lut son dossier, mais je ne sais à quel propos – peut-être par ennui – les fonctionnaires lièrent conversation avec elle, et Véra se mit à leur faire un véritable sermon ... Ils l'écoutaient, retenant leur souffle, posant de temps en temps une question. Pour eux tous, rien de plus inattendu. La pièce se remplit complètement, des gens vinrent d'autres bureaux...

« ... Elle leur parla surtout de la foi et des croyants. AVANT, leur dit-elle, vous misiez avant tout sur le déchaînement des passions (« Vole ce qui a été volé ») et alors, bien entendu, les croyants vous gênaient. Mais aujourd'hui que vous voulez CONSTRUIRE et prospérer en ce monde, pourquoi persécutez-vous les meilleurs de vos concitoyens ? Pour vous-mêmes, ils sont le matériau le plus précieux : en effet, on n'a nul besoin d'exercer de contrôle sur les croyants, un croyant n'ira pas voler, n'ira pas tirer au flanc. Vous pensez bâtir une société juste sur des profiteurs et des envieux ? Voilà pourquoi tout est en train de s'effondrer entre vos mains. À quelle fin bafouez-vous les meilleurs des hommes ? Accordez donc une véritable séparation de l'Eglise et de l'Etat, ne touchez pas à l'Eglise, vous y perdrez ! Vous êtes matérialistes ! Alors, faites confiance au développement de l'instruction, elle dissipera la foi. Mais à quoi bon arrêter les gens ? » ...

De Paris, où il s'était fixé après son expulsion d'Union Soviétique, Nicolas Berdiaev avait théorisé en 1935 le point de vue qu'allait émettre dix ans plus tard cette inculpée, dans les locaux mêmes où elle était interrogée : « Si l'on prévoit que la propagande antireligieuse doit finalement exterminer toute trace de christianisme, anéantir tout sentiment religieux, il faut admettre que ce jour-là, la réalisation du communisme s'avérera impossible. Car personne n'acceptera plus le martyre, n'acceptera plus de sacrifier sa vie à des buts supérieurs : le type qui l'emportera sera celui de l'égoïste préoccupé exclusivement de ses propres intérêts » (*op. cit.*). Fallait-il faire une révolution pour faire surgir, sous des formes idéologiques différentes, un nouvel *homo oeconomicus*, une nouvelle bourgeoisie ?

Si on admet que l'obstacle venu compromettre la marche de l'économie socialiste en URSS, c'est l'approche mécaniste dont ses dirigeants l'avaient dotée, c'est bien à ce niveau-là qu'une nouvelle réflexion pourrait être tentée par des esprits libres. La question, en effet, reste ouverte. À une époque où les inégalités de revenu et de patrimoine s'exaspèrent dans la nouvelle Russie (comme, dans une moindre mesure, chez nous) il est important de rappeler l'aspiration à la justice et à une existence modeste qui animait autrefois beaucoup de citoyens d'Union soviétique. C'est ainsi qu'un Arménien, président de kolkhoze, confiait en 1974 à Jean Kéhayan : « Le peuple soviétique n'a pas besoin de rattraper les Américains sur le plan de la production quantitative, notre mode de vie est différent, plus modeste, dans les racines profondes des traditions populaires ». En 1990, juste avant que le régime ne s'effondre, le libéral français Guy Sorman entendait des propos presque similaires de la part d'interlocuteurs moscovites : « nous sommes pauvres, certes, mais ensemble »[16]. On était ici bien loin de la course aux records et autres « bonds en avant », qui n'ont pour raison d'être que d'exalter la volonté de puissance d'un groupe dirigeant. Malheureusement, on sait que les dirigeants de la Russie actuelle ont choisi de suivre la voie opposée, puisqu'on y voit coexister d'énormes richesses avec une énorme misère.

[16] G. Sorman : *Sortir du socialisme*, Fayard, 1990.

Certes, les propos tenus à Sorman n'étaient pas tout à fait justes, puisqu'on trouvait alors, au sommet de la société, le groupe des apparatchiks - et, tout en bas, la caste des parias dénommés « ennemis du peuple ». Il reste qu'une telle réflexion, dans laquelle s'exprime la nation à travers le « nous » - sans qu'il paraisse nécessaire de faire mention de l'Etat - résume fort bien l'esprit qui caractérise une société organique. Des éléments constitutifs de cette société étaient donc bien présents dans le peuple, au temps où la Russie était socialiste. L'entrée dans le capitalisme sauvage les a renversées. Les observateurs extérieurs ont découvert une réalité qui les a souvent consternés : après l'ère de l'Etat pour tous, on est passé, quasiment du jour au lendemain, au temps du chacun pour soi.

Que certains points du programme économique communiste aient pu séduire des croyants occidentaux, on en trouvera un écho dans un article ancien de François Perroux, repris par la suite dans son livre *Le pain et la parole* (Editions du Cerf, 1969). Il attirait alors l'attention de ses lecteurs sur le contenu du « programme de gratuité » élaboré en 1961 par le congrès du Parti communiste d'Union soviétique. Ce texte, note Perroux, « promet, d'ici à une vingtaine d'années, l'entretien gratuit des enfants dans les établissements et les écoles-internats, une vie matérielle tranquille à ceux qui sont inaptes au travail, l'instruction entièrement gratuite et perfectionnée dans tous les établissements d'enseignement, le logement gratuit, les transports en commun gratuits, certains services publics gratuits. Cette promesse est propre à stimuler l'effort. Elle donne un espoir, elle découvre un avenir aux plus défavorisés. Elle symbolise aux yeux de tous la *défaite de la rareté* ».

Le toit, le pain, le chauffage, l'instruction garantis à tous : l'auteur de ces lignes ne peut manquer de dire son accord avec le contenu d'un tel programme ; car ce qui est ici proposé, ce n'est pas autre chose que la société organique ! Plusieurs facteurs, cependant, rendaient la réalisation de ce programme impossible, dans les conditions de l'URSS de l'époque :

- la volonté d'édifier – tout comme en Occident - une civilisation de puissance, qui conduisait à prélever chaque année, dans ce but, des ressources qui ne pourraient pas aller à l'élévation du revenu social (voir le poids que représentaient les dépenses militaires dans l'économie soviétique) ;
- le choix de mettre à l'écart ceux qui ne pensaient pas selon les normes instituées par le Parti, et donc d'admettre au départ

un fractionnement de la société entre « les nôtres » et « les autres » ;
- le scepticisme de la population, son inertie, l'habitude prise par elle de pratiquer un double langage, la conduisant à prêter apparemment allégeance aux slogans affichés par le gouvernement et le Parti, tout en leur refusant l'essentiel : l'adhésion intérieure - les « énergies religieuses » dont parlait Berdiaev étant retombées. Pour le philosophe Cornelius Castoriadis, « la révolution russe avait conduit à l'instauration d'un nouveau type de régime d'exploitation et d'oppression, où une nouvelle classe dominante, la bureaucratie, s'était formée autour du Parti communiste ». Dans une telle situation, ajoutait cet auteur, le peuple ne suivait pas : « indifférence et résistance passive de la population ; sabotage et coulage de la production tant industrielle qu'agricole ; irrationalité profonde du système de son propre point de vue, du fait de sa bureaucratisation délirante, des décisions prises selon les lubies de l'autocrate ou de la clique parvenue à s'imposer ; conspiration universelle du mensonge devenue trait structurel du système et condition de survie des individus, depuis les zeks jusqu'aux membres du bureau politique » (*op. cit.).*

« Il n'y a qu'un seul bon socialisme », dit au personnage central du *Pavillon des cancéreux* (de Soljenitsyne) un de ses compagnons de souffrance, qu'il a appelé Chouloubine : « c'est le socialisme moral ». Mais « attendez voir ... il y a quelque chose que je ne saisis pas. Où est donc votre base matérielle ? » lui demande alors son interlocuteur (représentant, en fait, l'auteur lui-même) qui, bien que relégué, continue à raisonner sur la base de la Vulgate marxiste. Et Chouloubine de reprendre alors : « Vladimir Soloviev, par exemple, expose d'une façon assez convaincante qu'il est possible et nécessaire d'édifier l'économie sur une base morale ».

Dans ce court extrait (correspondant à l'introduction d'un long dialogue) que je viens de citer, la question posée à Chouloubine par son interlocuteur est déjà intéressante en elle-même. S'agissant de l'étude des réalités sociales, le premier fruit de l'adoption d'une perspective spirituelle est précisément le *renversement de la base* du raisonnement. Effectuer ce renversement, c'est se donner les moyens de pénétrer au cœur du fonctionnement des sociétés, au lieu de se cantonner à ses manifestations extérieures. Cette dernière attitude, qui est loin de caractériser les seuls disciples de Marx, relève d'une déviation fort répandue par ailleurs : la fascination pour le visible.

Mais la réponse de Chouloubine peut aussi conduire le lecteur à faire un pas de plus, en s'intéressant aux idées de ce même Soloviev auquel il est fait ainsi référence. Aux yeux du philosophe russe de la fin du XIXe siècle, nous dit son traducteur Maurice Herman, « la question économique ne peut être résolue que par une attitude morale de l'homme vis-à-vis de la nature matérielle, conditionnée par une attitude morale vis-à-vis des hommes et de Dieu. Il faut travailler la nature matérielle pour soi-même et pour les siens, pour toute l'humanité et pour cette nature matérielle elle-même. L'harmonie naturelle des intérêts personnels » (c'est-à-dire la vision bourgeoise popularisée au siècle précédent par Adam Smith) « ne suffit pas, la richesse matérielle ne doit pas être le but de l'activité économique, et la production ne doit pas se faire aux dépens de la dignité humaine des producteurs… »[17]. Ce texte pourrait être de Sismondi, celui-ci ayant écrit, dans l'avertissement à la seconde édition de ses *Nouveaux Principes* : « La masse de la nation semble oublier, aussi bien que les philosophes, que l'accroissement des richesses n'est pas le but de l'économie politique, mais le moyen dont elle dispose pour procurer le bonheur de tous ».

C'est bien une telle inspiration qui a manqué aux dirigeants de l'Union soviétique. Le même Soloviev a écrit, dans son grand livre *La justification du bien*[18] : « Cultiver la terre signifie non en abuser, l'épuiser, la dévaster, mais l'améliorer, lui donner une plus grande puissance et plénitude d'être. Ni nos semblables, ni la nature matérielle ne doivent être seulement un instrument passif et impersonnel de la production économique et de l'exploitation ... Le but du travail, en ce qui concerne la nature matérielle, ne consiste pas à l'utiliser pour procurer des choses ou de l'argent, mais à la perfectionner – à animer ce qui est sans vie, à spiritualiser ce qui y est matériel »…

Certes, ce n'est pas sur de telles bases qu'ont été conduites les grandes opérations de « mise en valeur » agricole menées par exemple

---

[17] V. Soloviev : *Crise de la philosophie occidentale*, Aubier, éditions Montaigne, 1947. Introduction : Vladimir Soloviev, sa vie et son œuvre, par Maxime Herman, professeur à la Faculté des Lettres de Lille.

[18] V. Soloviev : *La justification du bien, Essai de philosophie morale*. Aubier, éditions Montaigne, 1939.

sous Nikita Khrouchtchev. À la place de l'intendant fidèle et avisé auquel pensait Soloviev, attentif à « soigner la terre comme un être qu'on aime », on y a vu à l'œuvre l'homme-démiurge, cherchant à dominer la terre, et soucieux de s'en donner les moyens par le biais de la course à la puissance technique. Au Kazakhstan, la culture intensive du coton en milieu semi-aride, présentée par la propagande de l'époque comme une gigantesque entreprise de récupération de terres « vierges », a conduit à des catastrophes écologiques, dont le quasi-assèchement de la mer d'Aral ne représente que l'aspect le plus spectaculaire. Non, décidément, la tâche qui incombe à notre génération : la nécessaire réconciliation de l'homme et de la nature, ne saurait passer par un socialisme de type soviétique. En dépit de l'état de fragilité présenté par le milieu naturel, les dirigeants ne cessaient d'évoquer le nécessaire « développement des forces productives », même quand ce développement passait par une destruction des ressources.

Il en est de même des rapports entre les hommes. Dans la Russie soviétique, les « ennemis du peuple » - catégorie aux contours indéfinis, susceptible d'englober des personnalités très diverses - ont tenu un rôle analogue à celui qui était attribué aux Juifs dans l'Empire tsariste : celui de personnes désignées, en période de difficultés, à la vindicte populaire. C'est à cause d'eux, proclamait-on (et ce ne pouvait être qu'à cause d'eux, tout le reste fonctionnant bien) que les choses allaient mal. D'où par exemple les procès, en 1930, de prétendus « organisateurs de la famine » (des travailleurs de l'industrie alimentaire) ; puis, la même année, des membres d'un soi-disant « Parti industriel » (des ingénieurs) ; puis, un peu plus tard, l'invention, pour les besoins de la cause, d'une organisation politique mythique, dénommée « parti paysan du travail ». Une question de fond se pose alors : pour qu'une société marche bien, est-il nécessaire de la doter périodiquement de boucs émissaires ?

Il est temps de conclure ce paragraphe. Que le socialisme ne puisse pas être uniquement une technique de gestion (« les soviets plus l'électrification ») Charles Péguy en était bien convaincu. Au début de sa vie active, il avait été gérant d'une librairie socialiste qui, à ses yeux, représentait l'amorce d'un nouveau monde, plus chaleureux, plus fraternel. L'échec de cette entreprise, la solitude dans laquelle l'avaient laissé alors ses amis socialistes, l'avaient meurtri (on a rappelé ci-dessus le peu d'estime qu'il manifestera par la suite à l'égard de la catégorie de « politique »). Il reste que, pour évoquer le rapport de Péguy au socialisme, il est permis de parler de foi. Plus tard Jacques Maritain, qui fut son ami, a commenté dans les termes suivants une de ses formules les plus connues : « La révolution sociale sera morale ou elle ne sera pas »:

« Ce mot célèbre de Charles Péguy », a écrit Maritain, « peut être entendu à contre sens. Il ne signifie pas : avant de transformer le régime social, il faut d'abord que tous les hommes aient été convertis à la vertu. Ainsi compris, il ne serait qu'un prétexte pharisaïque pour éluder tout effort de transformation sociale. Les révolutions sont l'œuvre d'un groupe d'hommes relativement peu nombreux qui leur consacrent toutes leurs forces : c'est à ces hommes que le mot de Péguy s'adresse. Il signifie : vous ne pouvez transformer le régime social du monde moderne qu'en provoquant en même temps, et d'abord en vous-mêmes, une rénovation de la vie spirituelle et de la vie morale, en creusant jusqu'aux fondements spirituels et moraux de la vie humaine, en renouvelant les idées morales qui président à la vie du groupe social comme tel et en éveillant dans les profondeurs de celui-ci un élan nouveau ... » (*Humanisme intégral, op. cit.).*

On sait que, le plus souvent, les acteurs du changement social (pas seulement eux, d'ailleurs) n'envisagent qu'avec ironie les préoccupations spirituelles. Pour eux, elles caractérisent exclusivement de « belles âmes » peu douées pour la vie pratique, quand elles ne recouvrent pas carrément une hypocrisie fondamentale et un refus systématique de s'engager. Il est vrai que de telles déviations existent ; mais pourquoi confondre, une fois de plus, le bébé et l'eau du bain ? Le spectacle des compromissions auquel donne lieu en permanence le jeu parlementaire est-il plus engageant ? C'est pourquoi le retour au spirituel, ce grand absent de nos sociétés d'insignifiance - et sur lequel Georges Friedmann a vainement tenté d'attirer l'attention - paraît si important aujourd'hui. Cette réflexion nous conduit tout droit à une question de prime abord inattendue, qui fera l'objet du dernier paragraphe de ce chapitre.

4. Marx avait-il des préoccupations spirituelles ?

Il est impossible de répondre d'un mot à une question aussi abrupte. La formation de la pensée de Marx ne s'étant jamais vraiment achevée (ce qui est à son avantage : voici un homme qui ne s'est jamais *arrêté*) nous manquons d'éléments pour conclure. Si l'on veut cependant donner une réponse synthétique, apparemment c'est l'option négative qui l'emporte. On lit par exemple dans une lettre d'Engels à Paul Lafargue du 11 août 1884 (Marx était mort depuis un an) : « Marx protesterait contre 'l'idéal politique, social et économique' que vous lui attribuez. Quand on est 'homme de science', on n'a pas d'idéal, on élabore des résultats scientifiques et quand on est en outre homme de parti, on combat pour les mettre en pratique. Mais quand on a un idéal, on ne peut être homme de science car on a un parti pris d'avance »[19]. Par ces quelques mots, la question paraît réglée.

Et cependant, Marx n'a pas jugé la référence spirituelle complètement étrangère à ses réflexions sur la société de son temps.

Il y a d'abord les notations qu'on trouve çà et là dans *Le Capital*. Par exemple, un Marx complètement dépourvu du sens du spirituel n'aurait jamais écrit la référence à saint Jérôme qui figure (en note) au chapitre III de son livre majeur.

« Si dans sa jeunesse saint Jérôme avait beaucoup à lutter contre la chair matérielle, parce que des images de belles femmes obsédaient sans cesse son imagination, il luttait de même dans sa vieillesse contre la chair spirituelle. Je me figurai, dit-il par exemple, en présence du souverain juge. 'Qui es-tu ?' Je suis un chrétien. 'Non, tu mens, répliqua le juge d'une voix de tonnerre, tu n'es qu'un Cicéronien' ».

Il n'est pas fréquent que l'auteur d'un ouvrage d'économie s'avance jusqu'à parler de « chair spirituelle ». Utilisé dans ce contexte, un tel vocabulaire apparaîtrait aujourd'hui comme une inadmissible digression ; on aurait du mal à trouver des propos de ce genre dans *L'économique* de Samuelson. Mais, au-delà même des économistes patentés, quel prêtre serait capable aujourd'hui d'utiliser une expression aussi forte que celle de « chair spirituelle » ? Et quel fidèle serait en mesure de la comprendre ?

De même, dans une note du chapitre XXV qui comporte une forte critique de Malthus, Marx reprend une notation de William Petty, un économiste anglais du XVIIe siècle : « la religion fleurit surtout là où les prêtres subissent le plus de macérations, de même que la loi là où les avocats crèvent de faim ». Dire que, pour être crédibles, les ministres du culte ne doivent pas être des amis de l'argent, n'est-ce pas déjà avoir le sens du spirituel ?

---

[19] Correspondance Engels-Lafargue, citée par M. Godelier : *Rationalité et irrationalité en économie*, Maspero 1971.

Du reste, l'indignation contenue qui court dans le *Capital* dès lors qu'il est question des conceptions de Malthus (et de certains des confrères de celui-ci, ministres de l'Eglise anglicane) rappelle, par l'ironie qui sous-tend le propos et par la dénonciation de l'hypocrisie qu'il exprime, le ton qu'ont eu autrefois les prophètes de la Bible. « En général ... les ministres protestants revendiquèrent comme leur mission spéciale l'accomplissement du précepte de la Bible : 'Croissez et multipliez', ce qui ne les empêche pas de prêcher en même temps aux ouvriers le principe de population ».

Notons au passage qu'avant Marx, Ricardo et Sismondi avaient déjà contesté les thèses de Malthus, mais eux s'en étaient tenu aux règles et au langage de la controverse scientifique. Le premier avait fait observer, on l'a vu, que de bons salaires versés aux ouvriers représentaient le meilleur des remèdes à la surpopulation ; le second, que la sous-alimentation n'était pas due à un excès de la population, mais à l'insuffisance des revenus chez les classes défavorisées. Mais la critique de Marx se situe sur un terrain dès l'abord plus polémique. Non seulement, nous dit-il, les ouvriers sont exploités par les capitalistes, non seulement des crises périodiques les réduisent tous les dix ans à la misère ; mais encore les ministres de l'Eglise dominante en Grande-Bretagne – eux-mêmes largement pourvus d'enfants - les incitent à ne pas faire l'amour au-delà de leurs ressources financières (c'est la fameuse « *moral restraint* »)[20].

Et c'est de la même façon qu'il interprète le passage de l'Apocalypse qu'il cite au chapitre II du premier livre du *Capital* : « Ils sont tous d'accord pour remettre à la Bête leur puissance et leur pouvoir. Et personne ne pourra rien acheter ni vendre s'il n'est marqué au nom de la Bête ou au chiffre de son nom ». Ici, le lecteur pourra se référer aussi aux écrits de Léon Bloy, et en particulier à son livre *Le sang du pauvre*. Aux yeux de Marx en effet, ce dont on doit être « marqué » (comme un animal) pour pouvoir acheter ou vendre, c'est l'argent.

On voit que Marx, qui s'est toujours présenté comme un homme de science, adopte parfois le ton d'un lointain héritier des prophètes.

---

20 L'examen des généalogies réserve parfois des surprises. Ainsi, il est clair que Malthus a engendré Darwin, et que Darwin est l'un de ceux qui ont contribué à la formation de la pensée de Marx. Et pourtant Marx ne pouvait supporter Malthus, pour des raisons moins scientifiques que spirituelles (« ce misérable... », etc).

Certes, Laplace avait raison : on n'a pas besoin d'introduire la référence à Dieu dans un ouvrage consacré à la mécanique céleste (« Sire, je n'ai pas besoin de cette hypothèse »). Cependant, dès qu'il s'agit de science sociale, il est clair que la critique des règles de fonctionnement d'une société devient à la fois plus désintéressée et plus radicale quand elle s'appuie sur la perspective spirituelle. Même si on se présente comme économiste, comment s'en tenir à une neutralité et à une distance présentées à tort comme « scientifiques », quand on a sous les yeux la dégradation, le changement de nature de l'activité économique, quand on la voit se transformer en course systématique à l'enrichissement de quelques-uns ? Quand il présente les membres de « l'armée de réserve industrielle » comme la « couche des Lazare de la classe salariée » (*Le Capital*, Livre I, chapitre XXV), le lecteur chrétien remarque aussitôt la référence évangélique implicite.

Certains lecteurs contemporains ont reproché à Marx de n'avoir rien apporté en économie pure. C'était attribuer trop d'importance à cette « économique du tableau noir » (*blackboard economics*) dont s'est moqué le prix Nobel d'économie Ronald Coase dans son discours de Stockholm de 1991. Certes, Marx ne se préoccupait pas d'économie « pure ». Sa tâche propre consistait, à ses yeux, à pratiquer l'analyse économique sur du réel, c'est-à-dire à dégager les lois du développement du système capitaliste qui fonctionnait sous ses yeux. Il avait bien vite pris conscience de la place tenue par la convoitise dans le fonctionnement des financiers de son temps. Ainsi, dans les articles qu'il rédigea en 1850 - et qu'Engels devait publier plus tard sous forme de brochure (*Les luttes de classes en France,* Editions sociales 1984) - il exposait sans fard le triste état spirituel de notre pays sous la Monarchie de Juillet. « Dans toutes les sphères, depuis la Cour jusqu'au café borgne, se reproduisaient la même prostitution, la même soif de s'enrichir, non point par la production, mais par l'escamotage de la richesse d'autrui déjà existante, et se déchaînait, notamment aux sommets de la société bourgeoise, la manifestation des convoitises les plus malsaines et les plus déréglées ». Il y a 28 siècles, Amos n'aurait pas parlé autrement (et quelle actualité !).

Plus tard, dans *Le Capital*, la perspective spirituelle sert encore d'arrière-fond virtuel à sa critique du système capitaliste. Sans doute, il n'était pas Carlyle, étant demeuré toute sa vie étranger à la tentation de valoriser le passé. Cependant, il n'a pas partagé non plus la foi naïve que beaucoup de ses contemporains plaçaient alors dans « le progrès », ainsi que le mépris qu'ils professaient à l'égard des époques préindustrielles de l'Europe. Le régime agraire actuel du Japon, a-t-il écrit par exemple au chapitre XXVII du premier livre du *Capital*, offre, « à beaucoup d'égards, une image plus fidèle du Moyen Age européen que nos livres d'histoire imbus de préjugés bourgeois. Il est par trop commode d'être « libéral » aux dépens du Moyen Age ».

Au total, il avait bien conscience de ce que les améliorations techniques réalisées au XIXe siècle se traduisaient bien souvent par une régression humaine. Il a bien perçu que le progrès technique non maîtrisé a une face obscure, et qu'il entraîne des destructions au fur et à mesure qu'il installe de nouvelles manières de produire. Alerté par Engels sur « *la situation de la classe laborieuse en Angleterre* », il a bien vu la dégradation que le travail dans les « fabriques » de l'époque était susceptible d'entraîner pour la santé physique et morale des travailleurs. On pourrait citer ici des pages entières du *Capital* ; afin de ne pas alourdir ce texte, je me contenterai de renvoyer à un seul passage, qui figure au chapitre XIV du livre. À propos de la division du travail qui, on l'a vu, fut célébrée sur un mode quasiment lyrique par Adam Smith, le « socialiste scientifique » Marx s'exprime pratiquement dans les mêmes termes que le « libéral » Tocqueville, dont on a cité le propos au chapitre précédent. L'auteur du *Capital* poursuit et prolonge le raisonnement de son prédécesseur :

« Un certain rabougrissement de corps et d'esprit est inséparable de la division du travail dans la société. Mais comme la période manufacturière ... par la division qui lui est propre … attaque l'individu à la racine même de sa vie, c'est elle qui la première fournit l'idée et la matière d'une pathologie industrielle ». Le travail détruisant le travailleur : on voit ici amorcés les travaux de la sociologie industrielle, et notamment ceux de Georges Friedmann - si baignés de spiritualité - au siècle suivant.

De même, certaines notations de Marx montrent qu'à ses yeux, les hommes de religion ne remplissent pas forcément (ni en totalité, ni de façon permanente) une fonction idéologique dans la société bourgeoise. Par idéologie, on entend tout ce qui cherche à légitimer un ordre établi, quel qu'il soit, au nom de considérations apparemment pures et élevées (voir *infra*, chapitre suivant). Or il arrive que des hommes religieux se placent délibérément sur l'autre versant, celui de l'utopie. C'est pourquoi certains d'entre eux, s'exprimant au nom du spirituel, ne vont pas hésiter à critiquer, et parfois durement, les entreprises conduites (ou approuvées) par les puissances temporelles de leur temps. C'est ainsi que Marx n'hésite pas à citer, toujours dans *Le Capital,* des prises de position d'ecclésiastiques anglicans ayant pris le parti des ouvriers, s'agissant des conditions de travail en vigueur dans les fabriques de l'époque.

Sur un autre plan, quand il en vient à évoquer la colonisation, dans la huitième section de son livre consacrée à « l'accumulation primitive », il se réfère aux propos vigoureusement critiques d'un Quaker anglais de son temps, William Howitt, auteur du livre *Colonization and Christianity* :

« Un homme dont la ferveur chrétienne a fait tout le renom, M. W. Howitt, s'exprime ainsi sur la colonisation chrétienne : « Les barbaries et les atrocités exécrables perpétrées par les races soi-disant chrétiennes, dans toutes les régions du monde et contre tous les peuples qu'elles ont pu subjuguer, n'ont de parallèle dans aucune ère de l'histoire universelle, chez aucune race si sauvage, si grossière, si impitoyable, si éhontée qu'elle fût ». Pour réservé qu'on soit à l'égard des formules, on peut ici proposer la suivante : si Marx a stigmatisé la *religion* quand elle s'identifie à une fonction idéologique, il a su manifester du respect à l'égard des hommes de *foi*.

Mais il n'y a encore ici qu'une partie de la question. Le spirituel, en effet, ne fonctionne pas seulement comme instrument de critique de ce qui *est* ; il est destiné aussi à jouer, à titre d'infrastructure, un rôle d'élément de construction de ce qui *peut* être. De fait, la manière dont Marx se représente la tâche historique du prolétariat dans la construction du socialisme se situe clairement dans la perspective de gratuité qui caractérise une option spirituelle. Il ne se représente pas la classe ouvrière comme « la classe la plus souffrante », à la manière des socialistes utopiques de son temps - mais comme celle que l'Histoire a chargé de réaliser une mission qui la dépasse : délivrer définitivement l'humanité du fardeau de la lutte des classes. Et c'est ainsi que le « socialisme scientifique » repose sur une belle utopie. Pour le montrer, il convient de s'appuyer à la fois sur des passages du *Manifeste du Parti Communiste* et sur le contenu de la lettre que Marx a adressée en 1852 à son ami Joseph Weydemeyer, qui vivait alors en Amérique.

Dans cette lettre, il observe qu'il n'a découvert ni l'existence des classes sociales, ni celle de la lutte qui les oppose dans la société moderne, autour du partage du revenu national. De fait, des économistes « bourgeois » (Ricardo et Sismondi) l'avaient fait avant lui. Ce qu'il pensait avoir apporté de nouveau, c'était une certaine vision de l'évolution historique. La lutte des classes ne s'étendait à ses yeux que sur une période - étendue, certes, mais limitée - de l'histoire des hommes. Il y avait eu un *avant*, correspondant aux premiers âges de l'humanité ; il y aurait un *après* : quand la classe ouvrière, ayant renversé la bourgeoisie, aurait fait surgir les conditions objectives permettant l'entrée de l'humanité dans l'âge adulte : l'abolition de toutes les classes, et, par là, la fin de la guerre sociale et de la guerre tout court[21].

Aux yeux de Marx, le prolétariat ne chercherait pas le pouvoir pour lui-même, contrairement à ce qu'avait fait auparavant la bourgeoisie quand elle avait renversé le régime féodal. En détruisant le régime bourgeois de production, écrivent Marx et Engels dans le *Manifeste,* le prolétariat détruit « les conditions de l'antagonisme des classes, il détruit les classes en général et, par là même, sa propre domination comme classe ».

Dans cette perspective, les prolétaires se voient investis collectivement d'une mission en quelque sorte libératrice, destinée à procurer le salut de l'humanité entière. Ce sont eux qui doivent supprimer, avec la propriété privée des moyens de production et d'échange, la base de la lutte entre les classes, que les différentes sociétés se sont léguée les unes aux autres depuis la dissolution de la communauté primitive. Ainsi le prolétariat, qui aura fait sa révolution à partir d'un niveau élevé de sa conscience de classe, est invité à dépasser bientôt celle-ci. Il prendra les rênes du pouvoir, mais c'est pour le supprimer à terme, non en vue de l'exercer pour son propre compte. La pratique du désintéressement, la fin de la convoitise, cessent d'apparaître comme le choix personnel de quelques-uns. Elles deviennent la pratique normale de sociétés humaines désormais régénérées, ayant mis fin à l'appropriation privée d'une partie du produit du travail d'autrui.

On a pu parler ici, à juste titre, d'un « messianisme temporel ». Grâce à l'intervention historique du prolétariat, les hommes se trouveront libérés de l'obstacle qui les séparait les uns des autres depuis des millénaires, à la manière dont on se libère d'un péché originel. Ce qu'on pourrait appeler le progrès spirituel de l'humanité – ou, si l'on préfère, l'abandon des vieilles idoles – sera le fruit de l'Histoire et de la

---

[21] La périodisation de l'histoire dans le christianisme est également structurée en trois périodes : il y a le temps de la communion (le jardin d'Eden), le temps de la convoitise, du péché et de la mort, et enfin l'irruption de l'éternité, le royaume de Dieu. Dans cette perspective, bien sûr, les hommes ne sont pas les seuls acteurs de l'histoire.

Révolution. « La lutte des classes », écrivait Marx à Weydemeyer, « mène nécessairement à la dictature du prolétariat » ; mais celle-ci « ne représente qu'une transition vers l'abolition de toutes les classes et vers une société sans classes ». Ainsi, il existerait une science de l'histoire, permettant à l'avance d'en déchiffrer le sens : celui de l'accouchement long et douloureux d'une nouvelle société faite d'hommes libérés. Un jour viendrait où les pèlerins ne seraient plus « en marche », mais arriveraient au bout du chemin. Remarquons-le au passage : siècle de l'histoire, le XIXe siècle a été aussi le siècle de l'espoir dans le futur - sauf chez une mince frange de récalcitrants, demeurés indéfectiblement tournés vers le passé.

Au cours de ce XIXe siècle d'industrialisme, qui fut tellement fermé à l'idée de transcendance, la perspective spirituelle a été bien rarement prise en compte par ceux qui ont voulu réaliser une œuvre à prétention scientifique. On a vu qu'à ce niveau comme à d'autres, Marx fait exception. Bien sûr, il n'y a pas lieu de tirer par trop sur la corde. On n'a pas le droit d'inventer, par volonté de trop prouver ou par goût du paradoxe, un Marx « spiritualiste ». D'une manière générale, toute tentative ayant pour but de réduire Marx à une tranche particulière de ses immenses lectures, ou de figer sa pensée à un moment précis de son élaboration, dérive d'un désir enfantin de simplifier, ou d'une volonté récupératrice que ne partage pas l'auteur de ces lignes. En face des propos spirituels que nous avons cités, on sera tenté de mettre d'abord en exergue la célèbre formule sur l'opium du peuple, si souvent citée et si mal comprise[22]. Dans sa correspondance, il est arrivé à Marx d'évoquer

---

22 Mal comprise pour deux raisons. 1/ Ici, Marx ne veut pas dire que la religion endort, mais qu'elle apaise – ce qui, bien sûr, exerce sur les opprimés une influence objectivement contre-révolutionnaire (« c'est le soupir de la créature opprimée », etc.) ; 2/ Cette formule est tirée de l'Introduction à sa *Critique de la philosophie du droit de Hegel*. Ce texte de 1843-44 commence ainsi : « En ce qui concerne l'Allemagne, la critique de la religion est, pour l'essentiel, terminée, et la critique de la religion est la condition préliminaire de toute critique ». Une telle phrase deviendra obsolète dès le printemps 1845, au moment de la rédaction des *Thèses sur Feuerbach* qui coïncident avec la découverte du matérialisme historique. Quittant le groupe des « jeunes hégéliens », Marx effectue alors un virage radical, découvrant que « l'esprit religieux est lui-même un produit social ». Dès lors, le combat révolutionnaire ne devra pas se tromper de cible, en prenant garde de ne pas attribuer une priorité à la critique de la religion. Si celle-ci n'est qu'un produit social, il est clair que cette forme d'idéologie tombera nécessairement avec les structures économico-sociales qui l'ont « produite ». C'est ce qu'ont toujours affirmé les responsables communistes de l'URSS.

la conscience avec le ton de légèreté quelque peu dédaigneuse qu'on prête aux « esprits forts ». Dans une lettre de 1868 adressée de Londres à son ami Kugelman, on peut lire cette incidente : « ma conscience – on ne se débarrasse jamais complètement de ce truc-là ... ». De plus, dans son principal ouvrage, Marx décochait aux croyants (du présent ou du passé) quelques flèches tirées des réserves d'ironie quasi-inépuisables dont il disposait. Ainsi, par exemple, au chapitre premier du *Capital* : « la nature moutonnière du chrétien (apparaît) dans sa ressemblance avec l'agneau de Dieu » ; ou encore, à propos du Moyen Age : « la dîme à fournir au prêtre est (alors) plus claire que la bénédiction du prêtre » (*ibid*). Quand il écrit cela, il apparaît que pour lui le visible éclipse en clarté l'invisible, ou que le matériel a plus de consistance que le spirituel.

Pour autant, on ne doit jamais oublier que Marx est un personnage éminemment complexe, inclassable, et, comme chacun de nous, plein de contradictions. Les auteurs des « Marx sans peine », des « Marx d'un seul tenant » : tous ceux qui se sont crus capables de réduire Marx à un pan isolé de sa pensée multiple, se sont toujours tenus à une vision des choses tronquée, et donc incomplète. Aurait-on peur d'être conspué par ses pairs quand on professe à la fois que Marx est un des auteurs les plus importants qu'ait produits le XIX° siècle, et qu'il est impossible de présenter, et encore moins de résumer, *la* doctrine « marxiste » ? Le fait est qu'on n'entend plus guère répéter aujourd'hui une observation couramment émise il y a quarante ans, à savoir que l'élaboration de la pensée de Marx était passée par une (ou plusieurs) coupure(s). Louis Althusser aurait-il vécu en vain ?

Bien que variés et contradictoires, les jugements portés sur son œuvre renvoient tous à une image de Marx comme l'auteur d'une « Somme ». En réalité, Marx était tout le contraire du mauvais enseignant tel que l'a décrit Gaston Bachelard, enfermé dans un système clos, et dont la supériorité intellectuelle aurait désormais pour seule base les succès scolaires de sa jeunesse. On aurait tort de supposer qu'à un moment donné, Marx se serait mis à se répéter. Cela n'a jamais été le cas. D'où la célèbre formule par laquelle il exprimait un jour son agacement face à une entreprise de systématisation bâclée de sa pensée : « si le marxisme c'est çà, je ne suis pas marxiste ! »[23].

---

[23] Dans son livre *Capitalism, Socialism and Democracy,* Joseph Schumpeter présente l'œuvre de Marx sous le titre : The *marxian* doctrine. Le traducteur a écrit à tort : La doctrine *marxiste*.

Reste à savoir ce que nous pouvons tirer aujourd'hui de la lecture de son œuvre : c'est précisément l'objet du premier paragraphe du chapitre suivant. Celui-ci nous donnera aussi l'occasion d'évoquer les entreprises des concepteurs contemporains de la démarche utopique, héritiers d'un courant qui a pris forme à l'époque des débuts du capitalisme industriel, et qui a été présenté ci-dessus. Enfin, il s'agira de se demander s'il est possible de tracer les plans d'une économie et d'une société sur la base d'un discours religieux. Il y a vingt ans, une telle question ne me serait pas venue à l'esprit (j'étais à l'époque dépendant des conceptions unidirectionnelles de l'histoire élaborées au XIXe siècle et diffusées tout au long du XXe) mais il est clair que l'actualité nous l'impose. Nous assistons aujourd'hui au retour du religieux - ce qui ne signifie pas, bien sûr, le retour du spirituel.

CHAPITRE 4

À quel saint se vouer ?

Auprès de qui peut-on chercher des réponses, si on n'adhère pas au discours officiel, prétendument inspiré des conceptions d'Adam Smith, d'après lequel le marché est en mesure de se réguler lui-même ? De quelles alternatives dispose-t-on, si on se refuse à voir l'économie réduite à la recherche, par chaque individu, de l'avantage monétaire maximum ? Certains, bien moins nombreux qu'il y a trente ans, iront encore chercher des réponses du côté de Marx. D'autres, davantage tournés vers l'action immédiate, mettront leur espoir dans l'essor de mouvements spontanés de transformation sociale, œuvre de petits groupes cherchant à inaugurer une manière de vivre différente, pour leur compte et celui de la société tout entière. D'autres enfin, identifiant le religieux au spirituel, en quête de réponses *indiscutables*, affirmeront que le salut de nos sociétés ne peut venir que de la transposition directe d'un discours religieux en dispositions législatives, ayant pour fonction d'encadrer strictement la vie sociale. Il nous faut examiner l'une après l'autre ces différentes formes pour tenter d'y voir plus clair.

I - Marx et notre temps.

Que peut-on tirer, aujourd'hui, de l'œuvre de Marx ? Les gens de ma génération se souviennent encore de l'intérêt, voire de la ferveur, qu'avait suscité la lecture de ses œuvres au cours des années 1970. En France, les marxistes « orthodoxes » et leurs frères ennemis althussériens s'affrontaient alors dans des controverses passionnées, autour de l'interprétation qu'il convenait de donner à son message – en supposant toujours celui-ci univoque. Louis Althusser attribuait à Marx la troisième découverte marquante effectuée par un (ou des) homme(s) depuis le commencement de l'histoire humaine. Après les Grecs du V° siècle, qui avaient mis à jour le « Continent-Mathématiques », après Galilée, à qui l'on devait l'invention du « Continent-Physique », Marx, au XIXe siècle, aurait découvert le « Continent-Histoire ».

Aujourd'hui, la situation s'est complètement retournée, et l'œuvre de Marx est à peu près tombée dans l'oubli. Quelques décennies à peine auront suffi pour faire passer l'un des penseurs les plus importants du XIXe siècle, de la place d'honneur qu'il a occupée en Occident pendant une ou deux décennies, à une quasi-mise à l'écart. Il y a trente ans, le marxisme était encore présenté comme « l'horizon de notre culture », « la *koïnè* de notre langage ». Et aujourd'hui, Marx lui-même ne serait plus rien ? Effectué en si peu de temps, un tel revirement paraît relever beaucoup plus des mouvements erratiques de la mode que d'un jugement objectif, inspiré par l'équité - ou, tout simplement, par un minimum de rigueur dans l'analyse. C'est pourquoi, dans le cadre de cette étude, il me paraît nécessaire de reprendre à nouveau la question.

Quand il s'est plongé dans cette œuvre immense, loin des schémas et des simplifications abusives, le lecteur contemporain soucieux de vérité sera conduit, me semble-t-il, à une double conclusion. D'une part, il jugera qu'il serait grave, si on se place du point de vue de la mémoire de l'humanité, que l'immense effort accompli par Marx pour penser son temps soit définitivement perdu. D'autre part, comme je l'ai noté ci-dessus, il constatera que l'auteur du *Capital* a emprunté trop de chemins différents et sondé trop de voies diverses pour qu'on puisse le considérer comme le fondateur d'un système. S'il n'a pas écrit de « Somme », c'est d'une part parce qu'au XIXe siècle les différentes branches du savoir s'étaient par trop autonomisées pour pouvoir être rassemblées au sein d'une même unité de vision ; et c'est d'autre part parce que l'élaboration de sa propre pensée, en développement continu, n'a jamais connu de terme. Les « Sommes » viendront par la suite, sous la plume de disciples plus ou moins brillants ou besogneux.

On commencera par énoncer, aussi clairement que possible, les grandes parties du bilan qu'il nous revient d'examiner, pour tenter de faire le tri entre ce qui est devenu obsolète et ce qui reste un outil de réflexion à préserver soigneusement de l'oubli. Ici ou là, bien sûr, la perspective pourra être élargie. Marx aurait été le dernier à se scandaliser de cette entreprise d'élargissement et de mise à jour, l'idée de voir transformé en catéchisme un travail de recherche jamais achevé ne l'ayant jamais effleuré. Souvenons-nous de ce qu'il écrivait, dans la Préface de la première édition du *Capital* : « je suppose naturellement des lecteurs qui veulent apprendre quelque chose de neuf, et par conséquent penser par eux-mêmes ».

Avant tout, il convient de bien délimiter le sujet d'étude. On peut dire que Marx, lors de sa mort en 1883, laissait à ses contemporains (et aux générations futures) plusieurs apports fondamentaux, qu'il me paraît possible de répertorier sous trois rubriques principales :

- Il a d'abord raisonné en philosophe ; c'est bien dans le cadre d'une démarche philosophique qu'il a rédigé ses *Manuscrits de 1844*, d'où certains commentateurs contemporains, trop prompts à se focaliser sur le concept philosophique d'*aliénation*[1], ont cru pouvoir extraire toute la substance du marxisme. La même année, il a publié *La Sainte Famille*, étude dirigée contre ses anciens amis, les « jeunes hégéliens », dans laquelle il mène encore le combat d'idées sur le terrain de la critique philosophique.
  C'est l'année suivante qu'intervient la première « coupure épistémologique » (Althusser) ou le premier changement de terrain. Marx va cesser de raisonner sur la base de « l'essence de l'homme », pour réfléchir sur les conditions concrètes dans lesquelles se déroule l'exploitation de la force de travail dans les sociétés capitalistes développées. Il est vain, jugera-t-il alors, de vouloir aborder les questions économiques en philosophe ; on ne peut penser l'économie sérieusement que si on raisonne en économiste. Cela va le conduire à claquer délibérément la porte de la philosophie, comme le manifeste avec éclat la dernière de ses *Thèses sur Feuerbach* (composées à Bruxelles au printemps 1845)[2]. Le thème de l'aliénation, qui avait été central, n'occupera plus désormais que les marges de sa réflexion - sans pourtant disparaître tout à fait. J'ai rappelé plus haut les deux dictons français que Marx aimait citer, pour marquer comment, à deux époques différentes, le rapport des dominants aux dominés avait pu reposer chez nous sur des bases opposées. Au temps de la domination personnelle, c'était : « nulle terre sans seigneur » ; au temps où le capital commande, c'est : « l'argent n'a pas de maître » (identifiable). À travers cette mutation de l'esprit du temps, il a perçu le passage d'une société ancienne fondée sur

[1] Je me réfère ici, dans le premier de ces *Manuscrits*, aux développements sur « le travail aliéné ».

[2] « Les philosophes n'ont fait qu'*interpréter* le monde de différentes manières ; mais ce qui importe, c'est de le *transformer* ».

« des rapports personnels de domination et de dépendance » à la société moderne, reposant sur « la puissance impersonnelle de l'argent ».
Ce point d'arrêt sera définitif. De pair avec Engels, il va considérer désormais que les idées, loin d'apparaître comme des entités autonomes dont il conviendrait de peser soigneusement la validité, reposent sur un socle social qu'il s'agit avant tout de mettre au jour. C'est la naissance de ce qu'on appellera par la suite le matérialisme historique. « L'obsession critique » (Stanislas Breton) demeurera, mais elle va désormais changer d'orientation. On en a une première manifestation à travers les célèbres formules de *L'idéologie allemande* (1845-1846) qui placent clairement les idées dans une position subordonnée : « La conscience est d'emblée un produit social » ; ou encore : « Les pensées de la classe dominante sont aussi, à toutes les époques, les pensées dominantes... ».
Lénine, qui pensait avoir besoin d'un socle philosophique pour se livrer à l'action révolutionnaire, a soutenu que « le matérialisme dialectique est la philosophie du marxisme ». Il serait plus juste de dire que le marxisme pose l'inanité de la réflexion philosophique – ou réduit celle-ci à affirmer que la matière est la donnée première, et la conscience, la donnée seconde. Ce postulat une fois posé, le débat sera déclaré clos. Mais on ne nous dit pas pour autant comment doit faire la conscience pour percer les secrets de la matière et de l'histoire. On doit comprendre qu'il y a lieu désormais de se passer de toute épistémologie. Précisons au passage qu'à l'opposé de cette conception, on trouve la ferme affirmation du grand historien Marc Bloch : « Au commencement est l'esprit ». Et il ajoutait : « Jamais dans aucune science, l'observation passive n'a rien donné de fécond. À supposer, d'ailleurs, qu'elle soit possible »[3].
La philosophie une fois remise à sa (modeste) place par le matérialisme dialectique, on pourra passer à l'action sur le terrain de l'économique et du social. Ce qui importe en effet,

---

[3] M. Bloch : *Apologie pour l'histoire ou métier d'historien*. Ce texte, rédigé pendant l'Occupation, a fait l'objet en 2006 dune nouvelle publication comportant les écrits les plus tardifs de Marc Bloch, réunis sous le titre : *L'histoire, la guerre, la résistance*, Gallimard, collection Quarto.

ce n'est pas de chercher à interpréter le monde, mais bien de le transformer. Prise de position qui entre bien en résonance avec l'esprit du temps. « Au commencement était l'action », ce mot de Faust écrit par Goethe au début du XIXe siècle apparaît clairement comme une profession de foi ; et on sait qu'elle fut partagée pendant deux siècles par presque tous en Occident (et pas seulement par les marxistes). Peut-être le XXIe siècle nous fera-t-il assister - au terme d'une crise économique, sociale et écologique sans précédent - à un retour du spirituel...
Ainsi, dans le cadre du marxisme, la philosophie perd l'essentiel de son objet. Elle ne peut mener une existence précaire qu'au titre d'arme de combat. On le constate par exemple chez Althusser, qui en était venu à définir la philosophie comme la « lutte des classes dans la théorie ». Mais comment pourrait-on mener une carrière de philosophe, alors qu'on proclame le caractère exclusivement social des idées ? De fait, compte tenu de cette position de départ, Louis Althusser aura bien du mal à trouver, en tant que philosophe et au sein du marxisme, un espace pour penser.

- Marx a eu aussi une vision historique d'ensemble, affirmant le rôle prépondérant joué par les classes sociales et leurs luttes dans le déroulement de l'histoire de l'humanité - y compris, comme on vient de le voir, au niveau de la formation des idées. C'est l'adoption de telles prémisses qui entraînera chez lui le recours à la notion d'idéologie, et qui explique la lutte constante qu'il a menée contre l'abstraction – car celle-ci, par définition, tourne le dos à l'histoire. La science, pour Marx, *doit* avoir un caractère historique.

- À partir de 1846 et la rédaction de son livre contre Proudhon (*Misère de la philosophie*) il s'est présenté explicitement comme économiste. La théorie de l'exploitation capitaliste va remplacer désormais les développements sur « l'homme aliéné ». Cette partie de son œuvre est celle qui a été le plus largement diffusée. Mais il se trouve que les contours de la « planète économie » ont profondément changé depuis le XIXe siècle. On verra que son analyse économique du système capitaliste, pertinente pour son temps, est devenue aujourd'hui la partie la plus obsolète de son œuvre.

Je vais revenir maintenant, point par point, sur les trois éléments de ce catalogue. Pour les deux premiers, je m'inspirerai librement d'une étude sur le même sujet, parue il y a vingt ans[4].

1 – Que penser, d'abord, de la situation dépendante attribuée aux idées, et du congé donné du même coup à la philosophie ? Peut-on vraiment dénoncer comme une illusion trompeuse toute entreprise se donnant comme but de mener une activité intellectuelle libre de tout présupposé social ? L'affirmation selon laquelle les idées ne sont *que* le reflet des positions d'une classe sociale se voit-elle confirmée par l'expérience, ou relève-t-elle au contraire d'une forme de réductionnisme partisan ? Ou, pour dire les choses autrement : *l'idée* se confond-elle toujours avec *l'idéologie* ?

Il est facile de dégager la part de vérité que porte avec elle la notion d'idéologie, qui représente l'un des apports essentiels que nous ont légués les fondateurs du marxisme. « L'idée a toujours échoué lamentablement dans la mesure où elle était distincte de l'intérêt », écrivaient Marx et Engels dans leur livre *La Sainte Famille.* Les terrains ne manquent pas où l'on peut vérifier la validité de la thèse. Un ancien professeur à la Faculté de droit de Montpellier, Michel Miaille, a montré autrefois que l'origine du droit ne se situait pas dans quelque empyrée céleste et éternel, mais que celui-ci était bel et bien *produit* par les représentants de la classe dominante, occupant le sommet de l'Etat et rédigeant ses lois. On constate en effet que la bourgeoisie française, une fois le pouvoir politique tombé entre ses mains à la Révolution, s'est empressée de sacraliser ce à quoi elle tenait le plus : la propriété, à travers les articles du Code Civil de 1804.

L'histoire de la pensée économique fournit également l'occasion de vérifier le propos. Pour ne pas alourdir le texte, on s'en tiendra à un seul exemple. La société capitaliste du début du XIXe siècle, tournée comme la nôtre vers la recherche éperdue du « toujours plus », n'avait aucun *intérêt* à faire de la notion d'équilibre son paramètre fondamental. Dès lors, et comme on l'a vu, l'analyse économique proposée par

---

[4] H. de France : Mérites et dangers de l'idéologie externe, *Mondes en développement*, Tome 16, année 1988, n° 62-63.

Sismondi - ce contemporain de Ricardo qui représentait une alternative aux conceptions de celui-ci - est bien vite tombée dans l'oubli.

Du côté de la littérature universelle, on trouve aussi un exemple particulièrement probant, où l'on voit une idée – utopique, bien sûr, mais en soi estimable, comme celui qui la défendait - « échouer lamentablement », dès lors qu'aucun groupe social de l'époque ne consentait à la prendre à son compte, ni même à la comprendre. Ici, le lecteur aura déjà reconnu le personnage de Don Quichotte. L'idéaliste qui se proposait de faire triompher le bien, en décalage complet avec son temps (riches et pauvres confondus) s'est retrouvé isolé, moqué, objet de la dérision universelle. Dans une note du chapitre I du *Capital*, Marx a évoqué dans les termes suivants l'échec exemplaire du héros de Cervantès : « Personne n'ignore que déjà Don Quichotte a eu à se repentir pour avoir cru que la chevalerie errante était compatible avec toutes les formes économiques de la société ».

Bref, ce sont bien des *intérêts* qui prêtent leur force aux *idées*. Celles-ci n'ont de chance de laisser une trace dans l'histoire que si, recevant l'adhésion d'un groupe – dominant ou dominé, peu importe, ces positions ne sont jamais définitives – elles en retirent un certain poids relatif dans la compétition intellectuelle. Ajoutons que la fonction de celle-ci consiste à pourvoir d'arguments ceux qui se livrent à la compétition la plus sérieuse, celle qui porte sur des intérêts matériels.

Cet élément de réponse une fois donné, il ne s'agit pas pour autant de négliger l'autre versant de la question. Les idées ne sont pas seulement des masques ; elles ne font pas qu'habiller ou dissimuler des intérêts sous un vocabulaire de généralité ou de générosité. Elles contribuent aussi à élever ceux-ci au-dessus de formulations purement corporatives, en leur conférant une certaine universalité - et, par là, une légitimité, qui fait partie aussi des conditions de l'efficacité historique. Ainsi, la bourgeoisie l'a emporté en 1789 parce qu'elle était supérieure, en vitalité et en dynamisme, aux forces disparates qui se recommandaient de l'Ancien Régime (les nobles, les maîtres de corporation, les paysans vendéens, etc...). Si elle a pu construire un monde nouveau, c'est parce qu'elle a su tenir un discours de l'universel (liberté, raison, nature humaine, droits de l'homme, vertus du travail et de l'épargne) sur lequel l'Europe a pu vivre pendant un siècle et demi, et dont la caducité n'est apparue vraiment qu'au dernier tiers du siècle dernier.

Il en est de même du marxisme. Chez nous, une large fraction de la classe ouvrière l'avait adopté comme référence ; mais on a vu qu'il débordait les revendications propres au prolétariat pour adopter comme but la transformation de la société tout entière. En se libérant, la classe ouvrière devait aussi libérer le monde. J'ai déjà cité la lettre de Marx à Weydemeyer (1852) : « Ce que j'ai apporté de nouveau, c'est que ... cette dictature (du prolétariat) elle-même ne représente qu'une transition vers l'abolition de toutes les classes et vers la société sans classes ». Où est l'homme qui affirmait que l'idée avait toujours « échoué lamentablement » quand elle était en conflit avec l'intérêt ? On est ici en présence d'un basculement dans l'utopie ; sans elle, le marxisme n'aurait pas eu chez nous l'audience qu'il a obtenue, bien au-delà de la classe ouvrière, au cours de la décennie 1970. Il est permis de relever ici que le « socialisme scientifique » trouvait, non son point de départ, mais son achèvement dans l'utopie.

2 - Abordons maintenant le second point de notre séquence, lui-même étroitement lié au précédent. On a vu que Marx avait choisi de passer d'un domaine d'étude à l'autre, quand il lui a paru nécessaire de consacrer tout son temps à l'analyse des lois régissant le développement de l'économie et de la société capitalistes. À partir de 1845, l'histoire va tenir dans sa pensée la place qu'occupait jusqu'alors la philosophie. Pour lui, il s'agira d'une vision essentiellement *sociale* de l'enchaînement des différentes périodes traversées par les sociétés occidentales à travers les siècles. Compte tenu de l'importance du sujet, notre examen sera cette fois beaucoup plus approfondi.

Notons d'abord que, lorsqu'il tente de déchiffrer le sens de l'histoire, Marx n'est pas tout à fait le « découvreur de continent » qu'avait imaginé Althusser. On l'a dit : c'est le XIXe siècle, d'une façon générale, qui a été en Europe le siècle de l'histoire, en même temps qu'il était le siècle du développement. Différents auteurs, de spécialités différentes (des philosophes comme Auguste Comte, des économistes comme Frédéric List, Guillaume Roscher, ou plus tard Werner Sombart) ont tous cherché à décrire les grandes phases à travers lesquelles, à leurs yeux, était passé le développement de l'humanité. C'est également sur une base historique que Marx a reconstruit l'analyse économique - où il fait œuvre originale en incluant dans sa réflexion la perspective dialectique.

Ce choix va d'abord l'amener à s'opposer aux économistes de l'école de Ricardo, qui raisonnaient sur la base d'un temps arrêté (« Les économistes expriment les rapports de la production bourgeoise, la division du travail, le crédit, la monnaie, etc., comme des catégories fixes, immuables, éternelles »)[5]. Mais il ne suivra pas non plus le chemin des économistes-historiens de son temps, qui décrivaient une évolution linéaire, construite sur la base d'un simple enchaînement de phases successives constituant, au final, une série. Une telle vision avait le mérite de mettre en évidence la complexification croissante de l'organisme économique. Ce qu'on trouve par exemple chez List, c'est une séquence « continuiste » comportant dans l'ordre : la phase pastorale, la phase agricole, la phase agricole et industrielle, etc... Au sein de cette évolution de type biologique, dont chaque stade représente un progrès par rapport au précédent, le passage est censé se faire de façon pacifique. Ce que les auteurs de tels schémas oubliaient de souligner, c'est que le développement a correspondu en fait à un *processus*, et a comporté le passage par la lutte et les conflits. Une telle description comportait donc un « blanc », une perte significative d'informations, parce qu'elle omettait de mettre l'accent sur les secousses inévitables qui accompagnent les changements sociaux.

À l'opposé, le choix de Marx en faveur d'une évolution historique de type dialectique va le conduire à mettre le *social* - plus précisément, la notion de classe sociale – à la base de toute production humaine, qu'il s'agisse de réalisations matérielles ou d'éléments immatériels[6]. Dans cette perspective, on dira qu'à chaque grande période de l'histoire des sociétés humaines, et sur la base d'un niveau donné des forces productives, va s'édifier une *structure* économique, mettant en rapports nécessaires (c'est-à-dire indépendants des volontés individuelles) ceux qui possèdent les moyens de production et ceux qui, pour pouvoir subsister, ne peuvent qu'offrir aux premiers leur force de travail. Si ceux-ci disposent des moyens matériels leur permettant de dominer ceux-là, ils ont cependant besoin d'appuyer leur domination sur autre chose que sur le pouvoir de l'argent et/ou la force des armes. Au service de la classe dominante va donc se construire, à des fins de légitimation, tout un édifice savant où l'on parlera de tout – sauf, bien entendu, de domination. Dans cet espace, qualifié par Marx de *superstructure*, viendront s'inscrire la philosophie, le droit, la religion ... qui sont autant de formes que peut

---

[5] K. Marx : *Misère de la philosophie*, ouvrage composé en 1846-1847.

[6] Le matérialisme dialectique lui est en quelque sorte antérieur, puisqu'il voit dans le jeu de processus *matériels* (contradiction dans les termes, comme l'avait relevé Berdiaev) l'origine de tout ce qui est.

prendre *l'idéologie*, autant d'outils destinés à faire prendre le ciment social, au bénéfice de la minorité qui, à partir de la maîtrise des moyens de production, s'est assuré le contrôle du pouvoir politique.

Dès lors, le principal mérite du matérialisme historique (bien supérieur en fécondité au matérialisme dialectique) a été de mettre en garde tous ceux qui s'efforcent de penser leur époque contre le danger représenté par le maniement des abstractions. Chez les grands de ce monde, les visées de domination s'avancent souvent masquées derrière l'écran de fumée de grandes idées. Aujourd'hui, on évoquera l'État de droit, la Démocratie, les Droits de l'Homme ... pour soutenir des visées impérialistes. Ce sont de telles idées, par exemple, que les Anglo-Américains ont mis en avant en 2003 pour légitimer l'invasion de l'Irak.

C'est dire que, dans ce qu'on appelle le matérialisme historique, le côté historique est beaucoup plus prégnant que le versant matérialiste ; et il y a tout lieu de s'en réjouir.

La référence aux *intérêts* sociaux qui peut être dissimulée derrière les idées est en effet essentielle. L'historien Georges Duby l'a clairement souligné : « L'apport du marxisme, pour nous autres historiens du Moyen Age, c'est d'abord de nous avoir débarrassés d'une *Geistesgeschichte »* (histoire des idées) « qui prenait les idées comme çà, absolument désincarnées » *(op. cit.).* L'économiste, lui aussi, doit être mis en garde contre une tendance à cultiver les « idées désincarnées », qui peuvent paraître d'autant plus séduisantes pour l'esprit qu'on peut les exposer sous forme de beaux modèles mathématiques. Or le réel est divers, touffu, contradictoire. Vis-à-vis du temps, du rapport au travail et au loisir, du prix des choses et des modalités de l'échange, ou encore de la relation à la société englobante, le seigneur féodal, l'entrepreneur capitaliste du XIXe siècle, le paysan d'autrefois, l'agriculteur français d'aujourd'hui, le villageois de Samoa et le *trader* de Wall Street – qui, pour l'économie standard d'aujourd'hui, sont tous des *agents économiques,* ne différant que par le degré de *rationalité* dont ils font preuve - ont, ou avaient, des appréciations fort différentes.

Le capitalisme change perpétuellement de visage, et tout particulièrement aujourd'hui. Dans ces conditions, penser qu'il existe, dans une économie capitaliste, un état déterminé qui représenterait une position d'*équilibre* pour le producteur et le consommateur, relève du mythe. Un des rares économistes non-marxistes qui soit en même temps un bon dialecticien, Joseph Schumpeter, nous enseigne que le capitalisme est par essence un *processus* en constante évolution. Il ajoute : « il peut sembler étrange qu'on se montre incapable de voir un fait aussi évident, et sur lequel, de surcroît, Karl Marx a depuis longtemps attiré l'attention »[7].

De fait, Schumpeter se réfère à un élément, déjà souligné ici, de la méthode de Marx. Pour rendre compte de l'économie capitaliste, celui-ci ne prétend pas étudier les phénomènes à un moment donné du temps, sous une forme arrêtée. Cela correspondrait à une méthode que Hegel, pour la critiquer, avait qualifiée de « métaphysique » - et les fondateurs du marxisme ont repris ce terme à leur compte. Ce qui les intéresse dans l'étude des phénomènes économiques, c'est de découvrir « la loi de leur changement, de leur développement, c'est-à-dire la loi de leur passage d'une forme à l'autre »[8]. De fait, le développement est bien au cœur du capitalisme, c'est pourquoi il est au centre de l'œuvre de Marx ; c'est un processus qui a pour but de construire sans cesse du neuf - mais qui, pour cela même, entreprend de détruire en permanence de l'ancien. N'oublions pas cet aspect des choses, quand on évoque de façon un peu trop vague et optimiste le « développement du tiers-monde ».

Lorsqu'il étudie l'histoire économique européenne à la fin du premier livre du *Capital*, Marx explicite sa pensée à l'aide d'exemples. Reprenant à Adam Smith le terme d'*accumulation primitive,* il décrit la manière dont, au moment de la dissolution du Moyen Age, les paysans et les artisans ont été expropriés par des bourgeois. Ceux-ci, appuyés qu'ils étaient sur « l'idole productivité », étaient en mesure de mettre sur le marché des volumes de production beaucoup plus élevés, et à un coût bien inférieur. Pour atteindre ce but, il leur était nécessaire de s'assurer la propriété des moyens de production. Un jour ou l'autre, ils le savaient, quand le poids relatif du capital industriel l'aurait définitivement emporté sur celui de la propriété foncière, ils étaient destinés à devenir la classe dominante. Alors, ils seraient prêts à saisir l'occasion de refonder la société sur de nouvelles bases, faisant ainsi franchir un nouveau seuil à l'histoire.

On trouve chez Marx le sens du développement historique comme processus qui fait défaut à nos économistes contemporains. Ceux-ci, en

---

[7] *Capitalism, socialism and democracy*,(op. cit.). Ch. VII : The Process of Creative Destruction.

[8] K. Marx : Postface de la seconde édition allemande du *Capital.*

effet, ont choisi de détourner systématiquement leur regard de l'histoire. « La théorie ne peut être historique, ni l'histoire théorique » a écrit l'un des plus célèbres d'entre eux, Hayek[9], père de l'école dite des « nouveaux économistes », qui compte de nombreux représentants en France. Aujourd'hui, la plupart des universitaires ou des fonctionnaires internationaux se font du monde une vision infiniment plate. Ils se représentent les hommes comme tous semblables, détachés de tout lien avec leur culture propre et leur civilisation particulière, et se fixant comme but d'obtenir le maximum d'utilité à travers l'échange onéreux, sur des marchés qui tendent autant que possible à s'étendre au monde entier. Pour reprendre une fois encore les catégories de Louis Dumont, on entendra dire, contre l'évidence, que l'*homo hierarchicus* des sociétés restées traditionnelles (les sociétés *à statut*) se comporte exactement de la même façon que l'*homo aequalis* de nos sociétés bourgeoises (les sociétés *du contrat*). Il est clair que nous sommes ici en pleine abstraction.

Par définition, la vision marxienne de l'histoire ne souffre pas de ce déficit historique. Par contre, elle présente en quelque sorte la faille opposée. Si le refus de s'enfermer dans l'espace clos de l'instant présent constitue un bon point de départ, le recours à la méthode dialectique entraîne une conséquence dommageable, qui se présente sous la forme d'un niveau excessif d'espoir dans l'avenir. Celui qui l'utilise voit bien les contradictions qui foisonnent au sein de la société qui l'entoure. De son point de vue, cependant, elles sont toujours destinées à être surmontées sur le long terme.

Ainsi, la dureté du capitalisme industriel à ses débuts (le côté, qu'on pourrait appeler sismondien, de l'histoire économique du XIXe siècle européen) n'a pas échappé à Marx : qu'on relise, à cet égard, le chapitre XV du premier livre du *Capital*. Cela n'empêche que, pour lui, cette histoire suit, au moins de façon tendancielle, une courbe chaotique mais ascendante. Il pensait qu'un jour, grâce au jeu d'une sorte de loi d'évolution darwinienne, ou par l'effet d'une dialectique de type hégélien (qu'on aurait pris soin de remettre d'abord sur ses pieds) le système capitaliste prendrait fin. Alors, il serait remplacé par un stade supérieur de l'évolution des sociétés humaines : le socialisme. C'est ainsi qu'on peut lire, à la fin de l'avant-dernier chapitre du premier livre du *Capital* :

---

[9] F. Hayek : *Scientisme et sciences sociales*, traduit de l'anglais par R. Barre. Plon, 1953.

« La production capitaliste engendre elle-même sa propre négation avec la fatalité qui préside aux métamorphoses de la nature. C'est la négation de la négation. Elle rétablit, non la propriété privée du travailleur, mais sa propriété individuelle, fondée sur les acquêts de l'ère capitaliste, sur la coopération et la possession commune de tous les moyens de production, y compris le sol ».

Niveau excessif d'espoir, ai-je noté. Marx en effet, dont l'existence adulte a été marquée par la dure expérience de la pauvreté, voire de la misère, a toujours considéré le futur des sociétés industrielles avec un optimisme inextinguible. Cette vision de l'avenir était inspirée par l'esprit du temps, et beaucoup d'auteurs du XIXe siècle pensaient de même. Plus tard, nos compatriotes du XXe siècle ont cru, eux aussi (jusqu'aux déceptions des années 1980) au caractère inéluctable du progrès social, venant donner la main au progrès économique. Le futur devait « nécessairement » être supérieur au présent. O mythe de l'histoire-progrès !

Mais au nom de quoi peut-on affirmer que les contradictions se résolvent forcément par en haut ? À cet égard, les deux dernières décennies du XXe siècle auront constitué une rupture fondamentale. En même temps que gagnait, dans l'esprit public, ce qu'on a appelé la « morosité », la conception unidirectionnelle de l'évolution des sociétés présentée par Marx a dévoilé ses limites. Par expérience, nous avons appris que l'histoire comporte des retours en arrière, qui ne sont pas seulement momentanés.

L'évolution de l'Iran nous en offre un bon exemple. Dans l'un des albums écrits et dessinés par Marjane Satrapi, un communiste iranien s'exprimait ainsi après le renversement du Chah, au moment où s'installait la république islamique : « Tout ira bien. Dans un pays à moitié illettré, on ne peut pas regrouper les gens autour de Marx. La seule chose qui puisse les rassembler, c'est le nationalisme ou la morale religieuse. Mais les religieux n'ont pas la science pour gouverner. Ils retourneront à leurs mosquées. Le prolétariat régnera : c'est obligatoire ! D'ailleurs, c'est ce qu'explique Lénine dans '*L'État et la révolution*' »[10]. « C'est obligatoire » : l'expression est forte. Elle nous rappelle que, pour les militants communistes, le scénario qu'ils défendaient en matière de sens de l'histoire ne correspondait pas à une simple hypothèse de travail, soumise comme toutes les autres à des procédures de vérification. Il

---

[10] M. Satrapi : *Persépolis 1*, L'Association, Paris, 2001.

procédait, à leurs yeux, de *la science* elle-même. « Nous avons la science », disaient de leur côté les responsables communistes de notre pays, au moins jusqu'aux années 1970 et 1980. Il est permis de le répéter ici : nul ne peut « avoir » la science, pas plus que la vérité. On peut tout juste s'efforcer de servir modestement l'une ou l'autre – et, si les circonstances s'y prêtent, de servir les deux.

Des convictions appuyées sur la science ne peuvent que paraître irréfutables. L'espoir que ces convictions ont fait naître chez les militants de base, même quand ils se voyaient pourchassés ou arrêtés par des régimes d'oppression, a représenté un élément essentiel du succès du communisme dans le monde. Certes, pensaient les emprisonnés, il est possible de faire disparaître des individus, mais il n'est au pouvoir de personne d'arrêter le flux de l'histoire.

Cependant, il n'existe pas un sens unidirectionnel de l'histoire, dont on pourrait énumérer à l'avance les étapes ou les stades. Non seulement le passé échappe à toute grille de lecture préformée, mais l'avenir ne se laisse pas aisément prédire. Dans l'Europe de l'Est et en Russie, le système socialiste s'est effondré il y a vingt ans. En même temps, le capitalisme désormais mondialisé s'est détaché de ses racines historiques (la priorité donnée à la production matérielle et à l'investissement au détriment de la consommation, la place subordonnée attribuée à la sphère monétaire). Sa pyramide sociale se terminant sur une pointe de plus en plus étroite, constituée par une couche de capitalistes de plus en plus riches, il perd de plus en plus de sa légitimité et paraîtrait proche de sa fin ... s'il avait un héritier présomptif. Compte tenu de l'absence de celui-ci, la place de la parole articulée est devenue vacante ; elle va donc se trouver occupée par le cri. Ce cri, on l'a entendu pousser dans les banlieues françaises, en novembre 2005. Au chapitre 6 de ce livre, je tenterai de comprendre le message qu'il exprimait.

Dans l'ouvrage cité ci-dessus, Georges Duby se demandait : comment peut-on ne pas « croire, au moins un peu, que l'histoire a un sens - et pourtant vivre ? Ou alors, à quoi bon souffrir ? Comment supporter le mal ? ». C'est ainsi que l'histoire a pu devenir, pour un temps, la nouvelle Providence ou le nouvel opium du peuple – ce qui rend tolérable une souffrance intolérable - jusqu'à ce que le remède perde à son tour de son efficacité. Notre époque est celle du désenchantement du monde. A n'en pas douter, la ruine de l'espoir communiste dans l'avènement d'une société meilleure, issue d'une révolution qui viendrait pour de bon renverser les puissants de leurs trônes et élever les humbles, constitue l'un des facteurs de la déprime actuelle. Et l'on se trouve ici placé devant une limite de la pensée de Marx, homme du XIXe siècle et donc lié à l'esprit de l'époque, pour ce qui est de l'interprétation et du déchiffrement de notre temps.

La vision marxienne de l'histoire souffre aussi du choix initial sur lequel elle repose : la survalorisation du facteur social. L'idéologie de l'unique facteur explicatif représente un obstacle susceptible d'entraîner la stérilisation de la pensée. Quand on commence par exemple à parler d'art *bourgeois* ou d'art *aristocratique*, en pensant traiter ainsi de la question de l'art dans son ensemble (alors qu'on choisit en fait de se cantonner dans une démarche « régionale » ou partielle) on sera conduit un jour à opposer une « science bourgeoise » à une « science prolétarienne ». On retrouve ici la formule de Bachelard sur les « yeux fermés » de celui qui croit pouvoir tout expliquer au moyen de la seule clé dont il dispose, parce qu'il n'y en a pas d'autre dans sa boîte à outils. Tôt ou tard, on risque d'en venir à Lyssenko.

La voie de la facilité peut conduire aussi (l'idéologie de l'unique facteur aidant) à réduire une personne à l'identité sociale qu'on s'estimera en droit de lui attribuer. C'est ainsi qu'on a pu entendre proférer dans le passé, par des militants communistes, des approximations simplistes du genre : De Gaulle ? C'est le grand capital ; Pompidou ? C'est le grand capital ; Giscard d'Estaing ? C'est le grand capital. De là, on pourra tirer l'équation : De Gaulle = Pompidou = Giscard - ce qui, on en conviendra, est tout de même quelque peu réducteur.

Il en ressort que la perspective à nous offerte par le matérialisme historique doit impérativement être élargie. Certes, la notion d'*idéologie* conserve aujourd'hui toute la valeur explicative qu'elle avait au temps de Marx. Cependant, elle n'est pas seule à jouer un rôle. Au-delà de l'idéologie de classe, on doit en effet faire une place à d'autres éléments, que Hegel avait appelés *l'esprit d'un peuple* et *l'esprit du temps.* Faisant un pas de plus, Freud est allé au-delà de la notion un peu étroite de *peuple*, pour raisonner carrément en termes de *civilisation.* Il a montré à quel point l'esprit collectif pouvait être façonné par « l'idéal » diffusé par une civilisation, effaçant du même coup les frontières de classes en son sein. Ici, je me réfèrerai à nouveau à mon étude ancienne, déjà reprise ci-dessus, sur « les mérites et les dangers de l'épistémologie externe ».

- Parler d'*esprit d'un peuple* – voire, plus largement, d'un *idéal de civilisation* - se justifie déjà au niveau des réactions spontanées du sens commun. Quand Freud évoque (au pluriel) les « idéals » d'une civilisation ou d'une société, il veut désigner par là « ses jugements relativement à ce qui est le plus élevé et à ce qu'il est le plus souhaitable d'accomplir ». La définition une fois donnée, il développe ainsi sa pensée.

« La satisfaction qu'un idéal accorde aux participants d'une civilisation donnée est d'ordre narcissique ; elle repose sur l'orgueil de ce qui a déjà été accompli avec succès. Afin de parachever cette satisfaction, chaque civilisation se compare aux autres cultures ... Grâce à ces différences, chaque civilisation s'arroge le droit de mépriser les autres…

On est certes un misérable plébéien, la proie de toutes sortes d'obligations et du service militaire, mais on est en échange citoyen romain, on a sa part à la tâche de dominer les autres nations et de leur dicter des lois... »[11].

Il y a bien des années, un de mes étudiants d'Alger me disait avoir rencontré l'expression d'un sentiment analogue en lisant les Mémoires du boxeur Mohammed Ali, ex-Cassius Clay : on est certes un pauvre Noir du Sud des Etats-Unis, mais on appartient à la grande nation américaine, etc...

Tous ceux qui, marxistes ou non, ont attribué de l'importance aux intuitions de Marx ont été déconcertés en observant la forte résurgence de l'idée de *peuple* dont nous sommes les témoins depuis plusieurs décennies. Dans la plupart des pays, le *Volk* l'emporte désormais sur la *classe* comme moyen d'identification. L'étranger, quelle que soit sa place sur l'échiquier social et les positions qu'il adopte en matière politico-économique, reste avant tout un étranger, qui sera traité comme tel – sauf s'il est riche, évidemment, car l'argent n'a pas plus de nationalité qu'il n'a d'odeur. Même s'il en a le désir et croit en avoir le droit, il n'est pas en position de s'inscrire dans le groupe et de pouvoir y marquer sa place.

Quelques exemples récents permettront d'illustrer cette proposition générale. Ainsi les communistes français venus en Algérie après l'indépendance de 1962, dans le désir de prêter main-forte à la révolution algérienne, s'imaginaient que le nouveau pouvoir allait bientôt abolir les privilèges des bourgeois algériens - comme il s'en prenait, sans

---

[11] S. Freud : *L'avenir d'une illusion*, Presses Universitaires de France, 1971.

perdre de temps, aux propriétés foncières des colons européens. Quelle déception, chez eux, de constater que les traitements réservés aux deux groupes différaient bel et bien, et que la composante ethnique jugée par eux, au sens propre du terme, *insignifiante*, l'emportait décidément sur l'élément social ! Communiste, Maurice T. Maschino reconnaissait après coup que l'idée qu'il s'était faite de l'Algérie n'était qu'une construction de l'esprit, éloignée du réel, et il parlait déjà d'illusions (*L'Algérie des illusions*, Robert Laffont, 1972).

Un peu plus tard, on devait observer au Kosovo une évolution analogue. Au cours des années 1980, écrit Diana Johnstone, « le nationalisme albanais avait été plus ou moins réprimé par les communistes albanais sous la direction d'Azem Vllasi ». Celui-ci voyait alors dans ce nationalisme « le rêve réactionnaire d'un Kosovo ethniquement nettoyé »[12]. Aujourd'hui, on peut le constater : désormais indépendant, le Kosovo n'a jamais été aussi monoethnique. Ce qui fut présenté autrefois comme un « rêve réactionnaire » (et, dans la perspective marxiste, c'en était bien un en effet) est en train de devenir, de plus en plus, la réalité, sous les yeux indifférents ou approbateurs de la « communauté internationale » (c'est-à-dire des pays de l'OTAN) qui ne parle de « purification ethnique » que là où l'usage de l'expression peut servir ses intérêts.

- Si l'on se tourne maintenant du côté de *l'esprit du temps* (*zeitgeist*), on doit reconnaître qu'il joue un rôle important dans la formation (voire le formatage) des convictions des hommes. « L'esprit du temps échappe aux catégories de la raison humaine ... » a écrit le psychologue Jung. Avant lui, les philosophes du XIXe siècle ont été les premiers à faire observer cette prégnance de l'esprit du temps sur l'esprit des hommes. Dans ses *Principes de la philosophie du droit*, Hegel écrivait par exemple : « En ce qui concerne l'individu, chacun est le fils de son temps ; de même aussi la philosophie, elle résume son temps dans la pensée. Il est aussi fou de s'imaginer qu'une philosophie quelconque dépassera le monde contemporain que de croire qu'un individu sautera au-dessus de son temps, franchira le Rhodus »[13].

À propos de Rousseau, Engels a repris plus tard la même idée, au début de son livre *l'Anti-Dühring*. « Nous savons aujourd'hui ... que

[12] D. Johnstone : *La croisade des fous*, Le Temps des Cerises, 2005.

[13] Hegel se réfère ici à un proverbe ancien qu'il cite d'abord en grec, puis en latin : « Hic Rhodus, hic saltus ». Plus tard, ce proverbe sera également cité par Marx.

l'État rationnel, le contrat social de Rousseau ne vint au monde, et ne pouvait venir au monde, que sous la forme d'une République démocratique bourgeoise. Pas plus qu'aucun de leurs prédécesseurs, les grands penseurs du XVIIIe siècle ne pouvaient transgresser les barrières que leur propre époque leur avait fixées ».

Les historiens modernes ont su reconnaître la dépendance dans laquelle leur discipline se trouve par rapport à l'esprit de leur époque. Ainsi, Lucien Febvre observait que l'histoire est « fille du temps ... Chaque époque se fabrique sa Rome et son Athènes, son Moyen Age et sa Renaissance »[14]. Et plus tard Georges Duby, lui aussi très critique à l'égard de l'ancien positivisme historique, devait donner son adhésion pleine et entière à cette manière de voir. « La solidarité d'époque prévaut, en fin de compte, sur toute autre », pensait-il *(op. cit.)* [15].

Et du reste, il apparaît que les conceptions de Marx et d'Engels n'ont pas été exemptes des influences de leur époque. Certes, la pensée développée par les fondateurs du marxisme rompait, pour l'essentiel, avec les présupposés, les analyses et les conclusions de la plupart des économistes, leurs contemporains ; mais comme cette pensée était aussi, sur certains points essentiels, en dépendance étroite vis-à-vis de l'esprit du temps ! Ainsi, les hommes du XIXe siècle, en dehors de quelques exceptions un peu excentriques, ont cru passionnément aux possibilités, jugées alors infinies, qu'offraient la science et la technique. Au temps des *Annales franco-allemandes*, Engels participait déjà à la célébration générale : « qu'est-ce qui est impossible à la science ? » s'exclamait-il. Plus tard, Marx reprendra en écho, dans *le Capital* : « La technique moderne peut s'écrier avec Mirabeau : Impossible ! ne me dites jamais cet imbécile de mot ! ».

---

[14] L. Febvre : *Le problème de l'incroyance au 16° siècle, la religion de Rabelais*. Albin Michel, collection de l'humanité, 1942 et 1968. Introduction générale.

[15] Et encore : « Je suis absolument d'accord avec cela. Je dirais d'ailleurs que je ne crois pas qu'il reste beaucoup, parmi les historiens actuels, d'hommes qui adoptent encore le point de vue du positivisme d'il y a cinquante ou soixante ans, lorsque, dans l'essor des sciences exactes, le sentiment s'affermissait qu'il était possible d'atteindre une connaissance scrupuleusement vraie de ce qui s'est passé autrefois, qu'il était possible de construire une histoire 'scientifique' ». G. Duby – G. Lardreau : *Dialogues*, Flammarion 1980.

Les mêmes observations peuvent être faites à propos du cadre de raisonnement que se sont donné les économistes d'aujourd'hui. Depuis plusieurs décennies - dans les colonnes du *Monde* d'abord, des *Echos* ensuite - Paul Fabra a présenté un plaidoyer argumenté en faveur d'un retour à l'économie politique de David Ricardo. On sait quelles étaient les composantes essentielles de la théorie ricardienne : le primat de la production sur l'échange, la formation de la valeur au niveau de la production, la définition du capital comme l'ensemble des moyens qui sont « nécessaires pour donner effet au travail », seul « facteur » productif. Concrètement, cela se traduit par l'obligation, pour les entreprises, de disposer d'un volume suffisant de fonds propres, afin de pouvoir employer une main d'œuvre importante et de dégager des profits par le biais de la production matérielle, et non par des interventions de plus en plus sophistiquées (et de plus en plus risquées) sur les marchés financiers.

Or, nous voyons aujourd'hui beaucoup de capitalistes prendre le contre-pied de la logique ricardienne. Au temps de Ricardo, ils étaient avant tout des industriels ; aujourd'hui, ils sont de plus en plus souvent redevenus des commerçants. Pour un certain nombre d'entre eux, disposant de moyens importants, le but essentiel n'est pas de produire, mais de pouvoir revendre le plus cher possible (en totalité ou par segments) des firmes achetées le moins cher possible. En ce cas, la plus-value devient commerciale : c'est bien au stade de l'échange, comme à l'époque mercantiliste, que la plupart de nos contemporains comprennent désormais cette notion de plus-value. Dans la même ligne, les dirigeants des grandes sociétés cherchent à réduire leurs fonds propres au minimum. Plutôt que d'immobiliser pour longtemps des capitaux (et de rater, par là même, des opportunités d'enrichissement) n'est-il pas plus simple et plus économique d'obtenir des ressources à partir de l'emprunt, grâce au jeu de « l'effet de levier » ? Mais que faire, alors, quand il n'est plus possible d'emprunter ?

Ce ne sont pas les idées qui mènent le monde, disait Marx ; plus tard, Freud a surenchéri : « les arguments ne peuvent rien sur les passions » *(op. cit.)*. De fait, pour en finir avec les conceptions erronées que les capitalistes d'aujourd'hui se font, à la fois de l'économie et du capitalisme, les arguments n'ont aucun poids. Il faudra attendre la preuve par l'échec. Il y a eu déjà des signes avant-coureurs. Mais la démonstration ne pourra être probante que si la destruction de richesse se produit sur une grande échelle, au niveau du système tout entier. Depuis septembre 2008, il apparaît que la chose est possible.

Que conclure sur ce point ? Les réflexions qui précèdent nous invitent à bien tenir les deux bouts de la chaîne. Sans vouloir s'enfermer dans une explication idéologique qui prétendrait ramener tout événement au jeu d'une cause unique, on aura soin de ne pas négliger la notion de classe sociale. Dans les analyses économiques les plus courantes, elle est trop souvent occultée au profit d'un amas de grandeurs moyennes, qui offrent l'avantage de tout mettre à plat, en gommant des différences de patrimoine et de revenus qui sautent cependant aux yeux (le PIB par habitant, par exemple). Pour se démarquer sur ce point de l'esprit du temps, on est tout à fait fondé à rappeler l'importance que les facteurs sociaux revêtent dans la formation de la pensée des individus et des groupes - le plus souvent, d'ailleurs, sans que ceux-ci s'en doutent.

Cette remarque s'applique aussi aux composantes non-mesurables de la vie humaine. Aujourd'hui, le découpage érigé en règle par Vilfredo Pareto sévissant toujours, les ouvrages de sciences sociales laissent délibérément dans l'oubli les questions spirituelles. À l'inverse, ceux qui traitent desdites questions se montrent souvent par trop ignorants des réalités sociales ; quand ils parlent de l'homme, il s'agit ordinairement (comme chez Feuerbach) d'un Homme abstrait, séparé de son époque comme de son environnement social. La mise à l'écart effectuée par les uns et les autres tend, dans chacun de ces deux cas, à mutiler l'homme de l'une de ses dimensions essentielles ; elle contribue à appauvrir la réflexion contemporaine. Répétons-le une fois de plus : comme le notait déjà Georges Duby, nous devons être reconnaissants à Marx de nous avoir mis en garde contre l'abstraction.

3 – Il est temps maintenant d'évoquer les conséquences que les mutations du capitalisme contemporain ont fait peser sur la validité de l'analyse économique de Marx. Mais il peut être utile de commencer par résumer celle-ci brièvement.

Marx nous dit : avant d'être une économie de la production (ce que disait Ricardo) le *capitalisme* est d'abord une économie du *capital*. Quand un capitaliste, détenant un certain volume d'argent (A) cherche à en obtenir davantage (A' > A) il lui faut passer par le détour de la production – celle-ci ne constituant en effet qu'un *détour*. Cela le conduira à embaucher des ouvriers productifs. Appliquant leur force de travail à une matière première, ceux-ci vont produire une valeur supérieure à celle que représente leur salaire. Ce faisant, ils vont fournir un surplus qui, dans le système capitaliste, prendra la forme de la *plus-value.* Celle-ci est *produite* dans la sphère de la production, mais *réalisée* dans la sphère de la circulation – et c'est bien cette réalisation qui correspond à la finalité du système tout entier. Précisons au passage que le prélèvement de cette plus-value ne correspond pas à un vol puisque, dans le raisonnement suivi par Marx, la force de travail est bien payée à sa valeur (c'est-à-dire à ce que coûte sa reproduction).

Dans ces conditions, l'objet de l'économie politique est représenté par les *rapports* que nouent les deux classes sociales étroitement imbriquées l'une avec l'autre (celle qui produit la plus-value, celle qui se l'approprie). Il sera donc fait abstraction, à la fois des autres classes et du monde extérieur[16]. Par conséquent, la reproduction du capitalisme doit s'effectuer tout entière à travers les flux matériels et monétaires qui relient, au sein de la nation, deux classes et deux secteurs de production (le secteur 1 qui produit les biens de production, et le secteur II qui produit les biens de consommation). On aura compris, compte tenu de ce qui précède, que toute la démonstration repose sur l'identification de la *production* et de la production *matérielle.*

Cette grille de lecture nous permet-elle d'appréhender la réalité du capitalisme contemporain ? À cette question, on ne peut répondre en une phrase, et il est nécessaire d'en passer par un examen un peu fouillé.

- Aujourd'hui, pouvons-nous encore raisonner dans le cadre de la nation, celle-ci étant constituée, au niveau économico-social, de deux classes sociales antagonistes et de deux secteurs de production ? Au XIXe siècle, la nation ayant encore une identité économique et politique forte, ce type d'abstraction était recevable. Dans le capitalisme de l'époque, on pouvait dire que les capitalistes exploitaient *leurs* travailleurs ; c'était

[16] Le monde extérieur était encore présent dans le *Manifeste du Parti Communiste* (1848). « Par le rapide perfectionnement des instruments de production et l'amélioration infinie des moyens de communication, la bourgeoisie entraîne dans le courant de la civilisation jusqu'aux nations les plus barbares. Le bon marché de ses produits est la grosse artillerie qui bat en brèche toutes les murailles de Chine et contraint à la capitulation les barbares les plus opiniâtrement hostiles aux étrangers. Sous peine de mort, elle force toutes les nations à adopter le mode bourgeois de production ; elle les force à introduire chez elles la prétendue civilisation, c'est-à-dire à devenir bourgeoises. En un mot, elle se façonne un monde à son image ».

suggérer en même temps qu'ils avaient besoin d'eux. C'est uniquement du travail de ces derniers que provenait leur plus-value, le passage par le marché allant par la suite transformer celle-ci en profit.

Depuis, nous avons changé de monde, et nos économies mondialisées présentant un tout autre visage. On sait la vogue que connaît aujourd'hui le terme de *délocalisation.* Le tissu industriel national se défait, et des « plans sociaux » s'efforcent de colmater celles des brèches qui paraissent les plus béantes. On assiste à l'extension de la précarité, dont la gestion repose de plus en plus sur le mouvement associatif ; on observe la perte de l'identité professionnelle chez tous ceux qu'on invite à *se reclasser.* Depuis une vingtaine d'années, un terme nouveau (et redoutable) a fait son apparition dans les ouvrages d'économie traitant de l'emploi et du chômage, celui d'employabilité. Si, pour être employé, il est nécessaire d'être employable, il est clair que la sélection est la règle et que le plein emploi est hors d'atteinte, car les exigences des employeurs ne vont pas cesser de s'élever. Cependant, si l'accès au travail n'est pas ouvert à tous, on peut se demander sur quoi va reposer le lien social.

Certes, cela ne signifie pas que l'exploitation ait pris fin. Que les marchés de matières premières flambent ou s'effondrent, les salaires restent stagnants. Dans les exemples chiffrés qu'il proposait pour rendre sa démonstration plus claire, Marx n'allait pas au-delà d'un taux d'exploitation de 50 %. Notre temps en est arrivé à admettre la normalité d'un taux d'exploitation de 100 %. Il est en effet de plus en plus courant, pour les entreprises, de recourir aux services de stagiaires, ceux-ci n'étant pas toujours rémunérés.

La pauvreté, aujourd'hui, ne concerne pas que les chômeurs. Alors que le mot-clé du vocabulaire économique reste celui de « croissance » nous voyons apparaître un phénomène radicalement nouveau, désigné par un terme en soi fort dérangeant : les *working poor*, ou travailleurs pauvres. Il se trouve en effet des personnes pourvues d'un emploi stable qui n'ont pas les moyens de disposer d'un logement. Parmi elles, certaines sont même en partie nourries par des associations caritatives. Aujourd'hui, en France comme aux États-Unis, on peut être à la fois SDF et titulaire d'un contrat à durée indéterminée. Dans ce cas, il est clair que la force de travail ne peut être reproduite dans des conditions normales, ce qui signifie qu'elle n'est pas achetée à sa valeur. On se trouve bien en présence de phénomènes de surexploitation. Au chapitre suivant, à propos de la société organique, j'aurai l'occasion de revenir sur l'échec qu'enregistre aujourd'hui, à ce niveau, la société du contrat.

On doit aussi attirer une fois de plus l'attention sur la mutation la plus forte qui soit intervenue dans nos sociétés contemporaines, et qui nous met à l'opposé des conceptions de Marx. Dans nos pays dits développés, on ne peut plus dire désormais que les capitalistes aient toujours besoin d'exploiter leurs travailleurs. Du reste, compte tenu de l'intérim, du recours généralisé à la sous-traitance, de l'externalisation de certaines fonctions, il s'agit de moins en moins souvent de *leurs* travailleurs. De ce fait, ce sont finalement les salariés qui sont aujourd'hui les plus attachés au maintien en vie de leurs entreprises ; d'où un retournement complet des positions par rapport à l'époque précédente. Comme l'observait le philosophe Jean Baudrillard en janvier 2006 dans un entretien avec des journalistes, les salariés qui manifestent contre les fermetures d'usine « défendent le salariat, malgré le paradoxe de leur démarche, qui consiste donc à défendre aussi le capital ». Ce qu'ils demandent, en quelque sorte, c'est de continuer à être exploités. Le patronat, cependant, choisit de plus en plus souvent d'exercer une activité industrielle dans des lieux où la marchandise-force de travail est moins chère. Il en résulte qu'aujourd'hui, « la France est, avec la Grande-Bretagne, le grand pays le plus désindustrialisé d'Europe »[17]. La tertiarisation bat son plein : il est significatif de noter qu'avant son élection, la présidente du Medef dirigeait un institut de sondage. À cet égard, il apparaît que nous sommes entrés pour de bon dans un monde post-marxien.

- C'est au niveau de l'importance attribuée à la production matérielle que se pose aujourd'hui le problème le plus sérieux quant à l'intelligibilité de l'économie politique marxienne. On a déjà signalé que le chapitre I du premier livre du *Capital* s'intitulait « La marchandise ». Ajoutons qu'il s'ouvre sur une remarque significative (reprise d'ailleurs d'un ouvrage précédent, ce qui souligne l'importance qu'y attachait son auteur). « La richesse des sociétés dans lesquelles règne le mode de production capitaliste s'annonce comme une 'immense accumulation de marchandises' ». Marx poursuivait son propos en soulignant que l'étude de la marchandise allait être « le point de départ de (ses) recherches ».

---

[17] P. Escande : La nostalgie des cheminées qui fument. *Les Echos*, 27 et 28 février 2009.

Rappelons au passage que l'ouvrage dont ces lignes sont extraites fut publié en 1867.

Compte tenu de la date de publication du livre, une telle entrée en matière ne nous étonne pas. Nous savons bien que le monde dans lequel Marx élaborait son système était en quelque sorte *consacré* à la production matérielle. On ne parlait pas, comme aujourd'hui, de biens et de services, mais de *marchandises*. À l'époque, l'étude de la marchandise représentait le commencement de la réflexion économique ; à partir de ce point de référence commun, les économistes construisaient leurs concepts. Le travail productif, avait écrit Adam Smith en 1776, est celui qui « se fixe » sur un objet susceptible de durer plus longtemps que le travail lui-même – ce qui est la définition même de la marchandise.

Quant à la valeur de cette marchandise, ajoutait Ricardo, elle « dépend de la quantité relative de travail nécessaire pour la produire ». Certes, Marx a cherché à déconstruire les fondements sur lesquels reposaient les travaux des fondateurs bourgeois de l'économie politique, dont il pointait les limites en les appelant « les économistes ». À ses yeux, leurs conceptions de la science étaient singulièrement dépourvues de références historiques et sociales ; elles évoquaient la production en soi, sans faire une place suffisante aux *rapports* de production. Elles relevaient d'une « illusion », d'un « fétichisme inhérent au monde marchand ». Au total, celui-ci ne valait guère mieux que le « fétichisme de l'or » que ces mêmes économistes reprochaient à leurs prédécesseurs mercantilistes[18]. Mais elles avaient du moins le mérite de se référer à un monde réel, celui où l'on *produit* par son *travail* des *objets* pourvus d'une certaine *valeur*, celle-ci reposant sur des bases objectives (la durée, la complexité du travail, le recours plus ou moins prolongé à des moyens de production plus ou moins complexes) - et non sur les goûts et caprices subjectifs des consommateurs.

Aujourd'hui, chacun le sait, l'économie a été détrônée par la finance. Pour ceux qui sont en quête de profit, il s'agira de moins en moins de chercher à obtenir une plus-value en passant par le canal de la production matérielle (quelle perte de temps !) puis de la réaliser sur les marchés en transformant M' (les marchandises produites) en A' (l'argent

---

[18] « D'où proviennent, par exemple, les illusions du système mercantile ? Évidemment du caractère fétiche que la forme monnaie imprime aux métaux précieux. Et l'économie moderne, qui fait l'esprit fort et ne se fatigue pas de ressasser ses fades plaisanteries contre le fétichisme des mercantilistes, est-elle moins la dupe des apparences ? » *Le Capital*, L. 1, ch. 1.

tiré de leur vente). Il s'agit tout simplement de faire de l'argent avec de l'argent, d'obtenir directement un A' à partir de A (le capital de départ) – et même avec le moins possible d'argent (A) grâce aux possibilités de multiplication que permet l'effet de levier. J'ai cité plus haut l'ouvrage qui raconte la déconfiture du « hedge fund » américain LTCM. Son titre (*Inventing money)* est tout de même bien significatif. On assiste à de considérables transferts d'argent à travers le monde, d'une place financière à l'autre, dans le but de saisir aussitôt les opportunités de gain qui surgissent en jouant sur les marges, en matière de taux d'intérêt et de change. À la différence du XIXe siècle, on peut « faire de l'argent » sans avoir à fabriquer des marchandises. En 1998 déjà, a noté René Passet, le montant des transactions sur le marché des changes représentait soixante fois le montant des échanges mondiaux de biens et services[19]. Ces nouvelles manières de gagner de l'argent ne peuvent manquer de faire des émules, en dépit des risques qu'elles entraînent pour ceux qui y recourent, au moment où les bulles éclatent. Mais, quoi qu'il en soit, on voit l'esprit du temps se tourner de plus en plus contre le travail des mains, même quand il est qualifié. Bref, la « planète économie » a bien changé, depuis l'époque de Marx.

Nous avons aussi changé de monde sur un autre plan. Il s'agit ici de morale sociale, c'est pourquoi le diagnostic est assurément plus grave. En 1967, soit cent ans après la publication du premier livre du *Capital* – le choix de cette date anniversaire n'était pas anodin - Guy Debord publiait *La société du spectacle* (Gallimard). Pour ouvrir son ouvrage, il choisissait de marquer à la fois une grande proximité et une forte distance par rapport à la première phrase du *Capital* qu'on a citée plus haut. Il écrivait : « Toute la vie des sociétés dans lesquelles règnent les conditions modernes de production s'annonce comme une immense accumulation de *spectacles*»[20].

La superposition des deux textes est singulièrement éclairante. Ce que nous annonce Debord, c'est que notre époque a fait le choix de sortir du réel pour intégrer l'ère du virtuel. « Le monde réel se change en

---

[19] R. Passet : *L'illusion néo-libérale*, Fayard 2000.

[20] Cette référence au *Capital* est à la fois évidente et implicite : nulle note de bas de page pour renvoyer au point de départ de l'œuvre majeure de Marx, et souligner au passage analogie et différences ; nulle observation pour signaler à un « ami lecteur » qu'un siècle tout juste sépare les deux constats. On ne le prendra pas par la main, qu'il comprenne de lui-même !

simples images » ; « tout ce qui était directement vécu s'est éloigné dans la représentation ».

C'est bien, en effet, ce que nous observons autour de nous. Nous sommes au temps de la preuve par l'image. Dans de telles conditions, la place du réel est réduite à celle de point de départ d'une élaboration qui aura pour fonction de lui imprimer son « vrai » sens. La présentation de l'histoire se mue en représentation, et la transmission des nouvelles prend de plus en plus clairement la forme d'une propagande déguisée. C'est le temps des *spin doctors*. La construction de l'information, à partir d'éléments visuels qu'on aura stockés à cette fin, représente une étape essentielle du processus de formatage des auditeurs et spectateurs. Par là, il apparaît que le monde de *1984* n'est pas loin.

Après avoir investi le domaine de l'information, la sphère du virtuel a étendu encore son emprise. Trente après la publication de l'essai de Guy Debord, Jean Baudrillard allait plus loin en montrant, à l'aide de nombreux indices, que nous sommes insérés dans le règne universel de la Virtualité. « Le concept clef de cette Virtualité, c'est la Haute Définition... Partout la Haute Définition marque le passage ... vers un monde où la substance référentielle se fait de plus en plus rare ... Dans les sociétés trop rapides, comme la nôtre, l'effet de réalité s'estompe ... *la réalité, dans sa continuité relative, n'a plus le temps d'avoir lieu* »[21]. (c'est moi qui insiste).

Et l'auteur développe sa critique, nous mettant en présence d'une véritable procédure de construction du réel : « Nous avons perdu ... tout ce qui nous séparait encore de l'avènement de la Réalité Intégrale, d'une *réalisation* du monde immédiate et sans appel » (c'est encore moi qui insiste). Pour l'auteur contemporain du discours politique, le réel brut devient une matière première, un simple matériau doté d'une infinie plasticité, dont il va extraire les éléments lui permettant de construire le réel fabriqué.

La prise de conscience du risque représenté par cette tendance n'est pas réservée à quelques-uns. Grâce à une sorte d'effet bienfaisant de compensation, elle commence à gagner les terrains les plus inattendus - y compris les terrains de rugby. C'est ainsi qu'il y a six ans, l'ancien international Jean Trillo confiait à l'hebdomadaire *Midi olympique* à la fois ses craintes et son espoir : « A l'heure d'une société fondée sur le paraître et le virtuel, le rugby reste un jeu formidablement éducatif ... Le

---

[21] J. Baudrillard : *Le crime parfait*, Galilée, 1995.

corps-objet symbolisé par la force brute des gladiateurs de l'époque moderne ne doit pas se couper de la participation de l'intelligence. En valorisant l'uniformité au détriment de la créativité, le rugby perd de sa singularité » (numéro du 13 janvier 2003).

Pour s'en tenir au domaine de l'information proprement dite, ce qui serait passé autrefois pour supercherie s'appelle désormais *communication.* La « couverture » des événements d'Europe orientale en a donné bien des exemples. On se rappelle qu'au moment du changement de régime en Roumanie, et pour pouvoir investir sur la force émotionnelle qui émane d'un mot explosif, on avait fabriqué de toutes pièces le « charnier » de Timisoara. Plus tard, on a mis au compte des Serbes l'ensemble des exactions commises au cours des combats qui ont marqué l'éclatement de la Yougoslavie. On les a présentés comme les seuls auteurs de « massacres ethniques », les morts civils et militaires qu'ils ont eu, eux aussi, à déplorer ayant été passés sous silence..

Plus tard encore, on a monté de toutes pièces le dossier des « preuves » justifiant l'intervention anglo-américaine en Irak. Dans un monde où les images se succèdent sans interruption, comment le public pourrait-il prendre le temps de peser les choses, ne serait-ce que pour *s'arrêter* un moment sur l'une de ces images, en vue de la décrypter ? Les automatismes prennent la place des choix mûrement pesés et des décisions conscientes. Peu à peu, le champ de la liberté humaine se resserre. Pour échapper à l'addiction, *l'homo technicus* moderne, réduit à la défensive, ne pourrait disposer que d'un recours, celui qui consiste à s'appuyer sur ses forces spirituelles. Je pense ici à sa capacité de jeûner, de méditer, de prendre de la distance, à son pouvoir de dire *non.* Malheureusement, comme le notait dans son dernier ouvrage le sociologue Georges Friedmann, de telles forces n'existent plus, aujourd'hui, « qu'à l'état de possibles »[22].

La même dérive mortifère guette bien sûr le monde de l'économie. « Le risque est grand » soulignait René Passet dans l'ouvrage déjà cité, « de voir se former, par-dessus l'univers matériel dans lequel nous vivons, un *univers virtuel* que son immatérialité, sa transparence, l'instantanéité des échanges s'y déroulant, feraient apparaître comme la réalisation de ce vaste marché mondial ... sur lequel s'est édifié le corpus du libéralisme. Un univers dont on oublierait qu'il jaillit de notre monde réel et n'a de sens que par rapport à lui ».

---

[22] G. Friedmann : *La puissance et la sagesse, op. cit.*

Avec cette intronisation du virtuel au niveau de la fabrication de notre quotidien, nous sommes bel et bien sortis du monde de Marx – mais aussi, en même temps, du monde tel qu'il est. Pour recourir à une catégorie jungienne, c'est comme si notre société tout entière était aujourd'hui en danger de perdre le sens du réel.

Au total, ces divers changements pourraient nous conduire à retirer toute validité à la lecture de Marx pour ce qui est de comprendre notre époque, et du coup à rejeter son œuvre, ô paradoxe ! du côté d'une « histoire des idées » dont le caractère abstrait ne pourrait intéresser que des spécialistes. Une telle conclusion est bien sûr excessive. Lire Marx, en effet, nous permet encore de nourrir notre réflexion, dans la société qui est la nôtre aujourd'hui. A deux niveaux, me semble-t-il, cet esprit universel peut demeurer pour nous un guide. Je tenterai donc, à la fin de ce paragraphe, d'exposer brièvement ce que j'entends par là.

- Il y a de bonnes raisons de maintenir le lien établi par Marx entre les idées et les groupes sociaux dans lesquels elles ont pris naissance. Les remarques marginales qu'il présente à ce sujet peuvent d'ailleurs être, pour nous aujourd'hui, singulièrement éclairantes. Si par exemple, nous dit-il[23], Aristote définit l'homme comme un animal social ou politique, *politikon zoon*, c'est que, pour ce Grec de l'Antiquité, « l'homme est par nature citoyen, c'est-à-dire habitant de ville ». De même, poursuit-il, la définition de Franklin : l'homme est par nature un *toolmaker animal*, un animal fabricant d'outils, « caractérise le Yankee ». Comme il est intéressant de constater qu'une définition nous apprend davantage sur les choix implicites de celui qui la propose que sur l'objet auquel il l'applique !

Mais le lien entre les idées et les groupes sociaux peut aussi être établi à un autre niveau, plus politique. On a déjà souligné le lien qui s'établit tout naturellement entre les idées et les groupes sociaux qui les portent. Pour illustrer le propos, prenons l'exemple de la formation de l'économie politique depuis deux siècles. Pourquoi l'école de Ricardo est-elle devenue, au XIXe siècle, l'école *classique* ? Parce qu'elle faisait reposer toute l'analyse économique sur la production, pour affirmer aussitôt que le problème des débouchés ne se posait pas, les produits fabriqués s'échangeant en fait contre d'autres produits, à travers le voile de la monnaie. Par l'intermédiaire des revenus monétaires qu'elle génère,

[23] Dans une note du chapitre XIII du premier livre du *Capital*.

toute *production* représente un *pouvoir d'achat* équivalent. Ainsi se trouvait justifiée, et en quelque sorte légitimée par la science, la course à la croissance dans laquelle s'engageait spontanément la société capitaliste industrielle du XIXe siècle. Par contre, répétons-le, aucun des groupes sociaux constituant cette société n'avait intérêt à faire de *l'équilibre* le concept fondamental de la science économique naissante, cette notion ayant désormais une révolution industrielle de retard.

Plus près de nous, ajoutera-t-on, pourquoi Keynes, de préférence à Schumpeter, a-t-il été reconnu comme *le* grand économiste du XXe siècle ? Parce que, à la différence de ce dernier, il avançait que le capitalisme pouvait survivre - à la condition d'être géré par de bons techniciens. À ses yeux, il s'agissait essentiellement d'un maniement adroit, par les gouverneurs de Banques centrales, des taux d'intérêt qui déterminent le loyer de l'argent (et de l'action correctrice exercée par l'Etat pour porter la « demande effective » au niveau compatible avec le plein emploi). Pour ce qui est de la fixation des taux d'intérêt, on sait avec quel brio, à notre époque, M. Greenspan s'est livré à cet exercice : noyant les marchés de liquidités, il a joué un rôle-clé dans la marche à l'endettement des ménages américains.

J'avais écrit : les groupes sociaux. Si l'on admet la validité de ce pluriel, on jugera que Marx et Engels vont trop loin dans l'énoncé de la thèse qui figure au cœur de leur livre *L'idéologie allemande.* « La classe qui dispose des moyens de la production matérielle dispose, du même coup, des moyens de la production intellectuelle, si bien que, l'un dans l'autre, les pensées de ceux à qui sont refusés les moyens de production intellectuelle sont soumises du même coup à cette classe dominante ». Ici, les auteurs exagèrent le pouvoir de soumission dont disposent les dominants, et sous-estiment la capacité de résistance qui reste acquise aux dominés. Un groupe dominé – une classe sociale par exemple – peut fort bien élaborer sa propre pensée, ou réinterpréter un message antérieur dans un sens qui conforte sa vision du monde. L'essor du luthéranisme et du calvinisme au XVIe siècle peut être lu à travers ce prisme – à condition, bien sûr, qu'on ne s'en tienne pas à cet angle des choses[24]. Au XIXe siècle, le succès remporté par le marxisme au sein de la classe ouvrière a montré qu'un groupe dominé dispose toujours d'une capacité

[24] Cf. F. Engels : *La guerre des paysans en Allemagne*, Éditions sociales, 1974. On reviendra sur cette question au chapitre suivant.

d'adhésion à une doctrine venant contester l'ordre établi, qu'elle ait une forme religieuse ou non.

Dès lors qu'il l'aura acceptée, le groupe en question trouvera toujours les moyens de la diffuser. De plus, si ce groupe dominé a des représentants capables de développer une pensée forte, dotée de cohérence et de rigueur, il est probable qu'il ne le restera pas toujours. Les idées ne sont pas que des produits, elles disposent d'un indice d'autonomie, elles sont dotées d'un véritable pouvoir de transformation.

- En ce qui concerne l'évolution technique, l'analyse de Marx souffre d'une faiblesse initiale. Ni Hegel ni Feuerbach n'ont pu lui enseigner que la référence spirituelle constitue « le fondement ou, pourquoi pas, l'infrastructure de l'économique » (*Économie et vie spirituelle, op. cit.).* Le matérialisme historique, à ce niveau, lui brouillait également la vue, en lui faisant confondre l'idéologie religieuse avec la perspective spirituelle. Pourtant, derrière l'infrastructure technique en constante évolution, et en deçà des lois et règlements qui organisent la vie sociale, doit exister une infrastructure spirituelle (invisible, par définition) pour porter et sous-tendre tout l'édifice. L'économie ne peut marcher correctement que si elle repose sur une base spirituelle implicite. Le matériel a tout autant besoin du spirituel que la Marthe de l'Évangile a besoin de sa sœur Marie (et inversement) ou encore que la main droite a besoin de la main gauche (et inversement). Dans mon livre *L'économique revisitée*, je me suis efforcé d'illustrer ces propositions en me plaçant au niveau des terrains les plus concrets où se jouent le présent et l'avenir de l'économie contemporaine : la propriété, le travail, l'argent, l'agriculture, le commerce mondial, etc.

Au XIXe siècle, certains auteurs - non dépourvus d'intelligence et pleins de bonne volonté – croyaient que la finalité première du progrès technique était de diminuer la peine des travailleurs. « Il reste encore à savoir », écrivait par exemple l'économiste britannique John Stuart Mill, « si les inventions mécaniques faites jusqu'à ce jour ont allégé le labeur d'un être humain quelconque ». Aux yeux de Marx, la réponse était toute trouvée : « ce n'était pas là leur but. Comme tout autre développement de la force productive du travail, l'emploi capitaliste des machines ne tend qu'à diminuer le prix des marchandises, à raccourcir la partie de la journée où l'ouvrier travaille pour lui-même, afin d'allonger l'autre où il ne travaille que pour le capitaliste ».

« L'emploi capitaliste des machines... ». Chez Marx, le paramètre social tient toujours la première place, et les conséquences des innovations techniques sur les travailleurs sont attribuées aux caractères propres d'un système économique particulier. Cette manière de voir procède, me semble-t-il, d'une vision trop exclusivement politique des mutations historiques. S'il suffisait d'un changement de régime social pour abolir sur la terre le règne de la convoitise et de la volonté de puissance, cela se saurait !

Il n'empêche qu'on doit être reconnaissant à Marx d'avoir soulevé la question – éminemment spirituelle – du *but* de l'introduction, sans trêve ni repos, d'inventions techniques toujours nouvelles au sein des sociétés industrielles. Derrière le beau produit (une automobile toute neuve) qui orne la couverture de l'ouvrage célèbre de Jean Fourastié, *Les Trente Glorieuses* (Fayard, 1979) il est bon de savoir discerner aussi les tâches répétitives accomplies dans l'ombre par les soutiers de la croissance. Cet aspect caché des choses, Georges Friedmann avait voulu le mettre en lumière, en choisissant de faire apparaître des OS au travail sur la page de couverture d'un de ses livres, dont le titre était précisément *Le Travail en miettes* (Gallimard, 1964). Pour Marx (et pour quiconque a, en quelque façon, le sens du spirituel) le premier des deux aspects ne saurait jamais occulter le second.

II - Une transformation sociale jaillie spontanément de la base ?

En ce qui concerne l'avènement d'une société future, nous étions déjà placés avec Marx au niveau d'une utopie, qu'on peut nommer l'utopie *historique*. La cité socialiste devait en quelque sorte jaillir « des entrailles » de la société bourgeoise. Pour lui, cependant, la naissance du monde nouveau nécessitait la réunion préalable de certaines conditions objectives. C'est pourquoi, à l'intention des tenants de la démarche utopique, nous pouvons trouver dans ses œuvres d'excellentes leçons de réalisme. Car il n'aurait pas jugé possible de « changer la vie » de ses contemporains à partir d'un ensemble d'actions innovantes et volontaristes menées par de petits groupes. Il lui aurait semblé déraisonnable de considérer qu'un monde nouveau peut être créé à partir du seul dynamisme de l'Idée. Une telle manière de voir - qui nous ramène aux tentatives menées au XIXe siècle ou à celles, plus récentes, qui ont accompagné et suivi le mouvement de mai 68 - situe clairement ceux qui l'adoptent du côté de l'idéalisme, au double sens (philosophique et moral) que ce terme est susceptible de revêtir.

On a rappelé *supra* qu'au XIXe siècle, au moment où un capitalisme industriel non-encadré manifestait toute sa dureté, quelques pionniers avaient déjà fait le choix de la rupture, immédiate et radicale à la fois. Un siècle plus tard, on a assisté à une résurgence du même courant, dans la mouvance du mouvement de Mai 1968 (qui, on le sait, fut loin de se limiter aux frontières de la France). À ces deux moments-clés de l'évolution de l'Occident, les conditions courantes de vie et de travail, que la majorité des hommes acceptaient bon gré mal gré, furent jugées insupportables par quelques-uns. « Il faut arrêter », disaient ceux qui cherchaient une alternative crédible à la brutalité du monde ambiant : arrêter ce qui était, pour faire advenir ce qui devait être.

Il y a du donquichottisme dans une telle attitude. Notons cependant que ces militants de la rupture immédiate et totale disposaient d'un peu plus de moyens et de troupes que le malheureux héros de Cervantès. Celui-ci n'était accompagné que d'un serviteur : les deux compagnons d'infortune, cheminant côte à côte, représentaient l'attelage insolite de l'utopie et de l'Intérêt. Au contraire, la démarche des militants de l'après-68 se caractérisait par sa dimension communautaire forte. Réinventer la manière de produire et de consommer ; vivre autrement le rapport à la culture ; développer des formes nouvelles d'autonomie, en évitant autant que possible de se mettre en situation de dépendance vis-à-vis du marché ; inventer de nouveaux types de relations de travail qui ne soient pas basées sur le pouvoir hiérarchique, tel était le programme.

C'est ainsi qu'en France, au cours des années 1970, on a vu se constituer en zone rurale de petits groupes convaincus, qui portaient le projet d'inventer – en dehors des partis, des Eglises et de toute forme d'organisation constituée, le mot *dogme* étant formellement banni - de véritables laboratoires du changement social. Tout paraissait possible. Dans un livre récent, Anne Vallaeys a su recréer en quelques mots l'atmosphère de l'époque : « Je me souviens d'un soir autour de la table, sous les étoiles, à nous délecter des temps prochains, de nos rêves vivants. C'était sûr, le lendemain était à portée de main, à notre volonté »[25]. Mais c'était supposer une plasticité infinie des réalités sociales, que les hommes pourraient modeler « à leur volonté » ; c'était se faire illusion.

---

[25] A. Vallaeys : *Dieulefit ou le miracle du silence*, Fayard 2008.

Il est troublant de constater que ces convictions affirmées alors comme des évidences par des jeunes révolutionnaires de 1968 (« c'était sûr ») résonnent comme en écho avec celles du communiste iranien qui a été cité plus haut (« c'est obligatoire »). Cependant, l'histoire n'est jamais écrite à l'avance. Quoi qu'on fasse, la réalité est et restera rugueuse. Il reste à l'aménager pour qu'elle ne soit pas invivable.

Parallèlement à cela, en ville, toute une réflexion sur l'autogestion se mettait en place, rassemblant de petits cercles passionnés. Soutenu par de larges couches de l'opinion française et européenne, le mouvement des Lip paraissait créer une dynamique impossible à arrêter, conduisant tout droit au renversement de l'ordre ancien et à l'instauration - d'abord à petite échelle, puis au-delà - d'un monde vraiment nouveau. À travers la manière dont Maurice Clavel a rendu compte de cette aventure, on voit affleurer à chaque page l'illusion lyrique. « C'était le premier rêve d'un peuple depuis trente ans », écrit-il[26]. Hélas, on ne peut refaire le monde à partir de rêves ; et l'on aurait tort de croire qu'un peuple entier peut vivre en permanence dans la ferveur. Certes, pendant quelque temps, l'enthousiasme peut jouer le rôle de moteur. On lit par exemple, dans le même ouvrage : « on changeait tous de place à la chaîne horlogère, sans cadences, du moins sans rythme au chronomètre, et on avait produit ou créé plus qu'avant, à la fin du jour ».

Au XIXe siècle, les membres des premiers phalanstères devaient éprouver la même impression, passablement exaltante : celle de participer à la naissance d'un nouveau monde, d'une nouvelle manière d'organiser la vie humaine. L'objectif consistant à se réconcilier avec le monde de l'économie, préalablement libéré de « l'horreur » (Rimbaud, Viviane Forrester) paraissait à portée de main.

Au total, il apparaît cependant qu'il vaut mieux mener une réflexion sur l'économie globale, avant de tenter une implantation de microsociété innovante mais isolée. Les dialecticiens ont raison quand ils se représentent le monde sous la forme d'un ensemble de processus, et non comme une somme de réalités morcelées que l'on pourrait prendre en compte de façon séparée, à un certain moment du temps. Dans cette perspective, il n'est pas possible de concevoir un avenir durable pour des îlots de société organique, noyés dans une économie englobante dominée par l'esprit de compétition, la recherche obsessionnelle du profit, la

---

[26] M. Clavel : *Les paroissiens de Palente*, Grasset 1974.

marche ininterrompue vers toujours plus de puissance. Dans tous les domaines, l'expérience nous montre que la vocation des petites enclaves est d'être peu à peu résorbées. Une « normalisation » se produit. On a pu l'observer souvent dans ce pays, au cours des années qui ont suivi le bourgeonnement d'initiatives innovantes qui a caractérisé « l'après-1968 ».

On n'échappera pas aux préalables. L'avènement de la révolution spirituelle, condition *sine qua non* de la révolution économique et sociale effectivement nécessaire, suppose d'abord le naufrage douloureux de la vieille société. Certes, cette révolution spirituelle demeure aujourd'hui incertaine ; elle ne doit plus, cependant, être considérée comme impossible ; car la crise à la fois financière et économique dont nous vivons aujourd'hui les premières séquences est susceptible d'entraîner un ébranlement profond, qui représente peut-être l'amorce de la naissance d'une nouvelle société.

Pour en revenir aux années 1970, il est important de noter qu'à cette époque il ne s'agissait pas simplement de mettre en place de nouvelles structures. L'entreprise dépassait largement le champ du politique. Sans qu'ils le sachent, sans que le mot lui-même figure dans leur vocabulaire, les militants du printemps 1968 poursuivaient clairement un but spirituel. La révolution était en quelque sorte leur saint Graal ou leur Compostelle, vers lesquels ils marchaient, émerveillés. Changer soi-même pour changer le monde, telle était la visée des nouvelles utopies.

L'entreprise a buté sur les limites auxquelles s'étaient déjà heurtées les expériences menées au XIXe siècle. On ne peut transformer le monde à partir des idées (la « superstructure ») que si on peut s'appuyer en même temps sur un véritable intérêt collectif. À cet égard, ceux des jeunes de 1968 qui voulaient réellement - et non seulement en paroles - « changer la vie », ont manifesté une foi trop grande dans la capacité des idées nouvelles qui les animaient à se répandre par le seul effet de leur justesse, de leur pertinence, et de l'exemple donné par ceux qui les propageaient. Pour pouvoir donner forme au monde environnant, on doit s'appuyer, en effet, sur une certaine vision du monde et de la vie en société – mais aussi sur des intérêts. Certes, tout ce qui a été vécu à l'époque n'a pas disparu, puisque certaines entreprises fondées alors subsistent encore aujourd'hui ; mais, faute de pouvoir constituer une alternative crédible au règne de l'argent, elles représentent davantage des môles de résistance, des signaux, ou encore des pierres d'attente - parfaitement respectables au demeurant.

Par contraste avec les expériences évoquées ci-dessus, on peut reprendre l'exemple déjà évoqué de la révolution de 1789. C'est bien une nouvelle conception du monde qui s'est imposée à cette époque, pour venir former le nouveau cadre institutionnel de la nation française. On peut citer : la proclamation de la liberté et de l'égalité (formelles), le caractère absolu attribué au droit de propriété, l'affirmation des droits de l'individu et la dissolution corrélative des vieux liens sociaux (ou de ce qui en restait), la suppression des régimes particuliers dont bénéficiaient certaines provinces, la mise en place de rapports économiques et sociaux fondést sur des accords passés entre des volontés individuelles (à travers le moyen juridique du contrat). Tout cela reposait sur l'affirmation du primat de l'intérêt personnel (Mandeville, Adam Smith). Si une telle conception de la vie sociale a pu triompher en ce temps-là, c'est qu'elle correspondait aux intérêts de la classe montante de l'époque - la bourgeoisie - qui avait alors les moyens de refaire le monde à son image.

Ceci est vrai, mais on aurait tort de s'arrêter à ce point du raisonnement. Je l'ai déjà souligné *supra* : il ne s'agit pas de confondre les idées avec les idéologies, ni d'assimiler toute idée à un déguisement destiné à servir sans le dire les intérêts d'une classe.

Il s'agit donc de prendre en compte les deux aspects de la question. Il est vrai que l'idée échoue, quand elle s'affranchit de tout rapport avec l'intérêt. Mais, inversement, les intérêts ne peuvent avoir un quelconque impact dans la longue période (c'est-à-dire sur le déroulement de l'histoire) que s'ils sont greffés sur des idées. Pour revenir à la Révolution française, le passage de l'état de sujet au statut de citoyen a pu apparaître à beaucoup de contemporains comme un progrès. De même, la proclamation de la liberté d'entreprendre a été accueillie avec faveur : dans les villes, par les futurs entrepreneurs, qui voyaient leur désir d'innovation bridé jusque-là par le cadre corporatif ; et, dans les campagnes, par les partisans d'une révolution agricole qui permettrait de renverser les vieilles disciplines agraires, constituant un obstacle insurmontable à la croissance indéfinie des rendements. Quant à la fin des particularismes locaux, elle a été saluée, en dépit de quelques résistances, comme le meilleur moyen de parvenir à l'unité nationale, en gommant des différences ne tenant leur légitimité que de la coutume. L'égalité juridique paraissait mettre l'ouvrier au même niveau que son employeur, puisque rien ne l'obligeait (sauf la faim, bien sûr) à passer avec lui un contrat de travail. Et ainsi de suite.

C'est seulement plus tard qu'est apparue la forte dose d'abstraction qui enveloppait ce beau programme. Les premiers, les socialistes utopiques ont élevé une protestation contre les conditions de travail et de vie de la classe ouvrière, et cherché des solutions à ses maux sur les marges du système existant. Il est peut-être donné à notre époque de reprendre la question à nouveau. Le poids représenté par les abstractions qui nous entourent (liberté abstraite, égalité abstraite, pour ne pas parler de la fraternité) se fait particulièrement sensible. Cela peut induire un jour des ruptures profondes, si l'on attribue une validité à la thèse de Hegel sur le déroulement de l'histoire. Pour celui-ci, rappelons-le, ce qui a cessé d'être rationnel ne saurait demeurer réel très longtemps. Mais la question doit être posée au niveau de la nation tout entière, non à travers la constitution de microsociétés innovantes. Sur ce point, l'expérience des années 1970 est en mesure de nous éclairer.

Les buts proposés à la société ne doivent pas non plus être démesurés. Il ne s'agit pas d'inventer une nouvelle forme d'utopie qui se proposerait à nouveau de créer ou de recréer un Paradis sur terre. Avant d'être matériels, les obstacles à affronter sont spirituels, et donc redoutables. « Le monde entier gît au pouvoir du Mauvais », nous a rappelé saint Jean.

Rêver à la conclusion d'un nouveau pacte social qui, une fois de plus, reposerait sur la tête constituerait encore une mauvaise méthode. Contrairement à ce que pensait Rousseau, l'homme n'a pas eu besoin, pour devenir un « animal social », de passer par l'intermédiaire d'un contrat. Nicolas Berdiaev, encore lui, nous rappelle qu'« un état naturel, extra-social de l'homme n'a jamais existé, c'est une abstraction inventée au XVIIIe siècle » (*De l'esprit bourgeois, op. cit.*). Ce qui explique l'erreur de Rousseau, c'est qu'à son époque la société occidentale entrait dans sa crise d'individualisme - dont, deux siècles plus tard, elle n'est pas encore sortie – et qu'il était, sur ce point aussi, victime de l'esprit du temps.

Compte tenu des innombrables frustrations que nous sentons monter aujourd'hui autour de nous, des mouvements qui agitent la société en profondeur, des signes de la possible naissance d'un monde nouveau qui apparaissent ici ou là, il est possible que nos contemporains voient un jour, dans l'avènement d'une nouvelle économie organique, le seul chemin susceptible de nous arracher à la destruction collective. La question est d'importance, et elle se trouve au cœur du propos de ce livre ; son examen fera l'objet du chapitre suivant. Mais on doit d'abord s'interroger sur la validité de certaines propositions qui, prenant le contre-pied à la fois du matérialisme historique et de la conception française de la laïcité, suggèrent que la solution de tous nos maux repose sur le retour officiel du religieux comme régulateur de la vie sociale. Il nous faut donc, avant de terminer ce chapitre, proposer aussi une réponse à cette question.

III - Retour du religieux ?

Il est devenu banal d'évoquer la perte de confiance dans l'avenir à laquelle on assiste aujourd'hui, dans ce pays et dans le monde entier. Il n'est nul besoin pour cela de se référer aux indicateurs quantitatifs qui sont censés mesurer l'évolution mensuelle du « moral des ménages ». Il y a quelques décennies encore, beaucoup espéraient chez nous que l'avènement de nouvelles majorités porteuses de nouveaux projets au sein des Assemblées parlementaires allait permettre de « changer la vie » dans ses profondeurs. Cette croyance quelque peu naïve appartient désormais au passé. La désaffection qui frappe aujourd'hui le politique a conduit certains de nos contemporains à demander aux religions de leur fournir des programmes simples à comprendre, susceptibles d'application immédiate, et garantis exempts d'erreurs.

Le phénomène est particulièrement visible aux Etats-Unis, où l'on assiste aujourd'hui à la montée en puissance de mouvements chrétiens dits « fondamentalistes ». Le refus de se poser des questions (et la fermeture d'esprit entraînée par cette attitude) apparaît, dans les groupes en question, comme un véritable dogme. On y enseigne que, la Bible affirmant telle chose, la discussion est close ; dans ces conditions, la réponse à toute question n'est pas à trouver, elle est *donnée*.

On sait que des membres de ces mouvements furent très actifs dans l'entourage de l'ancien président George W. Bush. Déjà, dès le début des années 1980, des groupes de pression influents étaient mis en place par des « télévangélistes » : la *Moral Majority* d'abord, suivie un peu plus tard par la *Christian Coalition*. Le fondateur de celle-ci, Pat Robertson, a forgé un slogan jugé par lui porteur d'espoir : « un leadership chrétien pour changer le monde ». Cela suppose qu'il n'y aurait, pour chaque sujet politique ou économique en discussion, qu'*une* solution chrétienne. Dans ces conditions, il sera légitime de fonder des partis dotés d'une base confessionnelle, ayant un programme tout prêt et une place marquée sur l'échiquier politique de leur pays.

On peut évoquer à ce sujet un point particulier. Aujourd'hui, les mouvements fondamentalistes des Etats-Unis, alliés à de grands groupes économiques défendant leurs intérêts à court terme et appuyés sur les liens tissés avec des politiciens conservateurs, cherchent à pérenniser le refus américain de signer les conventions internationales sur la protection de l'environnement. Leur interprétation bourgeoise du livre de la Genèse les conduit à voir en l'homme, non un jardinier ou un intendant de la création - appelé à rendre compte un jour de sa gestion - mais un propriétaire, disposant sur elle de tous les droits[27]. Il est permis de penser que, sur ce point au moins, ils se montrent davantage disciples de Descartes que fidèles à l'esprit de la révélation judéo-chrétienne.

Il se trouve d'ailleurs que cette interprétation fixiste du message chrétien méconnaît à la fois le caractère propre et l'originalité du christianisme. Correctement compris, celui-ci admet en effet que l'histoire elle-même est dotée d'un contenu spirituel ; le croyant doit s'efforcer, autant qu'il est possible, d'en discerner le sens. Dès lors, son action dans la vie sociale pourra éviter aussi bien les attachements passéistes jadis dénoncés par Charles de Gaulle (la « lampe à huile », la « marine à voile ») que la fuite inconsidérée du réel dans des utopies a-historiques. Ce lien qui unit le christianisme à l'histoire, l'historien agnostique Marc Bloch l'avait bien senti. « Le christianisme est une religion d'historiens. D'autres systèmes religieux ont pu fonder leur système et leurs rites sur une mythologie à peu près extérieure au temps humain ; pour Livres sacrés, les chrétiens ont des livres d'histoire... »[28]. Si seulement ils en avaient conscience !

Dans notre pays – qui, à cet égard, est globalement préservé d'une dérive de type américain - il arrive que certains (bons) auteurs tombent tout de même dans le travers de la « doctrine chrétienne » unanimiste. C'est ce qui est arrivé par exemple à l'économiste Henri Denis. Dans un passage

[27] « Ces fondamentalistes qui nous viennent d'Amérique » : *Le Monde des religions*, novembre-décembre 2003.

[28] M. Bloch : *Apologie pour l'histoire ou métier d'historien*, *op. cit.*

de son précieux Traité d'*Histoire de la pensée économique* (Presses Universitaires de France, collection Thémis), il observait qu'à l'égard de la question cruciale de la propriété, deux saints de l'Eglise catholique avaient adopté des positions opposées. À saint Thomas d'Aquin qui, au XIIIe siècle, mettait en avant les mérites de la propriété privée, il opposait Thomas More, un saint de la Renaissance qui fut témoin du premier essor du capitalisme agraire - et de l'expulsion des paysans par leurs propriétaires, au profit de pâturages plus rémunérateurs pour ceux-ci. Le spectacle de cette injustice avait conduit More à se prononcer en faveur du communisme. Mais pourquoi s'étonner de voir des chercheurs honnêtes, à partir de la lecture qu'ils font de leur temps et au terme d'investigations loyales, aboutir à des conclusions différentes ? Pour ce qui est de l'organisation de la terre, on trouvera dans le texte sacré une inspiration, non une doctrine, fut-elle qualifiée de *sociale*. Des hommes animés par le même esprit ne sont pas forcément du même avis sur les solutions concrètes à apporter aux problèmes contingents qui se posent dans la cité. Il est permis de proposer – au risque de se tromper - des voies permettant aux hommes d'accéder, sinon au bonheur (ne demandons pas trop !) du moins à des conditions matérielles telles que l'accès au bonheur ne soit pas impossible. Si quelqu'un a quelque chose de sérieux à proposer dans ce domaine, gageons qu'il sera entendu un jour ou l'autre, puisque l'attente existe. Mais, pour cela, il est nécessaire que les cent fleurs s'épanouissent !

Et de fait, dans le domaine de la théorie économique, on observe chez les chrétiens une très heureuse variété. Certains d'entre eux adoptent les thèses keynésiennes, parce qu'ils pensent que l'auteur de la *Théorie Générale* représente un juste milieu entre libéralisme et marxisme (la question de savoir si la place normale des chrétiens dans la vie publique est précisément le *juste milieu,* « ni froid ni chaud », ne sera pas posée dans ces pages). Ainsi par exemple, au sein du courant généralement désigné chez nous sous le nom de « catholicisme social », Alain Barrère était connu comme l'un des représentants du courant keynésien dans ce pays. Il voyait l'économie nationale fonctionner sur la base d'une négociation permanente entre des « pouvoirs » représentant différents partenaires en présence (le pouvoir patronal, le pouvoir syndical, le pouvoir financier, etc.) sous le haut patronage de l'Etat - celui-ci étant censé jouer le rôle de l'arbitre neutre et impartial. D'après une telle manière de voir, le Plan se trouvait placé au centre de la régulation de l'économie. Aujourd'hui, au contraire, la politique économique menée au sommet de l'Etat a clairement pour but de rendre les riches encore plus riches (le « bouclier fiscal », la quasi-disparition de l'impôt sur les successions, le monopole de la publicité télévisée – ou de ce qu'il en reste - concédée aux chaînes privées, etc.). En même temps, on se préoccupe de distribuer des miettes aux pauvres afin qu'ils ne se révoltent pas (la défiscalisation des heures supplémentaires). C'est dire que l'évocation de conceptions qui furent en honneur dans le passé fait remonter dans l'âme comme un parfum de nostalgie... mais elles ne représentent pas pour autant *la* solution chrétienne.

On trouve aussi chez les chrétiens des partisans du libéralisme et du marché, qui – ignorant qu'Adam Smith était d'abord un philosophe et n'ayant jamais lu la *Théorie des sentiments moraux* - persistent à voir dans le jeu de l'offre et de la demande l'illustration concrète de la parabole smithienne de la « main invisible ». À l'opposé, certains restent partisans des thèses de Marx, considérant – à juste titre d'ailleurs – que la lutte des classes est toujours une réalité, mais ne tenant pas assez compte, dans leur réflexion, de la dématérialisation et de la dénationalisation présentes de nos économies.

Ce faisant, les uns et les autres ne voient pas assez clairement que, dans un monde profondément renouvelé où les vieux concepts ne sont plus opérationnels, il s'agira de trouver, pour l'économie comme pour la société en général, des solutions nouvelles.

Si l'on en vient maintenant au monde musulman, on observe que les mouvements islamistes y occupent aujourd'hui le devant de la scène. Leur influence grandit au Moyen-Orient - plus encore que celle des fondamentalistes aux Etats-Unis - du fait de la crise générale de la « modernité » - qu'elle soit socialiste ou capitaliste – dont nous faisons tous l'expérience. Pour leurs adhérents, il existe une économie coranique, une finance islamique, dont l'application permettrait d'échapper aux impasses où la « civilisation du capitalisme » (l'expression de Schumpeter peut être conservée ici) a mené le monde. Il s'agira donc pour eux d'établir un lien direct entre l'analyse économique et la foi religieuse, lien qui pourra créer, « dans l'âme du Musulman, un sentiment de sécurité intérieure au sein de la Doctrine »[29].

« Notre économie » : cela signifie que les questions économiques doivent être posées au sein d'une communauté religieuse particulière, qui

[29] Quelques principes d'économie islamique, extrait de *Iqtiçadouna* (Notre économie) de Sayyed Mohammad Bâqer es-Sadr. 12 octobre 2008 (site Internet).

sera seule en mesure d'élaborer les réponses appropriées. Dans un tel cadre de référence, on n'aura plus de *théorie* économique (on en a pourtant grand besoin aujourd'hui) ; on aura seulement des *doctrines*. Ce choix est sans doute sécurisant ; mais, si un groupe se met à part, cela ne nous aidera pas à penser l'économie de notre monde (de plus en plus interdépendant, de moins en moins solidaire) après Marx et Keynes.

La question du rapport de la pesanteur (l'économie) et de la grâce (le spirituel) ne me paraît pas devoir être posée de cette façon. Car ici, la volonté d'unification de deux domaines différents va trop loin ; l'économie, depuis le docteur Quesnay (1758) n'est plus une servante de la théologie ou de la politique, mais une discipline autonome qui manie ses propres concepts. Il s'agira plutôt, pour reprendre un titre de Jacques Maritain, de « distinguer pour unir » dans la même réflexion, deux domaines différents. Ce travail exigera bien sûr un effort personnel et pourra être critiqué - car il implique, comme toute entreprise humaine, le risque de se tromper. Il est vrai que cette manière de voir repose sur la distinction fondamentale entre l'esprit et la lettre d'un texte sacré. On sait que « la lettre » tient une place essentielle dans l'Islam. C'est même de là que dérive l'importance, pour le jeune Musulman, d'apprendre le Coran par cœur ; de là provient aussi la nécessité, pour la communauté musulmane, de vérifier, avec le plus de minutie possible, la fiabilité de la chaîne (*isnad*) qui a permis de transmettre jusqu'à ce jour les paroles (*hadith*) de son fondateur.

Il me semble clair qu'à la question du rapport de l'éternité au temps, de la Révélation divine à l'histoire des hommes, ceux qui adhèrent au même Credo religieux ne sauraient apporter toujours la même réponse. Tous admettront que le texte sacré, par définition, transcende l'histoire ; mais ceux des chrétiens qui ne sont pas fondamentalistes admettent que les hommes ont aussi à inventer, sous chaque ciel historique nouveau, des réponses nouvelles, pour une bonne organisation de leur maison commune. Ils pensent qu'un Dieu sans changement a créé un monde changeant, que les civilisations sont mortelles, et qu'à un moment donné de son évolution, un système social (la monarchie française en 1789, l'empire tsariste en 1917) est frappé de sénescence et destiné à mourir. Ils jugent que l'histoire humaine prend la forme d'un *développement* qui va d'un *alpha* (« au commencement, Dieu créa le ciel et la terre ») à un *oméga* (« le Seigneur reviendra »).

Les Musulmans auront plus de difficulté à prendre en compte la dimension historique de la condition humaine. À une conception de l'histoire comme pourvue d'un sens (et connaissant par conséquent de l'irréversible et des ruptures) la plupart d'entre eux préféreront une présentation différente, revêtant par exemple une forme cyclique. Celle que l'on trouve chez le sociologue maghrébin du XIVe siècle Ibn Khaldoun, dans sa *Muqaddima*, en représente une bonne illustration. Une représentation de ce type prodigue à celui qui l'adopte le « sentiment de sécurité intérieure » évoqué par l'écrivain cité *supra*. Cependant, la véritable histoire est celle qui a pour effet de transformer au fil du temps la manière de travailler, de se déplacer, de communiquer des hommes - et par conséquent leurs coutumes, leurs règles de vie, leur façon de s'habiller, et jusqu'à leur manière de comprendre l'organisation de leur cité.

Si aujourd'hui les fondamentalistes musulmans parlent de *croisade* et de *croisés,* à propos des interventions armées menées par des Occidentaux au Proche-Orient, c'est bien en se référant à un temps jugé immobile sur la longue période, à des comportements perçus comme identiques, même quand ils sont séparés par de longs intervalles de temps et de profondes mutations économico-sociales. Pourtant, la politique de l'unique « supergrand » de notre époque, qui s'emploie à dominer le monde, a peu de choses en commun avec les entreprises du féodal Renaud de Châtillon, qui cherchait « seulement », à coup de brigandages, à se tailler un fief en Palestine. Certes, il est plus facile d'affirmer que l'histoire est un éternel recommencement, que les catégories d'autrefois peuvent encore servir aujourd'hui, qu'il n'y a rien de nouveau sous le soleil, etc... - que de s'interroger sur les formes présentes de l'impérialisme américain.

On peut noter au passage que ce recours à des catégories éternelles est à l'opposé des positions marxistes. De là provient la difficulté, pour le marxisme, de trouver sa place en pays musulman. Le communiste iranien évoqué plus haut, et qui se croyait sûr de l'avenir (« c'est obligatoire ») se faisait grandement illusion. Né dans l'Europe du XIXe siècle, le marxisme est avant tout une interprétation de l'histoire. C'est aussi vrai pour son analyse politique que pour sa conception de l'économie : celle-ci se présente en effet comme un enchaînement de modes de production hétérogènes, passant à travers des révolutions tant économiques que politiques. Comme dans le christianisme, il y a ici un *alpha* (la communauté primitive) et un *oméga* (le mode de production socialiste) mais ils appartiennent exclusivement au domaine du temporel - encore que le dernier venu soit (était ?) censé coïncider avec la fin de l'histoire.

Tout ce qui précède amène à poser une question de fond : « Leadership chrétien » mis à part, la religion est-elle vraiment en mesure de « changer le monde » ? En particulier, a-t-elle la capacité de réguler l'économique, de fixer des limites à l'appât du gain ? Je traiterai la question en me plaçant d'abord sur le versant chrétien. Pour cela, je choisirai comme référence une époque (le Moyen Age) où l'économie était clairement « subordonnée », pour reprendre le mot d'André Piettre ; puis j'aborderai le même sujet du côté de l'Islam.

Parce qu'ils jugeaient immorale la fécondité de l'argent - le fait que l'argent soit rendu apte à « faire des petits » - les moralistes chrétiens du Moyen Age se sont opposés, comme avant eux Aristote, à la pratique du prêt à intérêt. La mise en œuvre d'une telle conception théologique n'était cependant pas évidente. « Jusqu'à la fin du Moyen Age » a écrit l'historien Henri Pirenne, « la société ne devait pas cesser d'être angoissée par cette terrible question de l'intérêt, dans laquelle la pratique des affaires et la morale ecclésiastique se heurtent de front. Faute de mieux, on s'en tira à force de compromis et d'expédients »[30]. Un peu plus loin, l'auteur fournit plus de détails : « Ce n'est guère que dans les cas d' "usure manifeste" que (la législation) fut rigoureusement appliquée, c'est-à-dire dans les cas de prêts de consommation sur gage avec stipulation d'un intérêt excessif. Le besoin de crédit était trop intense et trop général pour que l'on pût songer à décourager les prêteurs ».

Plutôt que d'interdire ces déviations devenues inévitables avec l'essor économique, il est apparu nécessaire de les justifier. Dès le XIIIe siècle, poursuit Henri Pirenne, « les canonistes cherchèrent à découvrir des expédients permettant d'atténuer » ce que la règle pouvait avoir de trop contraignant. « On découvrit que toute avance d'argent entraînant soit une perte éventuelle, soit un manque à gagner, soit un risque pour le capital, justifiait un dédommagement, ou, en d'autres termes, un intérêt. L'intérêt, ce fut donc l'usure légitime... ». Finalement, dans le cas étudié, il apparaît que c'est bien le principe de réalité qui l'a emporté sur les réglementations.

---

30 H. Pirenne : *Histoire économique et sociale du Moyen Age*, Presses Universitaires de France, 1969.

En ce qui concerne l'Islam, c'est la situation présente qu'il convient d'étudier, puisqu'il existe aujourd'hui des Etats musulmans ayant la possibilité de légiférer en matière économique et sociale. Sous le titre : « Qu'est-ce que l'économie islamique ? » un auteur musulman contemporain s'efforce de marquer le caractère propre à ce type d'économie, tout en ayant de la difficulté à distinguer théorie et doctrine (sa référence implicite est la théorie néo-classique) et en manifestant une certaine difficulté à sortir du domaine des généralités[31]. On lit par exemple : « La recherche de l'intérêt personnel n'est pas nécessairement une mauvaise chose. Elle est même indispensable à la réalisation de l'efficacité et du développement. Elle devient peu souhaitable uniquement si elle dépasse certaines limites qui empêchent la réalisation de buts normatifs ». Un peu plus loin, on lit encore : « L'Etat islamique ... doit aider à créer un environnement favorable à l'élimination de l'injustice sous toutes ses formes et à la réalisation des buts normatifs de la société ». L'auteur indique aussi que le but à poursuivre est « la réalisation du bien-être humain en permettant une affectation et une répartition de ressources limitées, conformes aux enseignements islamiques sans trop limiter la liberté individuelle ou créer des déséquilibres macroéconomiques et écologiques continus ».

Tout cela nous laisse un peu sur notre faim. Mais il est vrai que l'auteur, à la fin de son texte, souligne avec une grande honnêteté qu'il éprouve lui-même un sentiment d'inachevé. « Il n'existe pas de données pour évaluer les performances réelles des banques islamiques par rapport à ces buts … et pour expliquer pourquoi les modes idéaux de financement n'ont pas été complètement réalisés.

Les efforts faits jusqu'ici ne font que remplacer le taux d'intérêt par le coefficient de participation aux bénéfices et introduire la *zakat* comme impôt, *sans supposer de changement important dans le comportement des agents économiques* (c'est moi qui insiste). L'économie islamique a encore un long chemin à parcourir avant de pouvoir constituer une discipline économique distincte. Elle n'a fait jusqu'ici qu'effleurer le sujet ».

Il est temps de conclure ce long chapitre. Ici, j'adopterai volontiers la remarque de l'islamologue français Maxime Rodinson, observant que

---

[31] *Qu'est-ce que l'économie islamique*, par Mohammad Umer Chapra, Institut islamique de recherches et de formation. Banque Islamique de développement, Djeddah, Arabie Saoudite, première édition 1996 (1417 H).

« les capitalistes musulmans ont fait fructifier leur capital comme les capitalistes chrétiens ». On relèvera bien sûr l'identité de comportement, qui l'emporte ici sur les différences des textes fondateurs ; mais on notera aussi que les « capitalises chrétiens » évoqués par Rodinson ont su interpréter à leur façon la parole de l'Evangile : « il est plus facile à un chameau de passer par le chas d'une aiguille qu'à un riche d'entrer dans le Royaume des cieux »[32].

Sur un plan plus général, Rodinson notait à juste titre que les préceptes des religions sont trop larges, et susceptibles de trop d'interprétations divergentes (il peut exister en même temps une lecture conservatrice et une lecture de gauche du Coran) pour pouvoir donner naissance à un discours économique univoque. Au total, écrivait-il excellemment, « il n'y a pas d'économie musulmane ou chrétienne, catholique ou protestante, française ou allemande, arabe ou turque, dionysiaque ou apollinienne »[33].

Pour ajouter à cette excellente analyse un point de vue personnel, je dirai que la place des religions dans l'espace public consiste moins à donner des réponses - leur *job* ne consistant pas à procurer à la demande sociale un « modèle de société » clés en mains - qu'à poser les questions qui dérangent. On peut ici mettre en évidence la plus importante :

---

[32] Dans une brochure publiée en 1924, Keynes s'est gaussé de la manière dont une certaine bourgeoisie cléricale britannique a prétendu interpréter le message de l'Evangile (en lisant ce texte, on verra qu'il a poussé au niveau de la formulation explicite ce qui n'était qu'implicite, chez ceux dont il fustigeait l'hypocrisie).
Parlant du siècle de croissance qu'avait alors connu l'Europe, il écrivait : « ...Épargner et placer devinrent à la fois la joie et le devoir d'une fraction énorme de la population. Les capitaux étaient rarement retirés. S'accroissant à intérêts composés ils rendirent possibles les succès matériels que nous tenons maintenant pour assurés. La morale, la politique, la religion s'unirent dans une vaste conspiration en faveur de l'épargne. Dieu et Plutus étaient réconciliés. Paix sur la terre aux hommes bien rentés ! Après tout, un riche pouvait bien entrer au Royaume des Cieux – pour peu qu'il ait épargné ».
À l'appui de son propos, il citait un ouvrage de propagande chrétien paru en langue anglaise, dans lequel on pouvait lire : « Il est curieux d'observer comment, grâce aux sages et généreux arrangements de la Providence, les hommes peuvent rendre les plus grands services à leurs semblables, tout en ne pensant qu'à leur propre gain ».
La *main invisible* de Smith passe ici du statut de providence laïque (que son auteur avait en vue) à celui de claire manifestation de la Providence divine ! J. M. Keynes : *La réforme monétaire*, Éditions du Sagittaire, 1924.
[33] M. Rodinson : *Islam et capitalisme*, op. cit.

pratiquez-vous l'exclusion, et sur quelles bases ; comment traitez-vous les exclus ?

D'autres questions feront suite à la première : quelle place faites-vous aux pauvres, aux vieillards, aux handicapés ? Refuserez-vous de voir s'installer chez vous des discriminations, à l'égard des femmes en particulier ? Renoncerez-vous à dissimuler des intérêts très concrets derrière de vastes abstractions (les Droits de l'Homme, la Démocratie, la « Communauté internationale », etc...) ?

C'est bien dans cette ligne que j'essaierai, au chapitre suivant, de discerner quelques traits d'une possible société organique, dont l'effondrement de la présente économie de rapine pourrait hâter l'avènement.

CHAPITRE 5

Pour une nouvelle société organique :

de quelques signes avant-coureurs

À supposer que le capitalisme décadent, malade de sa finance et aux prises avec de sérieuses turbulences depuis l'automne 2008, s'effondre pour de bon dans quelques années - comme, avant lui, s'était effondrée l'autre forme de gestion des économies « avancées », le socialisme - que pourrons-nous mettre à la place ? Et d'abord, peut-on s'appuyer sur les propositions de changement que nous ont léguées le XIXe et le XXe siècle ? Sans revenir sur le marxisme, dont il a été longuement question dans les deux chapitres précédents, commençons par évoquer brièvement les autres apports que nous a transmis le passé.

Pour ce qui est du XIXe siècle, il convient de citer à nouveau le nom de *Sismondi*. Il mettait son espoir dans une législation efficace susceptible d'encadrer le capitalisme, afin de lui retirer d'en haut la capacité de nuisance qu'il comporte s'il est livré à lui-même : la faculté de « mettre la vie humaine au rabais ». La responsabilité des hommes d'Etat consistait d'après lui à réorienter complètement le système industriel, à lui donner un nouveau *sens*, pour qu'il serve d'abord au bonheur des hommes, au lieu de viser en priorité la multiplication des choses - et, à partir de là, l'enrichissement de quelques-uns et l'appauvrissement du grand nombre[1].

A l'appui de ses propositions, il rappelait à ses lecteurs l'histoire ancienne, mais exemplaire, des habitants de Sybaris. La tradition rapporte en effet que dans cette ville de l'Antiquité, les membres d'une classe de riches oisifs se préoccupaient exclusivement de jouir sans entraves, tandis qu'à côté d'eux des esclaves produisaient la richesse matérielle. Et Sismondi de faire observer que les législateurs de cette époque, partant de l'idée que le gouvernement est institué « pour le bonheur de tous, non pour celui d'une seule classe, réprouvèrent

---

[1] « La masse de la nation semble oublier, aussi bien que les philosophes, que l'accroissement des richesses n'est pas le but de l'économie politique, mais le moyen dont elle dispose pour procurer le bonheur de tous ». Sismondi, *Nouveaux principes d'économie politique*, Calmann-Lévy 1971, Avertissement de la seconde édition.

complètement le système des Sybarites ». Pourquoi, se demandait notre auteur, les législateurs contemporains ne pourraient-ils pas reprendre à leur compte la même mission correctrice, dans les conditions du XIXe siècle ? Il y manquait, bien sûr, l'assentiment de « l'esprit du temps » - mais Sismondi ne savait pas que le législateur se contente ordinairement de traduire cet esprit du temps en textes de loi - comme on l'a noté précédemment.

Du reste, pour faire apparaître les limites de l'utopie à forme législative proposée par Sismondi, on doit remarquer que ses propositions buteraient clairement, aujourd'hui, sur les orientations de l'opinion commune. L'instauration d'un type d'organisation sociale reprenant les bases du système des Sybarites serait loin de choquer notre classe dirigeante, pourvu qu'on prenne soin d'utiliser, pour le décrire, un vocabulaire conforme aux canons de la « communication » contemporaine (modernisation, réformes, apologie de la réussite individuelle, mépris affiché à l'égard des l*osers*, droit de jouir, lutte contre les tabous, etc...).

Au XXe siècle, d'aucuns ont soutenu que les propositions de Sismondi se sont retrouvées (rajeunies, mathématisées) dans ce qu'on a appelé « l'ordonnance keynésienne ». En réalité, une grande distance sépare le théoricien du XIXe siècle et le praticien du XXe. Le premier cherchait à pointer les tares originelles d'un système dont l'application conduisait à étendre l'insécurité - alors que, dans le même temps, on multipliait la richesse. Quant au second, il se préoccupait au contraire d'inventer des recettes de court terme, susceptibles de donner de la *fluidité*, non seulement aux relations sociales, mais au fonctionnement même du capitalisme industriel.

Sismondi prétendait mettre l'économie à sa place, c'est-à-dire au service des hommes. Un tel choix a suscité, bien sûr, beaucoup d'incompréhension et un lot de commentaires critiques, tant chez des socialistes que chez des libéraux. Economie politique impeccable, diagnostiquait le jeune Marx du *Manifeste* (« il démontra de façon irréfutable ... ») mais piètre politique économique (« ... à la fois réactionnaire et utopique »).

Du côté des tenants du système capitaliste, son contemporain Bastiat voyait en lui « un des hommes qui avec les meilleures intentions du monde a fait le plus de mal » (*op. cit.).* Il croyait le confondre avec cette saillie : Sismondi « arrive ... à cette conséquence, que plus grande est l'abondance de toutes choses, plus les hommes sont dénués de tout ». Ici, la critique vise le cœur de l'analyse économique sismondienne. En la réduisant à un paradoxe outrageusement simpliste - au point qu'il serait permis d'en rire dans les salons - Bastiat se croyait avisé ; et pourtant, comme la situation décrite par Sismondi correspond bien à ce qui se passe sous nos yeux aujourd'hui ! Ainsi pouvait-on lire : « Toujours plus de pauvres dans une Suisse riche » dans le numéro de décembre 2008 de la *Revue Suisse* (la revue des Suisses de l'étranger).

Il est clair que son contemporain Hegel n'aurait pas vu en Sismondi un homme du XIXe siècle. De fait, il n'avait pas assimilé le raisonnement dialectique, il parlait d'*équilibre* et non de *développement*, de *bonheur* plutôt que de *progrès*. On ne fait pas de la bonne économique avec des bons sentiments, aurait dit André Gide. Contrairement à Marx et Engels – disciples de Hegel sur ce point - Sismondi ne jugeait pas que, depuis l'apparition de la lutte des classes, « les passions mauvaises des hommes, la convoitise et le désir de domination » constituent les véritables « leviers du développement historique »[2]. Il pensait au contraire que les maux sociaux constituent des manifestations parmi d'autres du mal multiforme qui pèse sur l'existence humaine, et que la tâche du législateur, situé au-dessus des intérêts de classe (c'est là que résidait son utopie) consiste à leur porter remède. Loin de s'opposer au progrès technique, il se préoccupait de remettre de l'équilibre dans une organisation économique que le libre jeu des passions humaines (cupidité, désir d'enrichissement) ne pouvait qu'entraîner à sa perte.

C'est bien cela, en effet, que nous subissons aujourd'hui. Du côté des producteurs, nous sommes les témoins de cette course perpétuelle à l'extension des marchés, entraînant l'apparition de modalités diverses de « forçage » de la demande. Les harcèlements téléphoniques dont nous sommes les victimes en constituent l'exemple le plus quotidien. Que, dans le capitalisme, la production ait toujours un temps d'avance sur la demande (alors que dans le socialisme c'est l'inverse) Sismondi l'avait déjà théorisé dans un article consacré au problème de l'équilibre (*Sur la balance des consommations avec les productions*, 1824)[3].

Du côté de Keynes, le paysage est bien différent. Il passe pour avoir prouvé que l'équilibre de plein emploi n'est qu'une possibilité

[2] F. Engels : *Ludwig Feuerbach…*, *op. cit.*

[3] Pour une analyse plus complète de l'économie politique sismondienne, le lecteur pourra se référer à mon livre *L'économique revisitée*, chapitre 8 : L'heure de Sismondi.

parmi d'autres, qu'il peut exister dans le capitalisme des équilibres de sous-emploi, et que ce système économique ne corrige pas de lui-même ses propres dysfonctionnements. Ce faisant, il découvrait l'Amérique. Un siècle avant Keynes, Sismondi avait clairement identifié la propension du capitalisme à générer du chômage. « Si le profit annuel d'un capitaliste s'élève à 2 000 livres sterling, il n'a pas à se préoccuper s'il emploie cent ou mille ouvriers ». Et notre auteur de pousser le raisonnement à la limite : « D'après cette opinion, peu importe que toute la population (anglaise) disparaisse et que le roi ... reste tout seul au milieu de l'île, à condition qu'une machine automatique lui permette d'avoir les mêmes revenus nets, que produisait une population de vingt millions ».

Keynes, c'est vrai, s'en est pris aux conceptions abstraites des économistes néo-classiques[4] selon lesquels, sur tout marché, y compris le « marché du travail », l'offre et la demande s'équilibrent toujours par l'intermédiaire du prix (dans ces conditions, le chômage est toujours volontaire). Mais a-t-il pour autant proposé aux hommes de son temps une économie politique vivante - comme celle de Sismondi, précisément ? Je ne le pense pas. Aux abstractions néo-classiques, il a tout simplement substitué les siennes ; à la place du vocabulaire de ces auteurs, il a voulu introduire le sien. On trouvera chez lui, sous un nuage de termes nouveaux : propensions, incitations, efficacité marginale du capital, préférence pour la liquidité, multiplicateur, demande effective (qui, bien entendu, n'est pas effective) ... une entreprise conduite dans le cadre des thèses traditionnelles de l'économie politique de son temps - sa nouveauté reposant essentiellement sur l'habileté tactique dont le raisonnement s'enveloppe.

Pratiquement, que proposait Keynes à tous ceux, autour de lui, qui demandaient aux économistes des recettes pour pouvoir sortir de la longue dépression consécutive à la crise financière de 1929 ? Il n'invite en aucune façon à réduire les facteurs de déséquilibre inhérents au système ; il propose simplement de retenir, parmi les différentes formes de déséquilibre, celle qui soit la moins douloureuse possible sur le plan social. Qu'il y ait le moins de vagues possible, conseille en somme ce grand bourgeois aux hommes politiques de son temps. On peut compter sur la technique financière, assure-t-il, pour écarter la menace des mouvements sociaux. Entre les deux maux qui guettent en permanence le

[4] Il appelait du reste ces auteurs « les classiques », sa culture économique étant assez limitée.

capitalisme : l'inflation et le chômage, il conviendra donc de privilégier le premier.

Que faire pour retrouver le plein emploi, en période de baisse du niveau général des prix (occurrence fréquente au cours des années 1930) ? Évitons surtout d'orienter à la baisse toute l'échelle des salaires (quelles complications, et quelles sources de conflits !). Keynes recommande donc d'augmenter en pareil cas le volume de la monnaie en circulation, au moyen du financement monétaire (et donc inflationniste) de l'investissement public.

Pour lui, le retour du plein emploi quand l'ensemble des prix baisse peut théoriquement passer aussi bien par la réduction des salaires (ce qu'il appelle : « une politique de salaires souple ») que par l'augmentation de la masse de monnaie en circulation (« une politique souple de la monnaie »). Les deux méthodes, poursuit-il, « reviennent analytiquement au même » (de fait, si on veut accroître le rapport Volume de monnaie/Salaires, on peut tout aussi bien augmenter le numérateur qu'abaisser le dénominateur). Pour Keynes, une seule réponse s'impose : « Il faudrait être fou (« *it can only be a foolish person* ») pour préférer une politique de salaires souple à une politique souple de la monnaie ».

Dans un article publié en février 1976 par *Le Monde*, Jacques Rueff a mis à jour les arrière-pensées présentes derrière le choix, purement technique en apparence, entre ces deux types de « politique souple ». « Le génie de Keynes ... fut de percevoir ... le refus passionné que l'opinion opposerait à toute politique tendant à établir, en période de baisse des prix, un parallélisme entre les variations du niveau général des salaires et celles du niveau général des prix ». Quand on est en présence d'une baisse du niveau général des prix, on doit se garder d'abaisser les salaires, alors qu'il est si facile d'accroître, grâce à l'investissement, le volume de la monnaie en circulation, l'inflation devenant ainsi un « instrument de réduction sans pleurs du salaire réel ».

Le mois suivant l'article de Rueff, le keynésien Alain Barrère venait contester cette analyse dans les colonnes du même journal. Pour lui, il s'agissait surtout de détruire l'effet produit par la mention d'une « réduction sans pleurs du salaire réel » qui serait obtenue silencieusement par le biais de l'inflation. Cette proposition, affirmait-il, « ne peut être considérée comme conforme à la pensée de Keynes ; elle me paraît au contraire en contradiction absolue avec elle »[5]. Il se trouve malheureusement qu'elle figure (de façon plus enveloppée, bien sûr) dans le texte même de l'ouvrage du « magicien de Cambridge », pour reprendre la formule d'Alfred Sauvy.

La mise en œuvre pratique des conceptions de Keynes ouvrira pour longtemps un boulevard aux « experts », qu'on retrouvera dans l'entourage proche des responsables politiques, à qui ils tenteront d'enseigner l'économie[6]. Mais on devra tout de même s'apercevoir un jour qu'il n'y a là, au total, que du mécanique plaqué sur du vivant. Keynes passe aujourd'hui pour le théoricien de la régulation du capitalisme, alors qu'il s'est contenté d'inciter les pouvoirs publics à agir sur certains leviers : argent moins cher, déficit budgétaire, etc. permettant d'accroître la demande globale, en vue d'éviter le chômage. Aujourd'hui (et contrairement à hier) les responsables de l'économie et de la finance mondiale appuient de plus en plus fort sur ces mêmes leviers. Il reste que, depuis 1973, nous voyons bien les limites sur lesquelles buttent toujours les politiques macroéconomiques. La *stagflation* que nous avons connue en France au cours des années 1970, la présence d'un volant de sous-emploi permanent (« on a tout essayé »), sans revenir sur les deux relances ratées de 1975 (Jacques Chirac) et de 1981 (Pierre Mauroy) ... devraient nous permettre de tirer quelques conclusions. Déjà, il faut reconnaître que la nation, noyée dans l'Europe, livrée sans protection aux mouvements intercontinentaux de marchandises et de capitaux, n'est plus une catégorie économique pertinente. De surcroît, il paraît clair que, pour réparer les failles du capitalisme contemporain, nous avons besoin d'autre chose que des recettes keynésiennes. Les défauts inhérents à notre système ne relèvent plus de mesures purement techniques, elles dépendent avant tout d'un changement de regard.

- Le XIXe siècle nous a également apporté les *socialistes utopiques*. (Owen, Fourier, etc.). Ils n'étaient pas des économistes, mais des réformateurs sociaux. Pour eux, il convenait de sortir carrément de l'histoire, qui avait amené la naissance du capitalisme industriel. La

---

[5] J. Rueff : La fin de l'ère keynésienne, *Le Monde* des 19 et 20-21 février 1976.
A. Barrère : Revenir à Keynes, *Le Monde* des 24 et 25 mars 1976.

[6] Sans tout de même que tout le monde soit séduit. On connaît la blague concoctée par un Anglais : Si vous demandez à trois économistes leur avis sur ce qu'il convient de faire, vous obtiendrez trois opinions différentes. Mais si Keynes fait partie du groupe, vous en aurez quatre.

rupture pouvait même se faire tout de suite, car une société différente pouvait naître dans un nouveau cadre. Pourquoi attendre ? Puisque les idées mènent le monde (pensaient-ils), il était possible de créer *ex-nihilo* des groupements fondés sur une logique communautaire. Dans les microsociétés ainsi créées, les individus cesseraient d'être en conflit les uns avec les autres, puisqu'ils seraient tendus vers le même but. De même, ils échapperaient à une division du travail stérilisante, affectant en permanence les mêmes hommes aux mêmes tâches, etc.

Mais il n'est jamais bon de vouloir sortir de l'histoire, ou de prétendre inventer de nouvelles formes de vie en se plaçant délibérément *à côté* du monde environnant. C'est une grave erreur de croire que - grâce au stock d'enthousiasme disponible dans les commencements - la quête du pouvoir peut être écartée du fonctionnement de communautés nouvelles, qu'on les appelle ou non des phalanstères. Le risque est grand de les voir se dissoudre « dans la bouillie du cœur, de l'amitié et de l'enthousiasme » (pour reprendre les termes peu amènes employés par Hegel dans ses *Principes de la philosophie du droit)*. Quelle que soit l'époque, la naissance de groupes humains soudés et durables est toujours chose difficile.

Même pour s'en tenir aux formules expérimentées aujourd'hui dans l'agriculture française - qui, de façon plus réaliste, reposent sur le travail en commun mais non sur la vie commune (les GAEC et les CUMA) on sait bien que les choses ne sont pas simples.

- Si on passe maintenant sur le bord opposé de la réflexion sociale, on aura à prendre en compte, à la fin du XIXe siècle, les positions de *Léon Walras*, économiste français, professeur à l'Université de Lausanne. Cet auteur se caractérise par le découpage qu'il a introduit (et présenté comme normatif) au sein de notre discipline. Proposant à ses étudiants et à ses lecteurs une « économie politique pure » - et, de ce fait, purement abstraite – conçue dans la perspective de la physique, il a voulu la flanquer d'une « économie politique appliquée » et d'une « économie sociale ». Dans l'économie pure, il recourt à l'analyse mathématique, tout en basant son travail sur deux notions subjectives et donc non-mesurables, puisque fondées sur le sentiment personnel : l'utilité et la rareté. Pour le « sujet économique », c'est l'utilité qui confère leur valeur aux biens et aux services. Mais il aura beau les acquérir en nombre, si ses moyens le lui permettent : la rareté le mettra toujours en état de manque.

Pour ce qui est de « l'économie sociale », Walras y range les associations populaires de consommation, de production et de crédit.

C'est dire que l'auteur entre bien, ici, dans le domaine du concret. Pour lui, l'association coopérative est « le dernier mot, l'effort suprême et le succès définitif de l'initiative individuelle ». On voit qu'il ne s'agit pas pour lui de proposer une alternative au système dominant - mais, bien au contraire, de mettre en relief son ultime achèvement. Pour Walras, les entités qui relèvent de « l'économie sociale » sont la preuve que des salariés peuvent devenir à leur tour des propriétaires, voire des capitalistes, puisqu'ils auront su prélever sur leurs salaires le capital de leur entreprise. Si on les présente de cette façon, il est clair que « les associations populaires ne se confondent en rien avec la réforme sociale » : on l'avait déjà compris.

Il reste qu'une « économie sociale » existe aujourd'hui chez nous. Selon l'approche française, elle se compose des associations, des coopératives (de production et de consommation) et des mutuelles, exerçant leurs activités sur le territoire. Cependant, l'ensemble ainsi formé nous apparaît comme trop hétérogène. De fait, un tel mode de regroupement conduit à inclure sous la même rubrique des unités de taille et de puissance très diverses. Qu'est-ce qu'une petite association de défense de l'environnement, à côté du Crédit Mutuel ou d'une grosse Mutuelle de santé ou d'assurance - ou encore d'une coopérative agricole comme Orlac, qui collecte annuellement des millions de litres de lait dans la région Rhône-Alpes ?

Pour nous en tenir ici aux coopératives et aux mutuelles, certains auteurs ont parlé de « tiers secteur ». L'expression paraît trop ambitieuse. Certes, et contrairement aux vues de Walras, elles prétendent échapper aux règles et à l'esprit du capitalisme privé, comme à ceux du capitalisme d'Etat. Cependant, elles ne sont pas parvenues à se constituer un champ propre d'activités. Pendant un temps, on a pensé pouvoir leur confier des tâches spécifiques que le secteur privé ne pouvait prendre en charge, comme l'embauche de travailleurs non-qualifiés, ou la reprise par leurs salariés d'entreprises en difficulté. Les résultats n'ont pas été à la hauteur des espérances. De même, on a dû enregistrer la disparition des grandes coopératives de production industrielle comme la Verrerie ouvrière d'Albi, longtemps apparue comme un fleuron du secteur. En fait, les SCOP qui parviennent à se maintenir aujourd'hui se caractérisent par leur petite taille, et elles sont surtout présentes dans le secteur tertiaire. De plus, la nécessité où elles se trouvent d'accroître leurs ressources financières les conduit parfois à faire appel à des investisseurs extérieurs ; en certains cas, l'entrée de ceux-ci dans leur capital a eu pour résultat de détourner leurs activités vers des formes non-coopératives[7].

Mais la vraie question est celle de l'identité réelle de ces entreprises. Leur comportement dans le champ de l'économie obéit-il à des règles différentes de celles que suivent les entreprises capitalistes appartenant au même secteur d'activité ? Ici, la réponse est malheureusement négative. Ainsi, « les banques coopératives sont de plus en plus conduites à sélectionner les risques et à refuser les petits prêts » écrit Danièle Demoustier. Dans le domaine agricole, la coopérative Orlac a été amenée à cesser de collecter le lait de petits producteurs implantés en zone de montagne, le coût du ramassage étant estimé trop élevé. On doit reconnaître que la concurrence, qu'on présente aujourd'hui comme un facteur de baisse des prix, est aussi une grande niveleuse, une grande destructrice de singularités.

Il reste que les laboratoires du changement social qui subsistent à petite échelle sont sans aucun doute indispensables. Ils introduisent la part de différence et d'altérité qui permet au système économique actuel d'échapper au piège de l'uniformité desséchante ; mais on se permet de poser ici une question naïve : pourquoi *toute* l'économie ne serait-elle pas *sociale* ?

- Parmi les nouveautés qu'a apportées le XXe siècle, et sans revenir sur les réalisations ayant comme référence officielle le marxisme, il convient de mentionner *l'autogestion*. Elle fut pratiquée par la Yougoslavie socialiste après la rupture avec Moscou, et également (au moins de façon théorique) dans les anciennes fermes coloniales d'Algérie, après 1962, date de l'indépendance de ce pays. Plus tard, ce système fut souvent évoqué chez nous, à titre de référence, au cours des années 1970. Il n'était pas cependant exempt de problèmes et de contradictions, ainsi que l'a souligné Milojko Drulovic dans son livre *L'autogestion à l'épreuve*[8], écrit au moment où Tito présidait un Etat qui s'appelait encore la Yougoslavie.

On croit rêver en revenant *a posteriori* sur l'espoir qu'avait suscité chez nous ce type d'organisation, à une époque où beaucoup voulaient en finir avec le capitalisme, sans savoir précisément par quoi le remplacer. Lors de son Congrès de 1970, la CFDT voyait même dans

[7] Toutes ces informations sont tirées du livre de D. Demoustier : *L'économie sociale et solidaire*, Syros 2001.

[8] M. Drulovic : *L'autogestion à l'épreuve*, avec une préface de Michel Rocard, Fayard 1973.

l'autogestion un mode d'organisation apte à être rapidement mis en place au niveau de la nation, à titre d'élément devant trouver sa place au sein d'un « socialisme démocratique » à venir. De son côté Michel Rocard, dans sa préface au livre de Drulovic, écrivait que son parti, le PSU, était le « seul en France à avoir fait en termes politiques le choix déterminant du socialisme autogestionnaire ». En plus de l'autogestion, le système présenté comme but à atteindre par la CFDT de 1970 devait comprendre deux autres « piliers » : la propriété sociale des moyens de production et d'échange, et la planification démocratique. Pour ce qui est de l'autogestion elle-même, elle était définie par le Congrès dans les termes suivants :

- « Ce sont les travailleurs qui éliront les responsables de l'entreprise aux différents niveaux (de l'atelier à l'ensemble de l'entreprise) ;
- ce sont les travailleurs qui décideront collectivement de l'organisation du travail et des conditions de travail ;
- ce sont les travailleurs qui détermineront, dans le cadre du plan démocratique, la politique de l'entreprise en matière de fabrication, de répartition des investissements, de rémunération ».

On constate que cette démarche improbable de révolution par la loi était axée sur une série d'injonctions, dont on ne voit pas bien dans quel type de réalité sociale elles pourraient s'inscrire (« les travailleurs éliront, décideront, détermineront.. »). Il est question de planification dans ce document. Pourtant, si ce sont les travailleurs de chaque entreprise qui fixent eux-mêmes le volume de la production et des investissements, on peut se demander quelle peut bien être alors la fonction coordinatrice du Plan...

Le problème des différences de productivité entre des entreprises appartenant à la même branche n'était pas posé. Et pourtant, il est clair que l'économique et le social ne marchent pas forcément en parallèle. Pour nous en tenir à un seul exemple : dans la Yougoslavie de l'époque, fallait-il investir pour moderniser des centrales électriques à coût de production élevé et à faible productivité ? Ou devait-on plutôt concentrer les ressources disponibles sur les centrales mieux équipées, en vue d'améliorer encore leur efficacité ? À cet égard, deux phrases de Drulovic traduisent bien l'embarras éprouvé sur ce point par ceux qui ont eu à conduire l'expérience socialiste dans son pays : « Dans notre société, les rapports ne sauraient se fonder sur l'anéantissement des faibles par les forts. Mais il est impossible d'user de la contrainte de l'Etat pour perpétuer le travail faiblement productif au détriment du travail hautement productif ». Ici, l'analyse de Drulovic balise correctement les deux solutions extrêmes qui sont l'une et l'autre à exclure - mais elle ne tranche rien.

D'autre part, la résolution du Congrès de la CFDT passait sous silence la question cruciale de la propriété des entreprises. C'est là, en effet, que résidait la difficulté la plus grande. La Yougoslavie socialiste avait adopté le concept de *propriété sociale*. On sait assez précisément ce qu'elle n'était pas : ni propriété d'Etat, ni propriété du groupe des travailleurs. Mais que recouvrait-elle au juste ? Selon la conception présentée là-bas comme normative, il s'agissait d'une propriété en quelque sorte non-attribuée, car conférée à la fois « à tout le monde et à personne ». C'était, littéralement, la propriété de la société tout entière ; mais où et comment appréhender cette « société » ? Milojko Drulovic, qui raisonnait sur la base d'une expérience concrète, livrait une interprétation populaire du concept de « propriété sociale », exprimée sans fard par un délégué à un congrès de l'autogestion proche de la publication de son livre. La propriété sociale « est 'à tout le monde', et donc 'à moi', lorsque l'on peut en profiter ; mais elle n'est 'à personne' quand il s'agit des pertes et des responsabilités ».[9]

Où en sommes- nous aujourd'hui ? Il semble que le temps de la lucidité soit advenu, et qu'il soit désormais nécessaire de prendre nos distances vis-à-vis des différentes utopies, récentes ou plus anciennes, pour tenter d'envisager la réalité telle qu'elle est. Bien sûr, une telle démarche suppose une série de remises en question.

- On devra en finir avec l'utopie capitaliste sur « la main invisible du marché », faussement attribuée à Adam Smith. Je ne dirai pas qu'il y a eu ici détournement idéologique conscient, puisque la bonne foi se présume. Nous sommes en présence d'un phénomène d'incompréhension : les apologistes du marché ont lu dans une page de *La richesse des nations* ce qu'ils voulaient y trouver. Mais on doit leur signaler que les propos de type providentialiste sur la « main invisible »

[9] H. Arvon : *L'autogestion*, Presses Universitaires de France, collection *Que sais-je* ? 1980.

entrent mal en résonance avec la valorisation de la compétition, dont on souligne par ailleurs, à juste titre, qu'elle est au centre des accomplissements du capitalisme. Le cœur du capitalisme, c'est la transposition de l'univers de Darwin (une évolution se déroulant par à coups successifs, l'élimination des inaptes, et le maintien dans l'existence de ceux qui réussissent à s'adapter) dans la sphère économico-sociale. C'est même là-dessus, on l'a dit, que Schumpeter a fondé tout son système. Mais, si l'on veut définir le régime qu'on veut défendre, il est nécessaire de choisir une réponse : sera-ce la *main invisible*, ou la *compétition coupe-gorge* dont a parlé Schumpeter ?

- Il convient d'en finir aussi avec l'utopie marxienne, consistant à conférer les attributs du désintéressement à une classe sociale, dont les représentants chercheraient à conquérir le pouvoir ... dans le but d'en finir définitivement avec la notion même de pouvoir. Nous savons bien que l'utopie a toujours tendance à se dégrader en idéologie, et que tout nouveau système qui s'installe, quelle qu'en soit la nature, fera bientôt surgir sa *nomenklatura* et ses *apparatchiks*. Du reste, ils ne seront pas forcément distincts de ceux du régime précédent.
- On devra cesser d'investir un espoir exagéré dans la naissance de petites communautés, qui certes peuvent agir comme autant de levains, de « pierres d'attente », de signes annonciateurs - mais qui ne pourront jamais, à elles seules, jouer le rôle d'éléments de transformation de la société tout entière.
- Il serait bon de dépasser la distinction dichotomique entre économie politique et économie sociale. On a déjà cité le message-clé de Soloviev : « Proclamer : 'laissez faire, laissez passer', c'est dire à la société : 'meurs et entre en décomposition' ». Il convient de rappeler ici la prise de position inscrite au chapitre introductif de ce livre. Quoi qu'il en soit des dérives auxquelles nous assistons aujourd'hui dans un monde où l'argent est roi, il reste que l'économie politique a vocation à faire vivre les hommes. Si la notion de reproduction redevient prégnante, l'exclusion de personnes qualifiées d'inaptes et la dégradation de l'environnement naturel apparaîtront comme des aberrations.
- Mais il s'agira, par contre, de revenir sur l'enseignement de Sismondi - mais sans considérer pour autant qu'une nouvelle

> création du lien social, détruit avec la montée en puissance de l'individualisme, dépend au premier chef de l'action des pouvoirs publics. L'Etat ne changera que si la société se transforme. Peut-être, après la fin, forcément violente, du système actuel, assisterons-nous, au terme d'une transition douloureuse, à la mise en place d'une économie, non pas certes de « tout l'homme » – car il y a de larges pans de l'aventure humaine qui échappent au champ de l'économie - mais bien « de tous les hommes ». En ce cas, nous-mêmes ou nos descendants vivront dans une cité où chacun se verrait assigner une place par le « corps social » reconstitué, à quelque niveau que se trouve celle-ci.

Ces invitations à la réflexion ne sont pas destinées à faire naître le découragement chez le lecteur, bien au contraire. Si on montre les limites rencontrées par de vieilles idées, c'est pour mettre son espoir et son énergie dans la germination d'idées neuves - ou d'idées anciennes, susceptibles de redevenir aujourd'hui étonnamment nouvelles. C'est ainsi que la société organique peut apparaître au siècle présent comme une idée neuve, si nos contemporains, laissant de côté le mythe du « contrat social » en viennent à partager la conviction de Vladimir Soloviev : « La connexion naturelle organique de tous les êtres – partie d'un seul tout – est une donnée de l'expérience, et pas seulement une donnée spéculative » (*op. cit.*).

Quelques rares auteurs, au cours des deux siècles écoulés, se sont montrés les avocats de la société organique. À cet égard, il n'est pas étonnant que Soloviev soit si souvent cité dans ce livre. À la fin du XIXe siècle, il enseignait en effet que le principe moral est « triple dans son unité », car il détermine les relations que nous devons avoir à la fois envers Dieu, envers les hommes, et envers la nature matérielle. Sur ce triple plan, il apparaît que nos sociétés modernes vont à la dérive.

- Aujourd'hui, l'idée d'une relation avec Dieu ne suscite chez nous qu'indifférence, ironie ou dérision. « Rien que la terre » semblent dire beaucoup de nos contemporains - pour emprunter à Paul Morand le titre d'un de ses livres. Cela revient à recourber l'aventure humaine sur l'horizon du visible et du palpable, sur le culte de l'instant, sur le « jouir à tout prix ». On peut penser que l'homme mérite tout de même mieux que cela. Mais il arrive aussi, outre-Atlantique, que le nom de Dieu soit évoqué par les puissants à titre de caution d'entreprises menées hors de leurs frontières, en vue de conquérir des richesses matérielles et des moyens de domination sur les hommes – ce qui, à l'évidence, est encore pire.

- La relation avec les hommes est aussi en voie de dégradation. Chez nous, le contrat de travail à durée indéterminée a cessé d'être la règle, et la norme tend de plus en plus à se fixer du côté du travail précaire, selon des horaires fixés unilatéralement par le chef d'entreprise – lourd prix à payer par les salariés, en échange de l'abaissement de la durée hebdomadaire du travail. Si on met à part la longueur de la semaine de travail et la fixation d'un salaire minimum, nous voici revenus aux conditions du XIXe siècle. La marchandise-force de travail doit être en permanence prête à l'utilisation, tout comme les autres marchandises. La nation refoule les jeunes et les « seniors » sur les marges de l'emploi salarié ; à propos de cette mise à l'écart des jeunes, on a parlé de « bizutage social ». Indice supplémentaire de dégradation de l'esprit du temps : des jeux télévisés reposent sur l'élimination du concurrent jugé le moins performant (« le maillon faible »). Au niveau de la compétition mondialisée, c'est le « moins-disant social » qui l'emporte désormais. Quant à la politique de l'immigration « choisie » (par les responsables du pays d'accueil, en fonction de ses critères) elle aboutit, elle aussi, à considérer des hommes comme des matières premières.

- De façon non surprenante, la relation avec la nature matérielle suit le même mouvement. Les conséquences sur le climat du comportement irresponsable des hommes, en termes de rejet dans la nature de produits ou de gaz toxiques, sont bien connues aujourd'hui. Cela n'a entraîné aucune remise en cause des définitions courantes de la « croissance » et du « développement », qui sont toujours présentés comme un accroissement de la puissance mise entre les mains des hommes. De plus, les interventions directes menées aujourd'hui sur le génome des plantes, à travers la fabrication d'Organismes Génétiquement Modifiés, relèvent d'une conception modernisée de l'homme démiurge, et nous renvoient de façon troublante au mythe de l'apprenti sorcier. Pas de redressement en vue : à la place de mesures annoncées à son de trompe mais de portée modeste - du type « accords de Grenelle » - c'est bien d'un virage complet dont nous aurions besoin aujourd'hui.

Le fonctionnement actuel de nos sociétés se trouve bien sûr à l'opposé des vues de Soloviev. Celui-ci invitait ses lecteurs à « soigner la terre comme un être qu'on aime... ». On en revient encore une fois à la question posée au début de ce livre : l'activité économique doit-elle toujours prendre la forme d'une lutte à mener, que ce soit contre les autres, contre la nature - ou encore contre la rareté ?

Quelques années après le Russe Soloviev, le Français Charles Péguy a eu, lui aussi, la nostalgie de ce que recouvre le terme de spirituel, sans pour autant reprendre le mot à son compte. Au cours de sa jeunesse, il avait – comme beaucoup d'adolescents en quête d'absolu - jeté les plans d'une « cité harmonieuse ». Devenu adulte, l'espoir en la possibilité d'un monde meilleur, envisagé cette fois de façon plus réaliste, ne l'avait pas quitté. Sans plus évoquer l'harmonie universelle, il militait, en usant de l'arme dont il disposait (la plume) en faveur de l'avènement d'une société qui saurait, du moins, faire en son sein une place à chaque homme. C'est cela, une société organique : une société dont personne ne se trouve au départ exclu parce qu'il « ne suit pas les cadences ». Dans son étude intitulée *De Jean Coste*, Péguy écrit par exemple: « Je ne puis parvenir à me passionner pour la question célèbre de savoir à qui reviendront, dans la cité future, les bouteilles de champagne, les chevaux rares, les châteaux de la vallée de la Loire ; j'espère qu'on s'arrangera toujours ; pourvu qu'il y ait vraiment une cité, c'est-à-dire pourvu qu'il n'y ait aucun homme qui soit banni de la cité, tenu en exil dans la misère économique, tenu dans l'exil économique, peu m'importe que tel ou tel ait telle situation »[10].

L'intérêt de ce texte est de montrer que la société organique ne doit pas être perçue d'abord comme une société d'égalité, comme un système se donnant comme priorité un nivellement des revenus et des patrimoines. Soloviev confirme : « il s'agit non de l'égalité, mais simplement du droit égal d'exister et de développer les potentialités favorables de sa propre nature ». Aucun régime ne peut susciter l'avènement d'une société égalitaire ; ou alors il s'agirait d'une égalité dans la pénurie, qui ne pourrait surgir que d'une crise généralisée - et, espérons-le, provisoire. Une fois celle-ci terminée, on verra de nouveau apparaître la situation classique, dans laquelle les *datchas* (ou les yachts) se retrouvent toujours entre les mains des puissants et de leurs amis... Par contre, l'aspiration à voir naître une société qui se fixe comme but le maintien d'un équilibre, aussi bien entre les hommes pris individuellement qu'entre les groupes sociaux, ne relève pas du mythe,

---

[10] Cité par A. Finkielkraut : *Le mécontemporain, Péguy, lecteur du monde moderne.* Gallimard, 1991.

puisqu'on en a vu des exemples à tel ou tel moment de l'histoire des sociétés humaines.

Je rappelle que la visée de cet ouvrage, comme celle des deux autres qui l'ont précédé, est de signaler une fois de plus - après le chrétien orthodoxe Berdiaev et l'agnostique Friedmann - que la faillite économique de l'Occident est avant tout la forme visible d'une faillite spirituelle. Avant 1990, on a vu à plusieurs reprises des dissidents soviétiques arriver chez nous, s'attendant à trouver, dans des pays où chacun est libre de croire – et même, si les circonstances l'y invitent, de confesser sa foi – un espace ouvert sur l'invisible. Mais beaucoup d'entre eux l'ont bien vite réalisé : en changeant de pays et de régime social, ils n'avaient fait que changer de forme de matérialisme. Et de fait, ce n'est vraiment pas un progrès que de passer de Marx (même caporalisé) à Bentham.

Comment une nouvelle société organique pourrait-elle naître ? Ce ne peut être à la suite d'une conquête de l'Etat par un parti politique, dont on attendrait qu'elle vienne fonder des institutions différentes et modifier de fond en comble le régime social. Ne soyons pas si ambitieux, ne cherchons pas à refaire l'homme ! Ne croyons pas non plus, comme Lénine, que des structures nouvelles seront à même d'engendrer des hommes nouveaux – car alors les récalcitrants, ceux qui refusent de passer par le forceps de la nouvelle naissance obligatoire, seraient considérés comme des psychopathes dangereux. Il y a lieu, me semble-t-il, de renverser les termes du problème : seuls des hommes renouvelés seront en mesure de faire naître autour d'eux un monde qui leur ressemble. Mais ils ne peuvent être renouvelés qu'à travers l'électrochoc procuré par une crise d'une ampleur inconnue jusqu'à ce jour.

L'avènement d'une nouvelle société organique est subordonné à une transformation profonde du comportement au sein du groupe social, à un changement de norme, entraînant de lui-même une transformation des conduites, et ensuite des institutions. Ce changement ne saurait se produire par le seul mouvement des idées, ou à la suite de prêches passionnés de quelques témoins du futur. En Inde – qui est sans doute le pays le plus spirituel du monde – le disciple de Gandhi Vinôba n'a obtenu que de modestes résultats dans sa campagne en faveur du don volontaire de terrains agricoles (le *Dâne*) pour permettre aux sans-terre de pouvoir cultiver. « Quatre pour cent à peine des plus grands ont payé leur tribut au Dâne », a écrit à ce sujet Lanza del Vasto, « alors que plus de la moitié de ceux qui ont trop peu de terre pour en vivre ont donné »[11] - mais on sait que les terres des pauvres ne sont jamais les meilleures.

Il me paraît vain de trop miser sur la diffusion de l'exemple de militants convaincus, qui choisiraient de réinvestir à nouveau quelques poches au sein de l'espace rural. Repartir sur les mêmes bases aboutirait à se heurter, tôt ou tard, aux mêmes limites. Pour qu'il y ait véritable changement, les hommes doivent découvrir à quelles impasses conduit une société fondée sur la convoitise et la volonté de puissance. Soyons clairs : la transformation de la vision ne peut venir que d'un effondrement complet du capitalisme financiarisé, d'une véritable crise de système. Ceux qui pensent que la « création de valeur » peut être le fruit de la fécondité de l'argent ont assisté et assisteront - interdits et impuissants - à des phases prolongées de « destruction de valeur » généralisée.

Hegel avait raison de penser que ce qui est irrationnel ne peut demeurer réel très longtemps. Comme elle est apparue, la fausse richesse ne peut que disparaître un jour des écrans d'ordinateurs de tous les *traders* de la planète. Le spectacle de leur désarroi (comme en 1929) nous renvoie, presque mot pour mot, à ce que l'auteur du Psaume 106 disait de marins aux prises avec une tempête. « Ils montent jusqu'au ciel, ils descendent jusqu'aux abîmes ; leur âme fond à force de détresse. Ils titubent comme un homme ivre, ils sont dans le trouble, toute leur sagesse est engloutie... »[12].

Bien sûr, des sociétés organiques apparaissant à différents moments de l'histoire ne peuvent qu'être dotées de moyens techniques très différents. Elles ont cependant quelque chose en commun : c'est le fait de mettre toujours au premier plan le souci de leur propre reproduction. « A long terme », certes, « nous serons tous morts » ; mais nous pouvons tâcher, dans l'immédiat, de nous conduire de telle façon que l'humanité ait encore devant elle un peu d'avenir terrestre... Pour qu'une solidarité intergénérationnelle puisse exister, il convient bien sûr qu'une société accoutumée à vivre dans le présent retrouve le sens du futur. Si nous y sommes prêts, la perspective de la longue période redevient alors prégnante. C'est bien dans un tel cadre que le problème

---

[11] L. del Vasto : *Vinôba ou le nouveau pèlerinage*, Denoël 1954.

[12] La notation des Psaumes est donnée ici d'après la numérotation des Septante (c'est-à-dire du texte grec) qui est en usage dans l'Eglise orthodoxe.

de l'équilibre entre les ressources et les besoins se trouve correctement posé. Il y faudrait pour cela une nouvelle *vision* – autant dire : une nouvelle naissance, volontaire cette fois.

Pour le moment, la possibilité d'un changement de regard bute sur un obstacle infranchissable : l'influence de l'esprit du temps, le *zeitgeist* évoqué par Hegel. Et ce sont bien les aspirations des membres d'un groupe humain, non les initiatives des législateurs, qui peuvent conduire à la transformation du cadre de vie. On a dit déjà que les assemblées parlementaires étaient bien faibles, par rapport à la pression de l'esprit de l'époque.

Or celui-ci n'a pas fondamentalement changé depuis le XIXe siècle. Les propos que Tocqueville tenait en 1840 pourraient être repris de nos jours, terme pour terme : « il faut... s'attendre que l'intérêt individuel deviendra plus que jamais le principal, sinon l'unique mobile des actions des hommes ; ... il reste (seulement) à savoir comment chaque homme entendra son intérêt individuel ». Nos contemporains, loin d'être prêts à mettre en place une société organique, multiplient au contraire les pratiques individualisantes pour endiguer leur sentiment croissant d'insécurité. C'est de là que proviennent la création de résidences protégées par des grilles et gardées par des vigiles, la pose généralisée d'interphones, etc. Aujourd'hui, le « dedans », aux dimensions de plus en plus restreintes, demande à être en permanence protégé contre l'intrusion non-souhaitée du « dehors ».

Voyons maintenant où peut nous conduire l'hypothèse émise ci-dessus d'un nouveau *tsunami* financier. Nous en avons vécu la répétition générale à l'automne 2008, sans qu'on ait vu par la suite les banquiers du monde tirer les leçons de l'événement et choisir de transformer leurs pratiques. Rembourser l'Etat prêteur le plus tôt possible, afin de pouvoir à nouveau faire comme avant : tel a été le réflexe de tous. Dès lors, on peut prévoir que la prochaine déflagration, venant toucher un organisme déjà fragilisé, pourrait entraîner une crise économique d'une extrême gravité, suivie d'une crise sociale, voire d'une crise internationale - tout cela sur le fond d'une crise écologique de grande ampleur. De tels événements associés feraient apparaître aux yeux de tous la vanité des certitudes présentes des maîtres de l'économie et de la finance. Dans ces conditions, un basculement de l'esprit du temps deviendrait alors possible.

Précisons qu'il s'agit bien ici, non de quelques modifications à la marge, mais d'un renversement complet des principes de la vie sociale. Alors, le vital peut l'emporter à nouveau sur le mécanique, le long terme sur l'immédiat, le concret sur l'abstrait, le souci de la reproduction sociale sur l'obsession de la réussite individuelle immédiate. Fin du règne de « l'idole productivité » ; droit donné à chacun, selon ses capacités, de participer à la production de valeurs d'usage. ; sortie du monde de sélection-exclusion dans lequel nous sommes présentement insérés ; passage à une forme différente de concurrence entre les firmes, n'aboutissant pas nécessairement à la mort des moins performantes ; enfin et surtout, nouvelle définition du développement. Car il est peut-être temps - pour reprendre à notre compte, une fois encore, le vocabulaire de Soloviev - de passer de l'état « zoo-humain » à l'état « théo-humain » - et de découvrir qu'il n'y a pas d'alternative entre les deux. C'est même dans ce passage que consiste, d'après le philosophe russe, le véritable « développement ». Vaste programme !

Un changement dans les pratiques ne peut qu'entraîner un retournement symétrique dans les idées. Assisterons-nous à la fin de l'identification idéologique de la dépense monétaire avec la création de richesse ? Le gratuit se verra-t-il de nouveau attribuer une place légitime dans la régulation des sociétés humaines ? Bien sûr, l'évolution récente va dans le sens opposé. Tout se vend, et tout se paie. Nous avons vu le payant envahir des domaines qui, il y a encore peu de temps, lui échappaient. Aujourd'hui, le marché propose aux élèves consentants, dans un but « pédagogique » (sic) d'acheter à une entreprise de services des devoirs tout faits de mathématiques (5 euros) ou d'histoire (10 euros). Plus gravement, des couples d'Occidentaux ont jugé normal de louer pour neuf mois le ventre d'une femme du tiers-monde qualifiée de « mère porteuse », afin de pouvoir obtenir un enfant sans avoir à supporter le fardeau de la grossesse (4 000 euros).

Dans le domaine agricole, la sphère du payant s'est étendue aux semences traditionnelles, sur lesquelles de grandes sociétés ont acquis le droit de prendre des licences. Il s'agit là clairement d'enrichissement par prédation. Ce n'est plus la peine de recourir à l'exploitation de travailleurs, puisqu'il est tellement plus simple de passer par le bureau des brevets... Aux yeux des responsables de ces sociétés, on peut *avoir* tout ce qu'on peut *voir* sur la terre ; on peut mettre la main sur tout, y compris sur ce qui n'est pas le produit du travail humain. À supposer un instant réalisée la Révolution spirituelle dont parlait Friedmann, le caractère exorbitant d'une telle prétention éclatera aux yeux de tous, et les hommes comprendront à nouveau, pour le salut de leurs âmes et de leurs corps, que *tout* sur la terre n'est pas voué à devenir marchandise.

Le XXIe siècle sera-t-il un siècle spirituel ? Pour échapper aux pièges des communautarismes (qui surgissent du fait du processus d'uniformisation générale et de mondialisation par le bas auquel nous assistons) peut-on imaginer que nos sociétés deviennent un jour plus communautaires ? En France, nous a dit Tocqueville, c'est dès l'Ancien Régime que la prise en charge des situations de pauvreté relevait de la compétence exclusive de l'Etat central. Puis le XIXe siècle a fait un pas supplémentaire en affirmant, avec la caution de Malthus, que chaque individu n'était responsable que de lui-même. Depuis la loi de 1901, il est vrai qu'un certain nombre d'associations occupent désormais le champ du social, s'efforçant d'apporter une aide à tous les éclopés de nos sociétés d'excellence, et réussissant à ce titre un certain nombre de sauvetages qu'il est juste de reconnaître et de saluer.

Ne pourrait-on pas, cependant, voir les choses de façon plus large ? Entre l'*individu* et l'*Etat*, et au-delà des limites inévitables du mouvement associatif, la place de la *nation* en tant que corps paraît de moins en moins marquée. La manière dont certains, parmi les plus nantis de ce pays, critiquent notre Sécurité Sociale en est le signe. « Je donne la moitié de mes revenus à l'Etat ! », s'écrient-ils - quand ils ne pratiquent pas carrément l'évasion fiscale. Chacun devrait savoir cependant que ce n'est pas à l'Etat que vont les cotisations sociales, mais bien à des Caisses qui les redistribuent à leur tour à des malades, des familles, des retraités, des chômeurs. Quand il se plaint de la ponction que les cotisations opèrent sur ses revenus, l'assuré social oublie qu'il deviendra à son tour bénéficiaire des prestations correspondantes, le jour où il entrera lui-même dans l'une des catégories concernées. Et de plus, en dehors d'un calcul économique individuel, on doit évoquer la nécessité de mutualiser, au niveau le plus large possible, la prise en charge des aléas de l'existence.

Les Arabes (les chrétiens comme les musulmans) disent que Dieu donne aux hommes le « *rizq* » (la subsistance, le pain quotidien). De notre côté, il ne nous est pas interdit d'y prêter la main. La couverture des besoins fondamentaux de toute personne (le pain, le toit, le chauffage en hiver) peut apparaître comme une responsabilité collective. La classe politique a le sentiment de s'être acquittée de cette tâche avec l'institution du RMI, devenu par la suite RSA. Cependant, pour être efficace, la lutte contre la pauvreté et l'exclusion déborde largement les limites du budget de l'Etat et des départements. Si nous voulons donner tout son sens à la belle expression inventée en 1945 : la « sécurité sociale », il s'agit d'assurer la couverture des « coûts de l'homme ». Une telle évolution, ou une telle rupture, n'est pas impossible, si la crise est suffisamment profonde pour nous pousser à changer de cap. Mais cette prise en charge concerne normalement la nation tout entière. Le problème est que les Français, depuis des siècles, ont du mal à distinguer la nation de l'Etat[13].

Par où commencer, si l'on considère comme non-utopique la possible mise en place d'une nouvelle société organique ? C'est au niveau de la participation de chacun à une œuvre commune à accomplir qu'il convient de mettre l'accent. Car

« chaque homme, pour vivre toute son âme, appelle de multiples accords. Et,

S'il n'est ordure ou boue dont la science ne sache tirer profit,
Je pense qu'il n'est point d'être si vil et si infime
Qu'il ne soit nécessaire à notre unanimité ...
Et telle est la ville que nous constituerons »

... dit un personnage de *La ville*, de Paul Claudel.

C'est bien clair : ce n'est pas de société organique que nous parlent aujourd'hui les responsables politiques. Il s'agit pour eux, au contraire, de nous convaincre de poursuivre notre route sur le chemin de la performance, et la crise autour de nous n'est pas encore d'une ampleur telle qu'elle nous force à voir que ce chemin conduit à l'impasse. L'acquisition indéfinie des choses nous est encore dépeinte sous des traits plaisants et « agréables à voir ». Par ailleurs, on nous dit que la performance est compatible avec la sécurité. Ainsi, on nous a présenté le traité de constitution européenne comme un édifice permettant la mise en place d'une « économie sociale de marché hautement compétitive qui tend au plein emploi et au progrès social ». Nous étaient offerts à la fois le beurre et l'argent du beurre : l'économie permettra de sélectionner chez nous les meilleurs, qui pourront affronter les puissants de ce monde

[13] Quand on parle à des étudiants de comptabilité nationale, ils comprennent tout d'abord qu'il s'agit des comptes de l'Etat. Charles de Gaulle, au contraire, jugeait cette distinction essentielle. Aux dires de Michel Jobert, c'est sur ces bases qu'il répartissait les tâches à remplir entre ses deux plus proches collaborateurs. « Il dit à René Brouillet : vous aurez la nation, Courcel ... aura l'Etat » (*Mémoires d'avenir*, Grasset 1974).

à armes égales (« hautement compétitive ») ; elle fera néanmoins une place à tous, y compris aux plus faibles (« plein emploi »). Comment ignorer qu'une compétition exacerbée a pour effet de mettre la pression sur les travailleurs, et de durcir les règles du contrat de travail ?

Le culte de la performance n'est mis en cause en ce moment par aucun parti politique bénéficiant d'une audience relativement large. C'est toujours à « la croissance » qu'on se réfère, quand il s'agit de chercher des solutions aux maux dont nous souffrons. « Croissance ... de la famine » s'est écrié naguère l'agronome René Dumont. Chez nous, on ne peut plus, aujourd'hui, masquer la croissance ... de la précarité. Mais les personnes qui en souffrent (du fait du chômage - ou de la nécessité d'accepter, faute de mieux, des stages non rémunérés, ou des emplois de courte durée, ou des contrats à durée déterminée avec horaires contraints) ne constituent pas encore la majorité des habitants de ce pays. Sans le dire ouvertement, beaucoup de ceux qui ont - ou qui ont eu - un poste de travail au cours de leur vie active sont d'avis qu'il s'agit là de perdants, de *losers*. Se référant aux différences qui séparent leurs conditions d'existence de celles qu'ont connues leurs grands-parents, un grand nombre de nos concitoyens estime encore qu'un capitalisme aménagé, « moralisé », peut encore tenir ses promesses d'augmentation régulière du niveau de vie. Ils ne voient pas que ce système tourne désormais le dos à ses fondements.

« Un ouvrier de la General Motors », écrivait Paul Fabra il y a trente ans, « considère aujourd'hui comme un minimum ce qui aurait paru un luxe inouï à son arrière grand-père, et ce qui paraît encore de nos jours comme une richesse inaccessible à un fellah algérien ou un coolie indochinois ... »[14]. Aujourd'hui, cependant, la comparaison n'est plus aussi avantageuse pour les ouvriers des grandes entreprises capitalistes qu'elle l'était au moment où l'auteur écrivait ces lignes. Il y a trois ans, en effet, on a appris que la General Motors avait décidé de licencier 30 000 salariés, après un exercice 2005 catastrophique qui s'était soldé par une perte de plus de 8 milliards de dollars. Et au moment où j'écris ces lignes, les dirigeants et les ouvriers de la General Motors s'interrogent même sur la survie de leur entreprise.

La concurrence est « un processus de découverte » : cette phrase représente le cœur du message de l'économiste Hayek et de ceux qui le

---

[14] P. Fabra : *L'Anticapitalisme, essai de réhabilitation de l'économie politique*, Flammarion, 1979.

suivent. Pour une partie des travailleurs qui se croyaient intégrés pour de bon au monde de l'industrie, il peut s'agir désormais de la découverte ... de la fragilité essentielle de situations qu'on avait cru acquises. Depuis peu, cette découverte a touché un nombre important de ceux qui occupaient des postes avantageux au sein du monde de la finance. En dépit de ces revers, la recherche de la première place à occuper sur le terrain qu'on a investi (qu'il s'agisse d'un individu, d'une entreprise, d'un groupe industriel ou financier) est toujours présentée comme le seul objectif digne d'un vrai *manager*.

Il y a trente ans, René Passet avait proposé un recadrage, dans un livre qui fut, au moment de sa parution, salué par le milieu universitaire. À contre-courant de la ligne générale, l'auteur n'hésitait pas à affirmer que l'économie s'occupe seulement d'une « première sphère des activités humaines », qui ne saurait « englober l'ensemble des préoccupations » des hommes. Il soutenait que l'essentiel de la vie humaine se trouve placé hors des frontières de cette discipline : « par-delà le domaine du calcul, il existe tout un univers de l'inspiration, de l'affectivité, de l'esthétique, du sacré... ». On remarquera que cette énumération s'étend à tout ce qui relève de la sphère du gratuit, dont le rôle éminent se trouve ainsi souligné. À la place de ce message, qui fait de l'économie une discipline *subordonnée*, on entendra soutenir le plus souvent l'opinion inverse. On dira que l'économie, parce qu'elle embrasse tout ce qui est payant, est de toutes les disciplines celle qui est la plus englobante. Vous voyez, dira-t-on, elle s'occupe de tout, puisque *tout vaut tant* ![15].

C'est ainsi que le champ de l'économie se trouve identifié sans réserve au règne de l'argent. On peut citer ici un extrait du livre *Entre les murs*, qui a servi de base au film qui reçut une Palme d'or à Cannes. Il s'agit d'un petit dialogue savoureux et révélateur, entre un professeur de français d'un collège parisien et ses élèves. Pour les aider à trouver le mot *croissance*, il tente de les mettre sur la voie :

- « 'Quel nom on construit à partir de croître ? Un terme d'économie'.

« Avec leurs bouches ils ont fait des crr qui cherchaient une voyelle sur quoi se refermer.

---

[15] R. Passet : *L'économique et le vivant,* première édition Payot (1979), deuxième édition Economica (1996). « Au lycée, c'est une question classique que posent les professeurs de sciences économiques et sociales pour faire réfléchir leurs nouveaux élèves au champ de leur discipline : qu'est-ce qui échappe à l'économie ? ». J. M. Vittori : Enfin de l'amour en économie ? *Les Échos* du 8 février 2006.

- 'On en parle beaucoup en ce moment'.
- 'Noël ?'
- 'Non, un terme d'économie'.
- 'L'argent ?' »[16].

En prenant connaissance de ce propos, on découvre à quel point le mot *économie* a changé de sens depuis deux siècles. Adam Smith pensait que l'argent, « cette grande roue de la circulation, ce grand instrument du commerce » représentait un *moyen* commode d'échanger des marchandises entre elles - mais surtout pas une *fin*. S'il avait entendu cette réplique, il s'en serait retourné dans sa tombe !

Dans cette perspective, l'entrée de l'économie dans l'histoire de l'humanité ne commencerait pas au moment où on voit apparaître une *activité productive*, même élémentaire (c'est-à-dire au néolithique) mais seulement quand la *monnaie* entre en scène au niveau de l'échange. Il est permis de juger une telle démarche exagérément réductrice. Fernand Braudel a rapporté le propos plein d'humour et de sagesse que lui avait tenu autrefois un de ses amis, fils de paysans, né en 1899, pour résumer les conditions matérielles dans lesquelles il avait grandi : « Nous ne manquions de rien, sauf d'argent ... »[17]. Cette famille paysanne française, dont la vie fut sans doute semblable à celle de bien d'autres vivant à la même époque (ou même plus tard) doit-elle être considérée comme étrangère au monde de l'économie ? En France, l'économie rurale commencerait-elle seulement avec la révolution agricole des années 1950, et l'entrée de la paysannerie dans l'univers de l'extension sans trêve du machinisme, du crédit, de l'endettement ... et de la destruction créatrice schumpeterienne ?

Un jour, cependant, il pourrait apparaître que cette conception de l'économie comme course permanente au dépassement des autres et à l'acquisition indéfinie des choses par le biais de l'argent fait payer aux hommes un prix trop élevé.

Alors, la loi du balancier jouant, le risque existe de voir proposer aux hommes, pour servir de bouclier aux dérives, le thème de la « croissance zéro » ; elle s'analyserait comme la simple reproduction des ressources productives consommées, telle qu'elle fut modélisée par

---

[16] F. Bégaudeau : *Entre les murs*, Gallimard, 2006.

[17] F. Braudel : *L'identité de la France*. T. 2, Les hommes et les choses. Flammarion, collection Champs, 1990.

François Quesnay au XVIIIe siècle. Certes, l'objectif à atteindre est bien de sortir de la logique épuisante de fuite en avant que l'on poursuit partout dans le monde (et surtout dans l'extrême Est de l'Asie) au mépris des conséquences redoutables à en attendre, tant sur la nature animale et végétale que sur la vie des générations à venir. Mais il ne s'agit pas pour autant de choisir le monde de la répétition.

En effet, le passage à une forme d'économie organique ne constitue en aucune façon le choix de la stagnation technique. L'homme n'est pas fait pour reproduire indéfiniment les mêmes gestes. S'imaginer que les sociétés paysannes n'ont pas progressé entre la révolution néolithique et la révolution industrielle des XVIIIe et XIXe siècles serait faire preuve d'une grande ignorance. Une économie peut connaître une croissance à la fois modeste et maîtrisée, même si (!) les hommes y sont reconnus comme des personnes et non traités comme des choses - et si les choses sont clairement identifiées comme des objets, pas davantage. Au contraire, là où une perspective organique est adoptée, l'acheteur de marchandises ou le loueur de force de travail s'intéresse à la personne qui se trouve présente derrière l'échange onéreux, autant qu'à la transaction qu'il réalise. L'économie est à nouveau « englobée » (« *embedded* », comme disait Polanyi) - le rapport des hommes aux choses s'inscrivant dans une relation nouée entre des personnes.

Par là, l'économie retrouve sa véritable place, une place subordonnée : c'est bien en effet « dans la sphère des relations humaines que les activités économiques trouvent leur finalité », comme l'écrivait encore René Passet. Dans l'hypothèse où une telle conception des relations entre les humains serait un jour adoptée, le terrain de l'économie cesserait d'être abandonné à Mammon. Personne ne songerait à inviter les « belles âmes » à fuir ledit terrain de crainte de se salir les mains, pour se chercher une place du côté des activités humanitaires ou de la bienfaisance. Les choix effectués dans un cadre de référence attribuant la priorité au maintien de la vie ne conduisent pas à « sortir » de l'économie, mais relèvent d'une « certaine idée » de celle-ci. En ce cas, notre discipline cesserait de se voir séparée, et de la vie sociale, et de la vie spirituelle.

Il est temps d'en venir maintenant à l'illustration du propos à l'aide d'exemples concrets. Certes, il ne s'agira pas d'un catalogue destiné à couvrir tout le champ des expériences tentées ici ou là. Je n'ai pas la prétention d'écrire une nouvelle thèse. J'ai souhaité simplement tirer des conclusions de quelques réalités actuelles, qui m'apparaissent comme des amorces possibles d'une société organique à naître. Je me contenterai d'ouvrir des pistes. Plusieurs cas particuliers feront l'objet d'une analyse un peu plus approfondie, parce que j'ai eu l'occasion d'en prendre une connaissance directe. D'autres éléments ont déjà été consignés dans mon livre *L'Economique revisitée.*

- Comment réorienter *l'agriculture* dans le sens de la vie ? Une société paysanne qui remontait au néolithique est en train de mourir sous nos yeux ; le film récent de Raymond Depardon, *La vie moderne*, nous en a livré quelques images poignantes. Est-il cependant possible que les agriculteurs d'aujourd'hui retrouvent quelque chose de cette connivence qui liait le paysan d'autrefois à la terre qu'il cultivait ? Les champions actuels du rendement et de la productivité (qui considèrent souvent ces deux éléments comme les deux termes indissociables du progrès agricole : de plus en plus de produits, obtenus par de moins en moins d'agriculteurs) commenceraient-ils à changer de perspective ? Autrement dit, la perspective du long terme, ou de la reproduction, ou de la responsabilité vis-à-vis des générations futures, peut-elle revenir dans les campagnes ? Le sens du patrimoine (à recevoir et à transmettre) peut-il retrouver sa place, à côté de la quête du revenu annuel ?

Dans un livre précédent, je notais qu'un changement significatif ne pourrait être obtenu que si, à côté des *quantités* produites, la *nature des moyens* utilisés pour produire était à nouveau prise en compte. À travers certains essais, j'exprimais l'espoir de voir apparaître en grand nombre ceux que j'appelais « les agriculteurs du troisième type », pour qui l'essentiel ne serait pas de « gaver les cultures », mais de « doser », de tenir compte avec précision des besoins des plantes, ainsi que des capacités d'absorption des sols[18]. Et de fait, il est aujourd'hui des agriculteurs qui n'ont pas besoin d'une taxation supplémentaire des pesticides pour éviter d'en abuser ; plus généralement, on sait qu'il existe une agriculture dite raisonnée qui a fait le choix de se détourner de la recherche obsessionnelle du *maximum*. Lors de l'élaboration des plans de fumure, on a même vu la notion d'optimum retrouver une nouvelle légitimité. Le plan de fumure consiste en effet à apporter à la plante juste ce qu'il lui faut pour atteindre le rendement *optimum*, celui qui est obtenu quatre années sur cinq.

---

[18] H. de France : *Précis d'économie agricole, le primat des logiques paysannes*, Karthala, 2001.

Au cours des années productivistes, l'obtention du maximum était considérée comme le seul vrai critère du progrès en agriculture. Plus il y a d'intrants, disait-on, plus il y a de produit ; plus il y a de produit, plus il y a de revenu. On augmentait les doses pour lutter en grand contre les adversaires des cultures : champignons, insectes, plantes adventices. Dans ce combat, la chimie apparaissait aux agriculteurs comme la seule arme digne de ce nom, « l'assurance tous risques » contre toutes les formes possibles d'agression. Une fois encore, on envisageait les rapports de l'homme et de la nature dans les termes d'un conflit.

Parmi les bonnes nouvelles que nous apporte l'actualité récente, on doit citer d'abord l'affaiblissement de la frontière, autrefois sévèrement verrouillée, qui séparait l'agriculture biologique de l'agriculture conventionnelle. Moins d'ironie d'un côté (ils ne tiennent pas compte de l'économie, ce sont des poètes !), moins de mépris de l'autre (ils ne tiennent pas compte des sols, ils ne pensent qu'aux volumes produits : ils se détournent des fondements mêmes de l'agronomie !). On assiste même à des transferts de technologie de la première vers la seconde : la lutte biologique contre la pyrale est désormais davantage pratiquée par les producteurs de maïs, et l'usage du binage mécanique, qui tend à se répandre, vient réduire d'autant la place des désherbants. L'action des micro-organismes qui aident l'agriculteur en améliorant, silencieusement et gratuitement, la structure des sols, est aussi davantage prise en compte. Et c'est ainsi que le retour de l'intelligence dans les campagnes peut faire considérer le culte de la puissance comme une idole défraîchie, dont il convient de se libérer.

La question de la biodiversité est également à l'ordre du jour. Dans les exploitations céréalières, cette prise en considération se traduira par exemple par la mise en place de bandes enherbées le long des rivières, par la plantation de bosquets. Ici, il arrive que l'initiative des agriculteurs précède la réglementation officielle. Dans le domaine de la production animale, on voit des agriculteurs se prendre d'une véritable passion pour la sauvegarde des races locales, comme j'ai pu le constater dans le Vercors pour ce qui concerne la race Villard de Lans. Loin d'être folklorique, cet enjeu peut apparaître au contraire comme une véritable cause nationale puisque, dans notre pays, la moitié des races de vaches compte aujourd'hui moins de mille sujets sur le territoire... Chacun devrait le savoir : quand une race disparaît, c'est un élément du patrimoine génétique (propriété de tous) qui se trouve définitivement perdu.

Si on se place maintenant au niveau spirituel, il reste à voir quelles modifications ces amorces d'évolution peuvent induire sur le métier (et sur la vie) des agriculteurs. La grande remise en question des évidences à laquelle nous assistons touche (ou touchera) le monde agricole. Dès à présent, il me semble possible de signaler les pistes qui s'ouvrent. On peut citer d'abord le passage à une plus grande modestie. L'irruption de la volonté de puissance chez les paysans à partir des années 1960 avait son origine dans un « complexe fantastique » (Michel Debatisse) auquel le recours en grand à la mécanique et à la chimie était censé porter remède. On peut estimer, ou espérer, que cette phase est aujourd'hui dépassée. Les agriculteurs d'aujourd'hui redécouvriront, souhaitons-le, ce que savaient les paysans d'hier : tout, dans l'agriculture, ne dépend pas de l'homme ; la nature n'est ni un milieu neutre (auquel il conviendrait de tout apporter) ni un adversaire (contre lequel il faudrait perpétuellement se battre). Si l'homme entreprend de l'apprivoiser, de tenir compte à la fois de sa fragilité et de sa richesse potentielle, elle pourra collaborer à son travail, coopérer avec lui. Retrouver le sens du « don gratuit de la nature », c'est reprendre quelque chose de l'intuition de Quesnay et des Physiocrates ; mais non pas, bien sûr, pour en revenir au XVIIIe siècle. Aux producteurs agricoles, la prise de conscience évoquée ici doit servir au contraire à maîtriser plus d'éléments, à prendre en compte plus de paramètres : l'économique, le social, l'environnemental. Il s'agit pour eux de travailler pour le présent, certes, de façon à pouvoir vivre de leur travail ; mais aussi de prendre en compte le futur. Remettre du qualitatif là où sévissait encore, il y a peu, la manie du quantitatif c'est sans conteste enrichir le métier d'agriculteur.

Bien entendu, tout ne dépend pas des agriculteurs. C'est bien souvent l'industrie alimentaire qui « structure » désormais (au sens de François Perroux) la conduite des opérations agricoles.

Reconnaissons que la production agricole n'a pris ce chemin industrialiste que parce que les consommateurs l'ont accepté, voire demandé. « Manger le plus vite possible la calorie la moins chère possible », pour reprendre une expression de mon *Précis d'économie agricole*, exprime assez bien le *Credo* alimentaire d'une époque qui est en grand danger de perdre le sens du goût – et donc un élément essentiel de sa culture. Mais l'histoire est loin d'être finie. Il est possible par exemple que le consommateur de demain désire à nouveau trouver sur le marché des tomates ayant le goût de tomates – opération qui relève aujourd'hui de l'exploit – et soit prêt à les payer au niveau de leur coût de production. Il est vrai que les semenciers veillent ; on sait par exemple les sanctions judiciaires dont l'association Kokopelli se trouve menacée aujourd'hui.

Si une demande existe (c'est un gros *si*, bien sûr) un nombre significatif de producteurs agricoles n'hésiteront plus à se tourner de préférence vers les circuits courts, l'identification des produits, la valorisation des ressources locales - plutôt que du côté des transports de produits alimentaires sur de longues distances, qui accroissent la pollution et multiplient les dangers sur nos routes. L'ampleur actuelle du transport routier est due au désir qu'ont nos contemporains de surmonter les contraintes saisonnières ... mais on peut choisir d'orienter sur d'autres terrains son goût de la liberté ! Dans un futur indéterminé, une moindre fixation sur la question de la « sécurité » peut également conduire à cesser de sacrifier (à la manière des Anglo-Saxons) la saveur des aliments sur l'autel de l'hygiène. De même, les « produits de terroir », associant une aire géographique, une histoire et un tour de main particuliers (comme le Beaufort par exemple) pourront se voir attribuer plus qu'une place marginale dans l'économie agricole, même s'ils se vendent à des prix plus élevés que le produit standard. Pour cela, il convient que la notion de *patrimoine* cesse de se trouver cantonnée, lors de sa valorisation annuelle, à des costumes folkloriques et à des outils agricoles extraits pour l'occasion des greniers. Si le combat est loin d'être gagné aujourd'hui, il n'est pas perdu d'avance.

- Le nécessaire changement de regard devra aussi toucher, bien sûr, le domaine du *travail.* Pour faire une place aux moins aptes, on a soutenu que des mesures de discrimination positive prises en leur faveur, la fixation de quotas, représentaient des réponses au problème récurrent de l'exclusion. Certes, elles ont le mérite de l'efficacité immédiate ; mais elles sont loin de représenter des amorces convaincantes d'économie organique. Parce qu'elle a un caractère à la fois partiel et mécanique, parce qu'elle représente à sa façon une forme de sélection, la discrimination positive est susceptible de faire naître, sur des bases différentes, de nouvelles exclusions, à côté des anciennes, auxquelles il ne sera qu'imparfaitement porté remède. Devra-t-on fixer à chaque type de handicap son pourcentage d'admission obligatoire dans les entreprises et les administrations ? Devra-t-on revenir à des *statuts*, correspondant à autant de droits acquis ? Du côté de ceux qui subissent l'effet de ces mesures - parce qu'ils n'appartiennent pas au groupe de ceux dont on veut favoriser l'insertion – celles-ci seront nécessairement prises comme des contraintes injustes, des sanctions imméritées. De plus, quand le législateur fixe des quotas, il se soucie toujours d'introduire dans son texte des dispositions particulières, permettant aux employeurs qui en ont les moyens de contourner les effets de l'application stricte de la loi. Ils paieront une amende, ou ils chercheront à utiliser la batterie de mesures compensatoires disponibles leur permettant d'échapper à l'obligation légale. Compte tenu de ces difficultés d'application, il apparaît que c'est seulement en dernier ressort qu'il convient d'utiliser le couperet du « il faut ».

Élargir et diversifier les critères d'insertion représente une voie plus prometteuse. Cela signifie qu'on admet quelqu'un dans un groupe d'élèves ou de travailleurs, non parce qu'il appartient à une minorité que l'on souhaite revaloriser, non parce qu'il s'est vu attribuer un *droit* d'entrée sur la base de la catégorie à laquelle il appartient, mais bien parce qu'il a lui-même des arguments particuliers à faire valoir en faveur de son admission. Quand une grande école parisienne a décidé d'introduire de nouveaux modes de sélection (à côté du traditionnel concours d'entrée) afin de présenter une image plus exacte de la composition de la jeunesse française, son directeur n'a pas retenu comme outil la méthode des quotas. Pour intégrer des élèves issus de zones d'éducation prioritaire, il a choisi de retenir, à côté des notes obtenues et des connaissances acquises, des indicateurs de nature spécifique, afin de repérer chez les candidats la présence d'autres atouts. Parmi ces critères, figurent la motivation, le désir d'apprendre, la volonté de prouver qu'on est capable d'obtenir des résultats voisins de ceux des élèves issus d'un milieu social favorisé, admis eux-mêmes sur la base d'un mode plus classique de recrutement. Nous avons là des modalités d'admission étrangères au monde de la mécanique, qui peuvent représenter un exemple de ce qu'on pourrait entreprendre ailleurs.

Resterait alors à accomplir un pas supplémentaire. Il consisterait à découvrir tout simplement qu'il existe des talents en dehors des grandes écoles. Il paraît excessif de considérer que les capacités d'une personne sont déterminées, une fois pour toutes, par les succès scolaires qu'elle a pu remporter dans sa jeunesse. Notre société, cependant, raisonne encore sur de telles bases. Et nos compatriotes sont pour le moment si attachés au mot « élite » (qu'on emploie volontiers dans notre langue, au singulier et au pluriel) que ce changement d'esprit paraît peu probable à court terme. Il est vrai que le spectacle des catastrophes que peuvent déclencher, à l'échelle mondiale, ceux que l'on considérait encore récemment comme des petits génies de la finance, devrait contribuer à guérir nos contemporains de toute velléité de fascination.

La question de l'entrée dans les grandes écoles n'était soulevée ici qu'à titre d'exemple et d'illustration du propos, puisque ce paragraphe traite de l'accès au travail. À ce niveau, il convient de mettre en évidence l'expérience des centres d'aide par le travail (CAT), devenus par la suite ESAT (établissements et services d'aide par le travail).

Dès le chapitre introductif de ce livre, j'ai noté que les théories et politiques économiques proposées au fil du temps étaient toujours basées sur un socle implicite ou inavoué. Mais il peut y avoir des interstices dans ce socle. Dans le domaine du travail, notre société de compétition et d'exclusion a estimé nécessaire de réserver un espace pour des formes déviantes qui concourent à la régulation de l'ensemble, parce qu'elles contribuent à un équilibre social. Les ESAT sont largement financés par l'Etat. Statutairement, les ressources provenant de leurs activités productives doivent représenter au moins 5% des salaires directs des travailleurs. Dans la réalité, leurs recettes représentent, selon les cas, entre 15 et 20% de leur budget ; dans des cas exceptionnels, ce taux peut aller jusqu'à 50%.

Les travailleurs handicapés sont adressés aux ESAT par l'intermédiaire de commissions départementales qui ont pris la place de l'ancienne COTOREP ; ce ne sont donc pas les directeurs d'ESAT qui les sélectionnent. Le total de la rémunération perçue par chaque travailleur représente sa « rémunération garantie », due à chacun à partir du jour de son admission ; elle correspond à un montant compris entre 55% et 70% du SMIC. Le temps de travail (35 heures hebdomadaires maximum) se partage en deux parties : les activités productives (espaces verts, restauration, bureautique, etc.) et les activités de soutien.

Dans les conditions actuelles, il existe une ambiguïté dans la perception du statut exact du travailleur handicapé, qui tient à cette combinaison de deux termes par lesquels on le désigne, et qui paraissent s'opposer. D'un côté, il est *usager* d'un établissement médico-social (et on verra que l'administration préfère le plus souvent recourir à ce terme) ; mais il est aussi – et à ses yeux, avant tout – un sujet destiné à être reconnu en tant qu'*être professionnel*[19]. À ce titre, les personnes concernées ne sont pas d'abord des bénéficiaires de prestations de la

[19] Quand, en réunion, il est question d'*usagers*, remarquait récemment un directeur de DDASS du sud-Ouest, les handicapés ne comprennent pas de qui il s'agit.

collectivité, mais des hommes et des femmes qui *apportent* quelque chose à la richesse nationale - sous forme de valeurs d'usage sociales. « Je travaille », disent-ils (elles) à leurs familles ; et l'on sait qu'en matière de construction ou de reconstruction d'une identité personnelle, la fierté n'est pas un ingrédient négligeable. Il arrive d'ailleurs, faisait remarquer un directeur d'ESAT en mars 2009, que certains de ces travailleurs atteignent un niveau de rendement supérieur à celui de leurs responsables... Dans la charte d'une association qui gère plusieurs ESAT en Rhône-Alpes, on peut lire notamment : « Les personnes dont les capacités sont perturbées par des troubles psychiques conservent un potentiel » ; ou encore : le but poursuivi (par l'association) est de « permettre à la personne exclue de retrouver sa place dans la cité ». Cela revient à reprendre aujourd'hui, y compris au niveau du vocabulaire, le propos de Charles Péguy qu'on a cité plus haut.

Il paraît clair que les pouvoirs publics ont une tâche à accomplir pour permettre aux Etablissements et Services d'Aide par le Travail de remplir correctement leur tâche. Ici, la tentation consisterait à limiter la mission à accomplir au niveau de la simple « prise en charge du handicap », conformément à la propension au raccourci qui caractérise notre temps (un problème - une solution). Ce dont il s'agit, en fait, c'est bien de maintenir en état de marche une spécificité française, fragilisée aujourd'hui du fait des réductions budgétaires qui, on le sait, touchent aussi bien d'autres secteurs.

Comment l'administration se situe-t-elle par rapport aux ESAT ? Pour être aussi complète que possible tout en restant concise, la réponse devra couvrir plusieurs champs.

- Il y a lieu de citer en premier lieu un empilement de textes (lois, décrets, circulaires) à travers lequel l'administration, tout en apportant des réponses, exprime périodiquement un besoin de mieux cerner son objet, de fixer toujours mieux, à ses yeux, le rôle dévolu aux institutions dont elle assure le financement et la tutelle. Cette profusion oblige les directeurs d'ESAT, ces indispensables ouvriers du social dont le temps n'est pas indéfiniment élastique, à une surcharge administrative et à une « veille juridique » permanente, afin de connaître et d'assimiler les nouveaux textes publiés.
- Les administrations (et en premier lieu la Direction Générale de l'Action Sociale) tirent autant qu'elles le peuvent les ESAT du côté médico-social ; les 1400 ESAT se trouvent ainsi noyés au sein de 35 000

structures médico-sociales aux missions très diverses. La tentation pour les responsables de ces administrations est alors de laisser de côté les spécificités dérangeantes qui séparent les catégories d'établissements dont ils ont la charge, et de s'en tenir à des analyses uniformisantes plus faciles à formater. Ce faisant, ils risquent fort de passer à côté de la vraie question : « comment des personnes ayant une capacité de travail amoindrie peuvent-ils trouver une place, dans une société qui met de plus en plus en avant la notion d'employabilité ? ». Il est plus simple, bien sûr, de s'en tenir au vocabulaire familier, et de se demander : quelle est la place des ESAT dans « l'offre médico-sociale ? ». Et pourtant, si la prise en charge de la maladie d'Alzheimer, la question de la maltraitance dans les établissements accueillant des personnes âgées dépendantes constituent des problèmes bien réels, ils sont fort éloignés de ceux qui se posent quotidiennement aux directeurs d'ESAT.

- Ces mêmes administrations considèrent l'activité professionnelle comme « l'outil de l'insertion et de la mise en autonomie ». De leur point de vue, la production de valeurs d'usage pour la société, mentionnée ci-dessus, représente un moyen, non le but primordial. Les handicapés travaillant en ESAT sont perçus avant tout comme des clients de cette offre médico-sociale qui reste leur point d'ancrage et de référence. Pour bien marquer l'ampleur du fossé qui sépare à leurs yeux ces handicapés du monde professionnel, elles se réfèrent à un mode d'évaluation qui entreprend hardiment de mesurer le non-mesurable : elles déclarent que les ESAT sont ouverts aux personnes dont la capacité de travail n'atteint pas *le tiers* de celle dont dispose une personne valide (?).

- La loi dit clairement que le travailleur handicapé n'est pas un salarié, c'est pourquoi l'administration parle d'usagers et non de travailleurs. Dans ces conditions, les directeurs d'ESAT ne sont pas des employeurs, le droit du travail ne s'applique pas, les litiges ne sont pas jugés par les Prud'hommes. Le handicapé ne signe pas un contrat de travail, mais une modalité de contrat de prestation de services. Dans ces conditions, la subordination - élément essentiel du contrat de travail - n'existe théoriquement pas. Et cependant, dans la pratique, on est bien dans la condition du salariat. Il existe des moniteurs d'atelier qui distribuent et organisent le travail. Au moment de l'évaluation, on va donc se trouver devant une véritable quadrature du cercle : comment contrôler des ESAT fonctionnant sur la base d'un lien de subordination qui, en principe, n'existe pas ?

- Les Contrats Pluriannuels d'Objectifs et de Moyens (CPOM) vont être rendus obligatoires par la loi Hôpital – Patients – Santé – Territoires. Les Agences Régionales de Santé fixeront le financement des établissements à partir du vote des Assemblées parlementaires, et il n'y aura pas de recours. Il est permis de voir là un outil trop rigide venant brider l'initiative des acteurs de terrain : aujourd'hui, déjà, 30 à 40% des ESAT sont en déficit.

- Pour toute ouverture d'ESAT et pour toute extension, l'administration va recourir à la procédure de l'appel à projet, sur la base des besoins évalués par les Maisons Départementales du Handicap. C'est dire qu'on va se trouver ici dans les conditions d'un marché. En pareil cas, c'est le moins-disant qui l'emporte, quel que soit le niveau de professionnalisation et d'expertise des autres candidats. Cela n'empêche pas l'administration de vouloir maîtriser les deux bouts de la chaîne : l'identification des besoins et la mise en place des moyens. De ce fait, on va voir s'installer en même temps une marchandisation accrue du social, et un étatisme de plus en plus marqué.

-Telles que les choses évoluent, il est possible que le discours devienne : en tant qu'engagés dans le social, vous dépendez de nous ; cependant, au niveau de l'économique, vous devrez de plus en plus être autonomes, et prendre en charge une part croissante de vos frais de fonctionnement. Faites donc de la productivité ... tout en accueillant bien sûr toutes les personnes que les Commissions Départementales vous adresseront !

Reste à aborder une dernière question, au titre de ce paragraphe. Au terme de son parcours en ESAT, le handicapé mental ou psychique *peut* trouver ou retrouver un emploi dans une administration ou une entreprise. Cela suppose que l'employeur soit disposé à définir avec une certaine souplesse ses critères d'embauche, qu'il soit prêt à admettre que le potentiel du candidat à un poste de travail peut se trouver ailleurs que dans le domaine où, spontanément, il s'attendrait lui-même à le situer. Là où par exemple il aurait tendance à mettre en avant, de façon quasi-exclusive, la rapidité d'exécution, il peut découvrir que le sérieux, la régularité, la motivation, le désir de prouver qu'on « vaut quelque chose » - tout cela appuyé par le suivi individualisé pratiqué par les conseillers d'insertion d'un ESAT - représentent aussi des atouts pour l'entreprise. Au lieu de tracer de façon abstraite le portrait-robot du collaborateur idéal, pour tenter ensuite de faire coïncider le schéma avec la réalité humaine concrète qui se déchiffre à travers un dossier de candidature, cet employeur sera invité à découvrir, là où elles existent, les richesses que la personne en recherche d'emploi apporte avec elle - y compris la personne handicapée.

Bien sûr, tous les employeurs ne sont pas capables aujourd'hui d'adopter une perspective à ce point éloignée des normes habituelles. D'une part, il s'agit de sortir du culte de l'organigramme, puisque le but n'est plus de rechercher l'employé(e) qui corresponde à tel poste de travail préalablement défini. Mais, d'autre part, la tâche que l'on souhaite voir remplir par l'employeur ne se réduit pas à la pure et simple volonté d'être en règle avec une législation sur les handicapés, imposant des obligations d'embauche sous forme de quotas. Pour lui, l'attitude juste consiste à voir comment organiser le processus de production dans l'entreprise, afin que la *valeur* que telle personne (handicapée ou non) représente puisse être *ajoutée*, sans dommage pour la personne, sans dommage pour l'unité de production.

Une telle formulation peut paraître utopique. Le plus surprenant, cependant, c'est qu'aujourd'hui certains employeurs - ou certains Directeurs de Ressources Humaines - entrent déjà dans cette dynamique. Ils considèrent la diversité, non comme un fardeau, mais comme une chance. Quand ce renversement est effectué, au niveau d'une petite ou moyenne unité de production, on se trouve en fait dans la manière dont une société organique aménage les rapports humains. Il est possible du reste que le dialogue noué à l'occasion d'une embauche atypique fasse surgir des emplois cachés, et qu'il conduise à découvrir l'opportunité d'une création de poste non prévue au départ, et susceptible néanmoins de représenter pour l'entreprise une amélioration de son potentiel.

- La société organique devra évidemment trouver sa place dans le domaine du *crédit*. À ce niveau, c'est au sein des nations pauvres qu'on a vu naître les initiatives les plus fructueuses. Depuis l'attribution du prix Nobel de la paix à Mohammed Yunus, fondateur de la Banque Grameen, le monde entier sait que les résultats les plus significatifs à cet égard ont été obtenus au Bangla Desh. L'ambition du projet de Yunus, il convient de le noter, déborde de loin le niveau social de l'assistance aux pauvres ; il se place délibérément sur le terrain économique (produire de la richesse, et vivre du revenu qu'elle procure) au point qu'en 2006 les jurés de Stockholm ont pu se demander un instant s'il n'était pas le mieux placé de tous pour recevoir le prix Nobel d'économie. Cela aurait permis de sortir pour de bon d'une identification simpliste : s'occuper des pauvres, c'est forcément « faire du social », l'activité productive étant réservée aux grands gabarits.

Certes, les responsables de Grameen ne cherchent pas à changer le monde, à faire naître un nouvel âge de l'humanité à partir de nouvelles structures ou de nouveaux rapports de production. Par contre, Mohammed Yunus sait de quoi il parle, quand il évoque les moyens à employer pour faire reculer la pauvreté dans son pays. À ce niveau, le gouffre qui sépare ses initiatives en faveur du microcrédit des théories abstraites souvent professées par les spécialistes du « développement » paraît infranchissable. « Lorsque je disais qu'aider une famille qui ne fait qu'un repas par jour à en faire deux, ou que permettre à une femme qui n'a rien pour se changer d'acheter un autre vêtement constituait un miracle du développement, on se moquait de moi. Il ne s'agit pas de développement, me rappelait-on sévèrement. Le développement c'est la croissance économique, disait-on... ». Et de fait, loin de chercher à financer la construction de combinats ou d'autoroutes, la Banque Grameen attribue de « petits prêts » à de « petites gens », surtout à des femmes. Il est clair qu'elles n'ont pas en vue une croissance indéfinie de leur chiffre d'affaires, mais qu'elles désirent seulement faire tourner des « petits commerces » afin d'en tirer ce qui pour elles est essentiel : une indépendance économique.

On sait bien par ailleurs qu'il n'est pas nécessaire, pour ouvrir des entreprises de faible dimension dans un pays pauvre, de disposer de capitaux fixes importants. Ainsi, celui ou celle qui façonne des vêtements et les transporte à l'arrière de sa bicyclette pour atteindre sa clientèle dans des villages éloignés, a besoin de disposer de capitaux circulants d'un volume réduit pour pouvoir exercer son activité. Mais le banquier classique n'aime pas consentir des prêts de trop faible volume ; il juge leur distribution trop coûteuse. D'autre part, il n'a pas été formé pour accompagner une telle démarche, elle ne fait pas partie de sa culture. Enfin, il associe toujours la définition de la solvabilité à la détention par l'emprunteur de « titres juridiques » attestant son droit de propriété. De ces titres, les pauvres du tiers monde sont le plus souvent dépourvus.

On peut citer ici les commentaires intéressants qu'a inspirés, au chroniqueur des *Echos* Favilla, l'attribution du prix Nobel à Mohammed Yunus. Alors que, dans ce pays asiatique, les pauvres étaient jusque-là la proie des usuriers, « l'arrivée d'un prêteur fiable, honnête et pratiquant un taux d'intérêt raisonnable leur fut une providence ... À banquier honnête, emprunteur honnête : le très faible taux de créances douteuses de la Banque redonne du sens à la notion de solvabilité.. ».[20]

Les succès obtenus dans ce domaine n'ont pas toujours été du goût des Etats. Il est arrivé que ceux-ci se soient montrés jaloux des résultats obtenus par des membres de la société civile, lorsque ceux-ci n'ont pas commencé par solliciter des autorités un mandat officiel. Souvent, on entend des dirigeants de pays du tiers-monde, ou des fonctionnaires locaux, affirmer ouvertement que le développement du pays dépend d'eux, et d'eux seuls. C'est encore une fois la preuve de la confusion si fréquente entre la nation et l'Etat : la pointe de la pyramide doit toujours tirer la base vers le haut. Ainsi, dans le sud de l'Inde, des banques fondées sur les principes de Grameen ont connu des conflits avec le gouvernement local, qui a vu en elles des concurrentes, face à sa propre politique de crédit à taux réduit.

Il arrive aussi que l'esprit du microcrédit se trouve dévoyé quand l'emprunteur utilise son prêt non pour financer le démarrage d'une activité productive, mais pour financer un mariage, ou rembourser un ancien crédit. La microfinance perd ici sa raison d'être, puisqu'elle entraîne celui (celle) qui y a recours dans une situation de surendettement.

Aujourd'hui, l'attribution de crédits aux pauvres se pratique aussi, de façon croissante, dans nos pays d'Occident. En effet, la carte de la pauvreté évolue très vite à travers le monde. On commence à réaliser que cette forme particulière de crédit peut offrir une possibilité de rebondir à certains des « nouveaux pauvres » que le fonctionnement de notre système ne cesse de multiplier. Si elle est difficile à pratiquer dans un établissement bancaire classique, elle trouve pleinement sa place dans une économie organique qui refuse, en quelque sorte par définition, de subordonner les hommes aux choses.

Le champ des interventions qui peuvent être effectuées au titre du microcrédit est très large : la couverture d'un accident de la vie, le financement de démarches permettant le retour à l'emploi, la constitution d'un fonds de roulement permettant le lancement d'une toute petite entreprise ... représentent des pistes concrètes. Le dernier de ces trois exemples, en particulier, mérite d'être creusé. Dans ce pays, il existe en effet ce qu'on pourrait appeler des niches de « valeurs d'usage sociales », délaissées par ceux qui n'ont en vue que la profitabilité à court terme.

---

[20] Favilla : Une leçon de banque. *Les Echos* des 20-21 octobre 2006.

Les secteurs des services à la personne, du commerce ambulant (comme en Afrique !) et de l'artisanat offrent aujourd'hui des pistes d'insertion concrètes. Pour cela, deux conditions doivent être réunies. Disposer, grâce au microcrédit, d'un minimum de capital au départ représente la première ; mais ceux qui désirent passer directement de la pauvreté à la création d'entreprise ont aussi besoin d'être accompagnés, dès le moment de la formulation de leur projet, par des mentors expérimentés. Pour remplir ce dernier rôle, une structure associative peut s'avérer précieuse.

- On soulèvera enfin la question des rapports noués avec les pays qu'on avait regroupés naguère dans un vaste ensemble qui fut nommé par Alfred Sauvy le *Tiers Monde*. En fait, ce groupe est aujourd'hui éclaté en tellement de sous-classifications différentes que l'expression a perdu une grande partie de sa pertinence, réelle ou supposée. En fait, je désire parler ici de pays ou de régions du Sud qui n'ont pas connu un développement économique fondé sur l'accumulation du capital. À ce niveau, il me semble que deux questions se posent.

Sur le plan des échanges mondiaux de marchandises, d'abord, l'idée d'un « commerce équitable » suscite une sympathie croissante chez les consommateurs d'Occident. Le slogan affirmant qu'il est possible de « changer le monde avec son caddie » a de quoi séduire beaucoup de nos contemporains. Lyrisme mis à part, il n'en reste pas moins que l'idée selon laquelle les choix des consommateurs peuvent modifier les règles de fonctionnement des marchés comporte une part de vérité. Le commerce est dit « équitable » quand certains producteurs du Sud se voient offrir des contrats d'achat, destinés à les protéger contre les effets funestes de la « loi » de l'offre et de la demande (qui ne se présente nullement comme une loi, dans l'économie politique de David Ricardo). Normalement, un vrai pouvoir de négociation est attribué dans ce cas aux représentants des producteurs. Ce ne sont pas « les marchés » qui décident du prix : à la base de l'échange, il y a des personnes qui se rencontrent, par la médiation des choses.

Le contrat proposé à ces agriculteurs du tiers-monde – producteurs de café par exemple – offre en principe une rémunération qui leur permet de reproduire normalement leur force de travail, et autorise la préservation de la ressource naturelle sur le long terme. Ainsi, cette rémunération se trouve fixée sur des bases originales ... qui sont finalement très classiques. Rappelons, puisque le sujet s'y prête, un texte ricardien déjà cité dans ce livre : « Les amis de l'humanité ne peuvent que souhaiter que, dans tous les pays, les classes laborieuses désirent goûter le bien-être et les plaisirs (*enjoyments*) et qu'elles soient stimulées, par tous les moyens légaux, dans leurs efforts pour les acquérir. Il ne pourrait pas y avoir de meilleure sécurité contre une population surabondante ». À travers le commerce équitable, on en revient à la vieille notion, bien oubliée aujourd'hui, de *juste prix*. Ici, les revenus générés par l'échange international doivent permettre de faire vivre des communautés rurales qui, en l'absence de toute intervention des consommateurs, risqueraient d'entrer – tout comme les paysans français, il y a quelques décennies - dans l'univers de la destruction destructrice.

La référence à « l'équité » au niveau du commerce des marchandises, et l'institution de rapports de confiance entre acheteurs et vendeurs, entrent bien dans le champ d'une économie organique. Le recours de plus en plus fréquent à un tel vocabulaire, signifie que le temps est peut-être venu, dans notre monde, de passer de l'*interdépendance*, plus subie que choisie, dans laquelle nous sommes présentement insérés (et dont la récente crise financière mondiale représente une illustration frappante) à la *solidarité*. Mais quand il s'agit de traduire un tel projet sur le terrain, on verra surgir – de façon à vrai dire non-surprenante - des différences d'appréciation et des polémiques. Aujourd'hui, plusieurs associations, très différentes par leur taille, leur réseau de diffusion et leurs moyens, se recommandent du commerce équitable. Les produits qu'elles distribuent font l'objet chaque année d'une demande accrue. Il se trouve que de fortes oppositions existent entre elles, et il est important d'en dresser brièvement la liste[21].

. Opposition entre celles qui ne veulent avoir de rapports qu'avec les coopératives distribuant les produits récoltés par les paysans, et celles dont les dirigeants tiennent à nouer des relations directes avec les producteurs eux-mêmes, pour être bien sûrs que les fonds transférés parviennent bien entre leurs mains. Ici, on voit s'exprimer la crainte, parfois fondée, de notables locaux « faisant écran ». De fait, le « label » attribué par une organisation du Nord, appuyée sur son réseau de militants prêts à payer plus cher pour acquérir des produits dont ils connaissent l'origine peut fort bien profiter aux riches du Sud - si aucun contrôle n'est effectué sur l'organisation et le fonctionnement de la coopérative partenaire.

---

[21] On consultera à ce sujet le dossier préparé par la revue *Que choisir ?* dans son numéro d'avril 2006 : Commerce équitable, carence dans les garanties.

. Opposition entre celles qui offrent des contrats prévoyant des volumes d'achat minimaux sur moyenne période - offrant ainsi aux producteurs une sécurité plus grande - et celles qui ne prennent aucun engagement sur la durée.

. Opposition entre celles qui ne prennent en compte que la production de la matière première (ce qui est tout de même l'essentiel) et celles qui s'intéressent de surcroît aux conditions de transport et de transformation des produits.

. Opposition entre celles qui choisissent de réserver leurs denrées aux boutiques de proximité fréquentées par des adhérents convaincus – ce parti pris de pureté ayant pour contrepartie la faiblesse des volumes écoulés - et celles qui acceptent de travailler avec la grande distribution. Celles-ci se situent en dehors de l'économie organique ; la chaîne qui relie le producteur au consommateur final est rompue. Comme chacun le sait, les supermarchés ne sont pas des espaces de dialogue où les prix seraient fixés par concertation – ce qui est le principe même du commerce équitable – mais des lieux de pouvoir. Les contrats que leurs dirigeants proposent à leurs fournisseurs représentent le type même du contrat moderne dont a parlé Schumpeter, « qui se réduit pour l'essentiel à un *c'est à prendre ou à laisser* » - c'est-à-dire qui se présente en réalité comme un diktat. Les patrons des grandes surfaces disposent d'une capacité redoutable : celle de *déréférencer* à tout moment les articles dont ils ne pensent pas pouvoir tirer profit. Par là, ils sont en mesure de priver de débouché des producteurs (agricoles notamment) qui n'ont pas de solution alternative pour écouler leurs produits. Dès lors, convient-il de mettre « de l'équitable » dans des lieux où l'équité ne règne même pas au plan local ?

. Opposition, enfin, entre ceux qui dépensent beaucoup d'argent pour leur « communication », et ceux qui au contraire dénoncent cette dérive.

On doit souhaiter, bien sûr, que ces difficultés représentent seulement une maladie infantile du commerce équitable, et que celui-ci puisse affirmer sur le long terme à la fois sa viabilité et son authenticité. Une perte d'identité peut toujours se produire (« en développant ses parts de marché, le commerce équitable peut devenir une niche *marketing* comme une autre », écrivait à juste titre le journaliste de *Que choisir ?).* On peut pratiquer l'équitable (comme l'humanitaire, d'ailleurs) en se disant qu'il y a là un marché captif, susceptible de procurer une véritable rente à celui qui parvient à s'y faire une place. À titre d'avantages annexes, on pourra gagner dans l'opération notoriété, pouvoir et argent. On sait aussi qu'il existe aujourd'hui des labels « pseudo-équitables » auxquels s'associent des industriels, afin d'attirer à eux de nouveaux consommateurs. Enfin, même « équitable », un produit agricole d'exportation rapporte encore peu aux producteurs. En période de hausse des cours sur le marché mondial, ceux-ci peuvent être tentés de revenir au commerce traditionnel. Etc.

Le pire, cependant, n'est pas toujours sûr. On observe actuellement, dans les pays occidentaux, une tendance à la consommation accrue de ces produits. Ainsi, l'action commencée dans le domaine des denrées agricoles s'étend désormais au stade industriel, en intégrant la transformation de matières premières comme le coton. De même, certaines enseignes proposent aujourd'hui aux consommateurs de nos pays des produits qui se présentent comme associant le bio et l'équitable, en partenariat avec des coopératives de paysans ou d'artisans du Sud.

Il est clair que l'opération devient alors plus compliquée : comment certifier « équitable » l'ensemble d'une filière, comportant une série d'étapes séparées, pouvant être parcourues en des lieux différents et dans des conditions différentes : la production de la matière première par des agriculteurs, puis la filature, le tissage, la teinture, le transport ? La question du volume des marchandises écoulées fait également question. En ces temps de baisse du pouvoir d'achat, le différentiel de prix entre un produit bio-équitable et un produit classique (de 10 à 30 % selon les cas) représente un obstacle sérieux pour un acheteur disposant de ressources modestes. Le but du commerce bio-équitable est incontestablement noble : il s'agit de substituer des rapports concrets de partenariat à la dictature abstraite exercée (sur les producteurs et les consommateurs) par « les forces du marché ». Mais devra-t-on l'assimiler, du fait des prix qu'il pratique, au statut de « produit tendance », comme il en existe d'autres ? Sera-t-il l'objet d'une captation par les riches de nos pays ?

À un second niveau, se pose aussi la question des dettes des pays du tiers-monde. Certains proposent de les effacer. La réalité d'un univers de compétition mondialisée, faisant nécessairement des morts et des blessés, a fait surgir des propositions d'annulation de la dette des pays les plus pauvres du Sud. Il y a quelques décennies, on cherchait plutôt à agir au niveau économique, en se préoccupant de stabiliser sur la longue période les prix des matières premières agricoles - ou, du moins, de régulariser leurs fluctuations - à travers les accords café et cacao par exemple, ou par l'intermédiaire du mécanisme STABEX. Aujourd'hui on institue, en faveur des pays pauvres, le produit d'une nouvelle taxe dite « de solidarité » sur les billets d'avion : le social, toujours le social.

La règle sous-jacente est celle-ci : dès lors qu'il y a compétition, les pays disposant de peu de capitaux ne peuvent rivaliser avec les champions toutes catégories de la productivité. On peut noter au passage que ce raisonnement fait passer à la trappe la théorie des avantages comparatifs de Ricardo exposée plus haut... mais aussi qu'il occulte le fait que, dans un monde où tout est précaire, tout champion installé (ce peut être un individu, une entreprise, une nation) peut devenir un jour un *has been*. Quoi qu'il en soit, certains proposent de faire bénéficier ces pays faiblement capitalisés de l'équivalent du RMI qu'on attribue chez nous aux laissés pour compte de l'économie. C'est ainsi qu'on peut présenter la proposition d'extinction de leur dette.

Je pense que toute annulation systématique des dettes ne respecte pas suffisamment la dignité des emprunteurs. Il faudrait, de toute façon, la renouveler périodiquement. Au temps où je menais des recherches d'économie agricole en Algérie, j'avais observé les effets d'une disposition analogue, prise au moment de l'indépendance du pays, en faveur des petits agriculteurs algériens endettés depuis longtemps auprès de l'organisme de crédit qui leur était destiné (la Caisse Centrale des Sociétés Agricoles de Prévoyance). Leur dette avait été purement et simplement effacée. La décision avait bien sûr soulagé les administrateurs de la Caisse, qui voyaient leurs bilans débarrassés d'un volume important d'actifs irrécouvrables. Mais ceux des agriculteurs qui avaient payé leur dette ont dû alors se mordre les doigts, découvrant brusquement qu'ils avaient été trop naïfs ou trop honnêtes. Et du reste, comme il fallait s'y attendre, l'endettement a repris à nouveau après 1962... Au total, l'annulation des dettes revient en somme à organiser en faveur des pauvres une distribution gratuite de marchandises : vous achetez, mais vous ne payez pas. Pour ce qui est de produire, nous suffisons largement, mais nous avons besoin de vous comme consommateurs (!). C'est le contraire même de ce qui vient d'être dit à propos du crédit.

D'autres solutions sont possibles. Que les conditions d'attribution des prêts soient aménagées, que la charge des intérêts soit réduite, pour que les pays pauvres ne soient pas accablés par un fardeau qui ne cesse de grossir d'année en année, représente à mes yeux une voie plus juste, s'il s'agit d'établir des relations économiques plus dignes de l'homme.

Aujourd'hui, à travers les propos de responsables d'Amérique du Sud suffisamment connus pour que leurs paroles nous soient retransmises, il arrive que des accents nouveaux se fassent entendre. Il arrive que soit souligné avec insistance le souci de préserver la vie de tous ; certes, il y a là une préoccupation en décalage avec le vocabulaire politique couramment utilisé des deux côtés de l'Atlantique Nord.

Ainsi, dans son discours inaugural prononcé le 1er janvier 2003, le président brésilien nouvellement élu Lula da Silva déclarait : « si, à la fin de mon mandat, tous les Brésiliens peuvent faire trois repas par jour, j'aurai réalisé la mission de ma vie ». C'est de là qu'est né le programme « Bourse Famille » (« *Bolsa familia* ») qui se présente comme une politique de redistribution des revenus en direction des « familles pauvres ». Il est pris en charge par l'Etat, les autorités locales étant chargées de dresser la liste des bénéficiaires. L'allocation mensuelle est à la fois plafonnée (jusqu'à trois enfants jusqu'à 15 ans, jusqu'à deux entre 15 et 17 ans) et conditionnelle. Pour qu'elle soit versée, les enfants doivent être scolarisés, et les vaccinations nécessaires ont dû être effectuées à temps. À ce montant s'ajoute une indemnité de base, attribuée aux familles cataloguées comme « très pauvres ». Ajoutons qu'à la demande expresse du chef de l'Etat, c'est en principe la mère de famille qui perçoit l'indemnité mensuelle. De ce fait, elle se voit aussi attribuer un compte dans une Banque d'Etat, la *Caixa Economica Federal*.

Au total, 12 millions de familles - soit 46 millions de personnes (un Brésilien sur quatre) - bénéficient de la *Bolsa familia*. Tout en soutenant le petit commerce de proximité, le programme a permis de couvrir les besoins de base, tout en réduisant un peu l'écart séparant, dans le pays, les faibles revenus des plus gros.

Laissons de côté certains reproches adressés à ce sujet à Lula : le reproche d'électoralisme pour commencer (mais pourquoi les précédents titulaires du pouvoir politique n'avaient-ils pas mis en place, avant lui, une politique semblable ?) ou encore celui consistant à mettre en avant le caractère « artificiel » (!) du soutien de la consommation opéré par un programme d'allocations familiales. Plus sérieusement, on peut regretter que cette politique ciblée sur les plus pauvres se limite encore par trop à la dimension sociale, comme notre RMI, pour citer à nouveau celui-ci. Certes, la carte de la *Caixa* permet d'obtenir un microcrédit, mais cette pratique est à l'heure actuelle trop peu répandue dans le pays pour qu'un nouveau groupe social, composé de petits entrepreneurs, puisse émerger de façon visible. De plus, il est clair que le programme social que représente *Bolsa familia,* utile pour panser des plaies, ne peut tenir lieu de nouvelle politique économique, au sens plénier du terme. La difficile question de la réforme agraire, en particulier, demeure pendante. Les conflits au sujet de l'accès à la terre opposant deux légitimités de nature contradictoire - des titulaires absentéistes de *titres juridiques* écrits, et des occupants qui fondent leur droit de cultiver une parcelle sur le *travail* qu'ils y ont dépensé - n'ont pas reçu jusqu'ici de solution.

Compte tenu de l'esprit de l'époque, il est clair que la mise en place, ici ou là, de quelques amorces d'économie organique se heurtera partout à l'opposition des plus riches. Pourquoi trouverait-on seulement chez les Slovènes de l'ex-Yougoslavie, chez les Lombards d'Italie, chez les Flamands de Belgique ... le refus de partager leurs richesses avec plus pauvres qu'eux ? Il reste seulement à espérer qu'en Bolivie par exemple l'unité du pays résistera à la pression des mouvements centrifuges, soutenus par l'extérieur.

Mais quoi qu'il en soit, il reste que de telles paroles et de telles politiques constituent des sortes de pierres d'attente annonçant un possible retour parmi nous de la société organique. Et voici le reproche de passéisme écarté.

Il est temps de conclure ce chapitre. Toutes les réflexions qui précèdent reposent sur l'hypothèse selon laquelle on peut voir renaître chez nous, après basculement de l'esprit du temps, une vie commune dotée d'une identité forte - comme dans les vieilles sociétés paysannes, mais à un niveau technique plus élevé. Pour le moment, entre le *je* de l'agent économique individuel, et le *ils* - pronom au moyen duquel nos compatriotes ont coutume de désigner les titulaires du pouvoir d'Etat - il manque la place du *nous* : un *nous* capable de s'appliquer aux membres d'une cité, d'englober de manière non-caporalisante les différents *je* individuels. Mais cela suppose que l'on ne brade pas ce qui demeure l'acquis de la période bourgeoise, et que l'on continue à admettre que le travail demeure, une fois achevé le temps de formation, la modalité normale du processus de socialisation à l'œuvre dans un pays.

Au moment où la nation risque de se dissoudre dans l'émiettement régional, ou de se noyer dans un ensemble européen qui demeure informe, parce que fondé sur des intérêts et non sur une ébauche d'identité commune, il semble nécessaire de lui redonner un peu plus de corps.

Mais qui parle d'arracher la solidarité à son ministère ? Quand les hommes la pratiquent spontanément, la régulation de la vie sociale s'opère d'elle-même ; il n'est pas nécessaire de chercher à « créer du lien » d'en haut, de façon volontariste. Répétons qu'une nouvelle manière de vivre ensemble, un nouvel *ordre*, ne peuvent pas être organisés d'en haut. Autrefois, les Soviétiques ont cru à tort que l'Etat et le Parti, marchant la main dans la main, pouvaient modeler l'homme nouveau. Aujourd'hui, les tenants inconditionnels du marché, partisans d'une intervention minimale de l'Etat, nous disent que l'ordre économique (national et mondial) doit provenir exclusivement de l'accord des volontés individuelles. Leur tort est de croire qu'on peut faire abstraction du lien social, et que l'interdépendance des intérêts matériels peut prendre la place de la solidarité des personnes. Si on les suivait, il s'agirait une fois de plus d'un ordre mécanique, pensé pour des individus interchangeables, et faisant abstraction de la singularité des peuples et des cultures.

Il y a aujourd'hui trop d'abstraction entre l'homme et l'homme, trop de « c'est à prendre ou à laisser », trop de « il faut », trop de moyens de communication électroniques permettant d'aller vite - et pas assez de regard. L'usure du regard, effet collatéral de la fascination pour les objets, a fait perdre à beaucoup de nos contemporains la capacité de voir, de façon correcte, aussi bien les hommes que les choses : pour ce qu'il sont, non pour ce à quoi ils pourraient servir.

Or, le fondement du « vivre ensemble » ne peut être uniquement de nature juridique. Si on veut attribuer à chacun une chance, il convient d'admettre que les hommes, au point de départ, n'ont pas le même profil, ne disposent pas des mêmes chances et des mêmes possibilités. Pour qu'une maison commune existe, pour que chacun y trouve une place, des situations de départ différentes exigent des formes différentes de traitement. Mais le fait de partir du travailleur à employer plutôt que de la tâche à accomplir suppose, de la part des employeurs, un profond changement des habitudes.

Plus haut, j'ai évoqué à titre d'exemples quelques domaines (l'agriculture, le travail, le crédit, les rapports avec les pays du Sud) dans lesquels un changement d'esprit, et donc de vision, peut avoir dès maintenant des effets concrets. Pour autant, et pour demeurer fidèle au propos de Claudel cité en exergue, je redis au lecteur : « Ne crois point que j'apporte une recette, et que l'accord entre les hommes réside dans la vertu d'aucun arrangement automatique ». C'est la raison pour laquelle je n'ai pas souhaité proposer ici un « modèle » achevé. Trop de réformateurs sociaux ont élaboré des programmes, dont l'avenir a consisté à servir de sujets de mémoires ou de thèses pour des apprentis sociologues. Vains efforts ! Ce dont il s'agissait ici, c'était de dessiner une orientation d'ensemble. Quand les temps seront accomplis – c'est-à-dire : quand les certitudes présentes, qui commencent à vaciller, seront tombées pour de bon – cette orientation peut éventuellement prendre la forme de modèles. Ce sera alors le temps des hommes d'action.

Au-delà des quelques illustrations du propos qui ont été proposées, il est clair que l'édification d'une nouvelle économie organique demandera à la fois beaucoup de courage et beaucoup d'imagination. Même s'il fait eau de toute part, notre système économique paraît encore, à la plupart de nos contemporains, le seul qui soit susceptible de fonctionner, voire d'améliorer à terme leurs conditions de vie. Si on les interrogeait, ils répondraient avec Adam Smith que l'intérêt représente une base plus fiable, pour fonder la vie commune, que l'amour du prochain. Par contre, si ce système s'effondre sur lui-même à la suite d'une crise « systémique » que personne ne pourra plus maîtriser, il deviendra possible de retrouver, sous des formes renouvelées, l'inspiration qui animait naguère les vieilles sociétés organiques. Alors l'économie pourra retrouver sa vraie place, qui est subordonnée, et apparaître sous des traits moins étroits que ceux qui caractérisent les « leçons de choses ».

Déjà, dans nos banlieues, des manifestations de refus du système actuel se sont fait entendre à travers les « événements » de novembre 2005. On va se demander maintenant s'il faut y voir le signe précurseur d'un véritable crépuscule, l'annonce d'une remise en cause radicale, ou seulement l'expression visible et ponctuelle d'une violence ordinairement diffuse, et dépourvue d'une réelle signification politique.

CHAPITRE 6

Quelques réflexions sur des événements récents

Peut-on encore risquer une parole, près de quatre ans après, à propos des événements qui ont secoué nos banlieues au mois de novembre 2005 ? Les médias les ont oubliés, ne s'intéressant par nature qu'au fugace et à l'immédiat ; mais peut-être le recul permet-il d'en pénétrer un peu mieux les causes profondes.

Ces mouvements n'avaient rien à voir, bien sûr, avec un conflit de classes, c'est pourquoi on a bien vite compris que la grille d'interprétation marxiste était ici inopérante. Pourtant, les facteurs économiques ont bien dû jouer un rôle dans les révoltes, mais lequel ? Et de quel type d'économie s'agissait-il ? On a parlé d'un échec du « modèle français d'intégration » ; mais notre société – quels que soient les principes qu'elle proclame - repose-t-elle aujourd'hui sur des bases si différentes de celles dont se sont dotées les autres nations européennes ? Fallait-il y voir une manifestation de l'essor de communautarismes fondés sur la religion ou sur l'ethnie ? S'agissait-il d'un vaste mouvement organisé en sous-main par quelque organisation clandestine, ou d'une série de révoltes ponctuelles, chacune suscitant à sa périphérie (ou au-delà, grâce à la télévision, à l'Internet et au téléphone portable) l'émergence spontanée de phénomènes d'imitation, voire même de compétition ? Etait-ce une sorte de « grand jeu » pour de vrai, à la Baden-Powell (les voleurs contre les gendarmes) orienté dans une direction que le fondateur du scoutisme n'avait certes pas prévue ? S'agissait-il de la répétition générale d'un futur « grand soir » ? Les jeunes qui participaient aux émeutes criaient-ils leur dégoût de se voir barrer l'accès au travail, ou exprimaient-ils plutôt un refus d'adhérer à une société où le lien social prétend se fonder sur l'inclusion de l'individu dans un rapport salarial ? Les *dealers* ont-ils été à l'initiative du mouvement, en mettant par précaution les plus jeunes en avant - parce que la police avait rompu à leurs yeux un pacte implicite de non-agression, en décidant de se rendre davantage présente dans leurs quartiers ? Ou étaient-ils au contraire opposés aux affrontements qui nuisaient à la tranquillité et au caractère quasiment feutré de leur commerce ?

Je ne tenterai pas, dans ce chapitre, d'apporter à ces questions des réponses définitives, n'ayant aucune qualification pour le faire. Il s'agira de présenter un essai d'analyse sur le fond, pour essayer de déterminer la nature exacte d'une réalité sociale que ces événements ont révélée, à savoir – me semble-t-il - une double fracture. Je le ferai, bien sûr, en liaison avec les réflexions avancées dans les chapitres précédents.

On sait, du moins, comment la mèche a été allumée. Poursuivis par des policiers, des jeunes, qui n'avaient rien fait de répréhensible, ont eu le sentiment d'être pris dans une souricière ; pour y échapper, trois d'entre eux ont escaladé le grillage d'un transformateur d'EDF ; deux sont morts, le troisième a été gravement brûlé. Quelques paroles malheureuses prononcées par le ministre de l'Intérieur de l'époque devaient fournir un combustible supplémentaire à l'incendie. Propos déraisonnables, car celui qui représente la défense de l'ordre public doit se montrer plus grand que ceux qui cherchent à le renverser, y compris au niveau du langage. Pour autant, ces dérapages verbaux (par ailleurs voulus et assumés) n'expliquent ni la violence, ni l'ampleur, ni la durée des affrontements.

Certaines hypothèses peuvent être écartées d'emblée. Toutes les sources d'information sérieuses le confirment : il n'y a pas eu d'explosion organisée ; nul chef d'orchestre clandestin ne tirait les ficelles dans l'ombre. Il ne s'agissait pas non plus d'une révolution islamique contre les « valeurs de la République » (au fait, il serait bon de préciser en quoi celles-ci consistent exactement), pas plus que d'une révolte des Blacks et des Beurs contre les Blancs. Comme l'a observé un témoin direct, Isabelle Lozeron-Hervé, pasteur de l'Église réformée à Aulnay-sous-Bois, « la majorité des habitants » (du quartier) « ont marqué leur opposition à ce qui se passait »[1]. Certains de ces habitants ont même exprimé cette opposition, en privé, d'une manière particulièrement forte, tel cet homme d'origine maghrébine confiant aux reporters de *Marianne* : « A Tunis, à Alger, les émeutes commencées le 27 octobre auraient été écrasées dès le 28 octobre. Vingt morts, 50 morts, ils s'en tapent, Ben Ali et Bouteflika. Vous devriez faire la même chose ici ... »[2]. Et ces reporters de conclure : « En vérité, personne dans ce pays

---

[1] I. Lozeron-Hervé : Vaincre les peurs, *Évangile et liberté*, décembre 2005.

[2] L'embrasement des cités, Témoignages « Vous n'avez encore rien vu »... Les Arabes ne soutiennent pas les voyous. *Marianne* du 12 au 18 novembre 2005.

ne ressent plus d'animosité contre les voyous que les Maghrébins de France ».

On dira qu'il s'agit ici de critiques proférées par des adultes à l'égard de jeunes. Cependant, même parmi les adolescents des cités, on sait que les auteurs de violences urbaines n'ont représenté qu'une petite minorité, peu nombreuse mais très mobile. Il semble bien que l'hebdomadaire anglais *The Economist* ait touché juste, en parlant de « la rébellion furieuse d'une sous-classe, composée d'adolescents sans barbe et porteurs de Nike »[3]. Parler de sous-classe (plutôt que de sous-prolétariat) et d'absence de barbe, c'est raisonner en termes de castes, en écartant de l'analyse aussi bien l'influence de l'élément social que le rôle du facteur religieux. Ces deux explications commodes mises de côté, que nous reste-t-il, pour nous permettre d'identifier les mobiles des auteurs de destructions ? Lucienne Bui Trong, ancien chef de la section « Villes et banlieues » à la Direction Centrale des Renseignements Généraux a posé un diagnostic sans équivoque, émanant de quelqu'un qui sait très bien de quoi il parle : « le nationalisme de quartier et la haine des institutions »[4]. *La haine* : c'était précisément le titre d'un film de Mathieu Kassovitz qui fut tourné sur les lieux mêmes des affrontements, une dizaine d'années plus tôt. On sait que le cinéma, quand il ne se borne pas à *divertir* – comme aurait dit Pascal - est aujourd'hui l'un des meilleurs révélateurs des plaies dont souffre notre société.

Comme je m'aventure ici sur un terrain nouveau, en étant dépourvu des outils dont dispose le sociologue, l'analyse et le traitement du problème deviennent plus difficiles. Mais n'entrons-nous pas dans un monde où, précisément, tout est nouveau, et où l'on doit impérativement se risquer à penser en dehors des schémas préformés ? C'est pourquoi je vais tenter de dénouer prudemment quelques fils.

« Nationalisme de quartier, haine des institutions ». S'exprimer ainsi, c'est marquer qu'il s'est agi, clairement, d'un affrontement pour le pouvoir. Le chroniqueur des *Échos* déjà cité, qui signe ses billets sous le pseudonyme de Favilla, observait que la fin d'une certaine forme de tolérance de l'illicite, voire d'un « pacte » implicite passé avec les maffieux, permet d'expliquer au moins une partie des affrontements.

[3] « This was the angry rebellion of a beardless, Nike-wearing teenage underclass ». An underclass rebellion, *The Economist* du 12 novembre 2005.

[4] L. Bui Trong : Violences urbaines : les raisons de la contagion. *Le Figaro* du 7 novembre 2005.

« Ce pacte inavoué, parce qu'inavouable, a consisté à concéder à la délinquance, aux trafics et aux *rackets* quelques portions limitées du territoire national pour économiser les incidents visibles, selon la règle du chacun chez soi. En vertu de quoi la délinquance ordinaire des banlieues est restée banale et discrète, sauf accidents ; les lois du milieu ont supplanté la loi commune, le tribalisme des petits chefs a prospéré, les milices locales ont pris la place de la police nationale ; et les habitants ordinaires, excédés, ont basculé soit dans les tentations du Front National, soit dans le découragement de l'abstention »[5]. Dès lors, la « reconquête » de ces territoires par des institutions publiques (la police, les douanes, le fisc, travaillant ensemble) a été perçue comme une opération illégitime, car marquant la rupture unilatérale de ce pacte, et appelant nécessairement riposte et vengeance. Dans le numéro déjà cité de *Marianne*, on entend certains jeunes dire la même chose dans leur langage : « Avec l'avoine du biz(ness), on ne regardait pas aux prix. Mais quand les flics t'empêchent de travailler (*sic*), tu reviens à la réalité et, là, tu as la rage... ».

Ce sont bien en effet des adolescents, et même des enfants, qui ont exprimé cette rage. Il ne s'agit donc pas cette fois de la révolte d'une population entière, victime de ségrégation au niveau du logement et marginalisée sur le plan de l'accès à l'emploi. Si cette population se soulève un jour, ce ne sera pas une émeute, mais une révolution. Ceux qui ont allumé les feux d'octobre-novembre 2005 appartenaient à un groupe d'âge bien précis ; entre eux et les forces de police, une véritable guerre urbaine a éclaté. Des poubelles, des voitures, des entrepôts, des commerces, des gymnases, des écoles ... ont été brûlés. Les télévisions du monde entier, et en particulier les chaînes américaines, ont diffusé partout ces images. Un guet-apens ayant été tendu à des policiers à proximité d'une mosquée, une grenade lacrymogène a été tirée non loin de l'entrée de celle-ci. Son enveloppe en plastique ayant été aussitôt brandie, on a pu voir défiler « côte à côte dans la rue émeutiers et barbus, soudés par une solidarité jusque-là impensable... »[6]. Solidarité de courte durée. Il ne s'agissait pas en effet de la constitution d'un « mouvement social» à caractère durable ; quand les jeunes émeutiers étaient fatigués du grand jeu, ils rentraient prosaïquement chez eux pour se coucher – ce

[5] Favilla : Le pacte rompu des banlieues, *Les Échos* des 4 et 5 novembre 2005.

[6] F. Ploquin : Les cités, les barbus et les caïds, *Marianne* du 5 au 11 novembre 2005.

que ne pouvaient pas faire les policiers, qui devaient rester en place jusqu'au petit matin.

Mais, là encore, ce qui saute aux yeux ne doit pas dissimuler ce qui se voit moins. Cette explosion de rage exprimée par des jeunes des cités n'était en fait que la généralisation, et le passage à un niveau de gravité supérieur, d'une violence sourde qui s'exerce quotidiennement, aussi bien dans les immeubles que dans les lycées et collèges. Selon les reporters de *Marianne,* la masse silencieuse qui habite dans ce qu'on appelle curieusement les 'quartiers' « a toujours vécu dans la crainte des petites bandes, installées à longueur d'années dans les escaliers ou au pied des immeubles. Pas forcément méchants, les voyous, mais pas intérêt à se les mettre à dos. S'ils ne vous ont pas à la bonne, vous ne serez pas tranquille ; s'ils vous ont dans le nez, votre vie sera un enfer ».

De quoi manquent-ils, ces jeunes ? Que revendiquent-ils ? En 1995, le philosophe Jean Baudrillard notait déjà « une expression étrange : 'J'ai la haine '. Pas d'objet... 'Avoir' la haine : c'est comme une sorte de potentiel, d'énergie, négative et réactionnelle, mais énergie quand même » *(op. cit.).* En positif, on peut identifier, au départ, une revendication éperdue de liberté et d'indépendance. Dans la cité, on souffre de vivre en permanence sous le regard des *autres*, qui sont aussi des *semblables*, trop semblables à soi : pour leur malheur, les cités sont dépourvues aujourd'hui de mixité sociale. Comme l'a dit très bien le maire d'une commune de la banlieue parisienne, on a laissé se créer à la fois des ghettos de riches et des ghettos de pauvres. Or, ainsi que l'a relevé à juste titre une spécialiste de la question, la sociologue américaine Jane Jacobs, disparue récemment : « presque personne ne voyage de son plein gré de l'identité à l'identité, de la répétition à la répétition »[7]. La nation, qui n'apporte rien, qui se montre indifférente et, d'une certaine façon, étrangère à ceux qui se trouvent sur ses marges – et qui du reste parlent de moins en moins la même langue - prétend tout de même imposer un ordre extérieur, représenté par la police de l'État. De là naît un sentiment d'étouffement, dont les plus hardis cherchent à sortir par l'acquisition d'une maîtrise, d'une souveraineté incontestée sur *leur* territoire. Ils revendiquent même l'exercice d'un nouveau droit très concret, non-inclus dans les diverses déclarations (abstraites) des « droits de l'homme » : celui de ne pas être regardé.

[7] J. Jacobs : « Almost nobody travels willingly from sameness to sameness and repetition to repetition ». *The Death and Life of Great American Cities*, 1961.

Quant à ceux qui sont chargés de mettre des limites, de poser des règles, de représenter un élément - parfois le seul élément - de cet ordre extérieur surimposé (avant tout les enseignants), ils sont exposés à leur vindicte et à leur rébellion. Aujourd'hui, les « maîtres », les ci-devant « hussards de la République » d'autrefois ont perdu la légitimité - et, en cas de discussion, le droit élémentaire de prononcer le dernier mot - que leur âge, leur fonction et leur statut leur conféraient naguère de manière automatique. Ils sont contraints de déployer des talents que nul institut de formation ne peut leur enseigner : la maîtrise de la langue parlée, l'esprit d'à propos, le sens de la répartie, la gestion quotidienne de situations récurrentes de conflit, et, par-dessus tout, la capacité de durer. En plus, il leur est demandé de conserver en eux - à une profondeur suffisante pour qu'il ne soit pas atteint par l'écume des jours - l'amour de leurs élèves et de leur métier[8]. Avant de *pouvoir* enseigner, il s'agit d'abord de *savoir* affronter - en utilisant, bien sûr, d'autres armes que la force physique, dont certains de leurs élèves n'hésitent pas à se servir. Comme l'a montré le film *Entre les murs*, l'autorité est en balance à chaque instant ; elle ne va pas systématiquement à celui qui en sait le plus, mais à celui qui trouve le plus vite la réplique la plus percutante. La parole contre l'invective et les voies de fait : le combat de la démocratie, et de la vraie liberté, n'est pas gagné d'avance. Chaque jour, des enseignants sont agressés verbalement, bousculés, voire frappés par des élèves. Quelques-uns, parfois, perdant le contrôle de leurs nerfs, sont poursuivis par la justice et stigmatisés par les médias nationaux ; mais il faut vraiment être un saint pour ne pas être touché un jour par la contagion de la violence. Peu de temps après la fin des émeutes de 2005, une jeune enseignante était même poignardée par un élève dans un lycée technique de la banlieue parisienne.

Ajoutons tout de même que la lutte n'est pas forcément permanente. En certaines circonstances, des jeunes peuvent aider leur professeur de façon ponctuelle ; pendant un temps limité, une forme de solidarité inter-âges, une certaine connivence, peuvent même lier l'adulte et les adolescents ; mais ce service, comme tous les autres, doit sans tarder être payé à son prix. Un professeur de français, Mara Goyet, nous le montre en décrivant les deux volets de la venue de l'inspecteur dans sa classe (*Collèges de France*, Fayard, 2003).

---

[8] La lecture du livre déjà cité de François Bégaudeau : *Entre les murs* est édifiante à cet égard.

« L'inspecteur arrive. La classe est debout, martiale, magnifique et goguenarde. Le silence est étouffant. Ô petit bordel d'ambiance, que tu me manques ! Je parle, je parle, je fais des tours, je décris des cercles, je m'agite. J'ai l'impression d'être une patineuse artistique scrutée par la juge ukrainienne. Les caïds surveillent la classe : au moindre faux-pas d'un camarade, ils froncent les sourcils. La mafia a pris le relais, je suis en sécurité...

... Je retrouve les élèves l'après-midi. Pour compenser, ils foutent un bordel de tous les diables. Je n'ai plus assez d'énergie pour lutter. Le cours qui suit l'heure d'inspection est classé dans le Top Ten des pires cours de l'année ».

On veut bien comprendre, « se mettre à la place », donner ponctuellement un « coup de main » à un représentant de l'autorité, en passant de son côté quand il est lui-même confronté à une autorité supérieure ; mais on doit aussitôt prouver aux autres, et se prouver à soi-même, qu'on n'est pas trop gentil - qu'on n'est pas des mauviettes, tout de même !

Pour mieux cerner le phénomène (ce qui permettra de le rationaliser, à défaut de résoudre les problèmes qu'il pose) on peut recourir aux catégories freudiennes de base. On dira alors que les membres de la génération montante souffrent aujourd'hui d'une absence de *surmoi* ; dès lors, le *çà*, tel un malin génie, ne peut manquer de jaillir de la bouteille de façon irrépressible. Si on choisit de ne pas suivre Freud aveuglément[9], on pourra demander, une fois de plus, des conseils à Vladimir Soloviev. Pour celui-ci, les trois fondements derniers de la vie morale sont les suivants : le sens de la pudeur, la pitié, le respect ou la révérence pour ce qui est supérieur. Or le monde dans lequel nous vivons se situe précisément à l'opposé de ces règles : il prétend tout montrer (les corps, bien sûr, mais aussi les âmes), il est impitoyable, et les termes de « respect » ou de « révérence » y sont le plus souvent dépourvus de sens.

On peut encore chercher des références encore plus loin en arrière, du côté de la vieille culture latine. On observera alors la disparition de la *pietas*, ainsi définie par le latiniste Pierre Grimal : « le

[9] « Non sans quelque hésitation, mais, je crois, avec une certaine gravité, je suggère que la fameuse division de la conscience humaine – le çà, le moi et le surmoi – a plus qu'un air de famille avec l'anatomie d'une maison bourgeoise à Vienne au tournant du siècle, avec sa cave, ses appartements et son grenier ». G. Steiner : *Nostalgie de l'absolu*, Bibliothèque 10/18, 2003. On remarquera au passage que le matérialisme historique propose lui aussi une division tripartite : la base, la structure et la superstructure.

sentiment que quelque chose ou quelqu'un a des droits sur nous ». Certes, de nombreux membres de la génération montante ne sont pas prêts à reconnaître spontanément que quiconque puisse avoir des droits sur eux. Ils n'ont plus les mêmes repères que nous : à leurs yeux, c'est la force - non la fonction, ni la culture, ni même la propriété - qui crée le droit. Il n'est que de voir comment (sur quel ton, avec quel langage) ils s'adressent aujourd'hui à leurs professeurs. Cela montre qu'on est en train de sortir de l'ordre bourgeois classique, dans lequel le travail et l'épargne (appelée autrefois *accumulation*) constituaient le moyen privilégié d'accéder à la propriété des moyens de production, celle-ci entraînant automatiquement le contrôle du pouvoir, lequel était à son tour appuyé par l'idéologie, etc. La civilisation capitaliste analysée par Marx reposait sur ces présupposés. Dans un monde recomposé, voilà que l'analyse marxienne est devenue obsolète. Dans les « quartiers », on est en dehors du capitalisme classique ; on est aussi hors de la société bourgeoise qui, après avoir engendré celui-ci, avait besoin d'ordre pour le faire fonctionner sans heurt. Les catégories traditionnelles du marxisme (prolétariat, armée industrielle de réserve...) ont cessé d'être pertinentes. Un ministre de l'intérieur français, constatant qu'on est désormais hors du champ des conflits sociaux traditionnels - et même de tout repère culturel identifiable - a risqué naguère le terme de *sauvageons*. Ajoutons ici une remarque incidente : l'exemple venant de haut (car la finance internationale est régie par la loi de la jungle) on ne devrait pas s'étonner de voir cette même loi s'appliquer, à sa façon, dans nos banlieues. Et il est vain de penser qu'un jour l'ordre bourgeois pourrait être restauré. Comme on l'a dit plus haut, il a perdu sa rationalité, et il ne peut manquer de perdre tôt ou tard sa réalité. Pour contenir les démons enfantés par la civilisation de l'argent, on ne peut plus compter sur le recours à l'éthique protestante qui, de toute façon, a cessé de réguler le capitalisme depuis Keynes. Si l'on veut retrouver un ordre, il sera nécessaire de regarder ailleurs.

Les révoltes de novembre 2005 ont été l'occasion, pour les responsables politiques comme pour les commentateurs de la presse orale ou écrite, de soulever à nouveau la question de l'égalité des chances. Recourir à cette expression, c'est se placer une fois de plus au niveau de l'abstraction. Tout le monde n'est pas originaire du même milieu social ; on ne parle pas la même langue dans toutes les familles ; tous les élèves n'ont pas des parents travaillant dans des entreprises susceptibles de les embaucher au terme de leur scolarité ; ils n'ont pas non plus fait leurs études dans les mêmes établissements. Selon qu'on a effectué son *cursus* scolaire au lycée de Decazeville ou au lycée Henri IV, on n'a pas exactement les mêmes chances de réussir le concours d'entrée à l'École Normale Supérieure. Ce dont la société devrait se préoccuper de façon concrète, c'est que chacun se voie offrir, non *la même* chance que tous les autres, mais au moins *une vraie* chance. Pour cela, il conviendrait qu'elle se dotât d'une règle commune. Cela suppose que ses membres, revenant sur deux siècles d'individualisme bourgeois et ayant à nouveau conscience de former un tout, acceptent de travailler, chacun à sa façon, à la reproduction de l'ensemble social. Perspective « holiste » (voir *supra* les propos de Louis Dumont cités dans le chapitre introductif) bien éloignée des réalités observables aujourd'hui. Supposer qu'on y revienne un jour c'est supposer le problème résolu : mise à l'écart du monde de Bentham, fin de la société du contrat, refondation d'une société organique. De fait, si des groupes entiers se trouvent exclus, ou s'excluent eux-mêmes, de la cité, c'est qu'il n'y a plus de cité ; et nous voici revenus aux propos de Péguy, et, plus généralement, aux réflexions proposées au chapitre premier de ce livre.

Une société organique, avons-nous observé, est celle où l'on « œuvre ensemble ». Parler d'*œuvre* commune, c'est marquer que le travail représente le moyen privilégié d'intégration sociale. Encore faut-il y avoir accès. Actuellement, dans notre pays, la majorité des contrats proposés couvre une très courte durée. Cela ne peut donner de bons résultats. Quand par exemple la distribution des colis est assurée par des jeunes gens embauchés pour des périodes d'un mois ou d'un mois et demi, et rétribués sur la base du nombre d'objets distribués, il y a des chances que le travail soit mal exécuté. Une telle précarisation, à présent dominante pour tous, est devenue massive chez les jeunes générations : dans les deux tiers des cas environ, les moins de 25 ans qui sont embauchés le sont par l'intermédiaire d'un CDD. Au cours du parcours initiatique qu'ils doivent suivre avant d'entrer pour de bon dans le monde du travail - et qui n'est pas sans rappeler les cases les plus décevantes du « jeu de l'oie » de notre enfance - beaucoup de jeunes diplômés doivent passer aujourd'hui par un ou plusieurs stages non-rémunérés, ou faiblement rémunérés. « Certains stagiaires en sont à leur sixième, à leur septième convention de stage, dans l'attente de l'embauche problématique. Ils ou elles ont parfois dépassé la trentaine. En aucun cas, leur situation ne relève du Code du travail. Par définition, un stagiaire ne sera jamais un salarié ni un chômeur »[10]. Les animateurs du Mouvement Génération-Précaire parlent à ce sujet, à juste titre, de « bizutage social ».

Longtemps, les employeurs ont réclamé aux pouvoirs publics de leur assurer la *flexibilité* de la main d'œuvre. Elle seule, disaient-ils, leur permettrait de régler le volume de leur masse salariale sur les mouvements de leur chiffre d'affaires. Selon eux, cette possibilité représenterait une forte incitation à l'embauche de nouveaux travailleurs, en fonction des besoins de main d'œuvre de l'entreprise, éminemment variables dans le temps.

En ce qui concerne l'embauche des jeunes, il est clair que cette « flexibilité » est acquise dans les faits, même si elle se heurte à la rébellion de la jeunesse quand le gouvernement tente de l'introduire dans le droit. Pour autant, l'accès au premier emploi n'en a pas été rendu plus facile. Une fois sur quatre, l'entrée d'un jeune dans la vie active commence par la rude expérience du chômage. Et voilà maintenant que les employeurs n'hésitent pas à reprendre publiquement à leur compte le terme de *précarité* qu'ils se gardaient autrefois d'employer. « La vie, la santé, l'amour sont précaires ; pourquoi le travail échapperait-il à cette loi (sic) ? », se demandait Laurence Parisot, présidente du Medef, le 30 août 2005. Le cadre de la réflexion est désormais celui de la très courte période. Tout comme les instituts de sondage, les économistes contemporains privilégient l'instant présent. Cela nous ramène à la réflexion si pénétrante de Tocqueville : « Aussitôt que (les hommes) ont perdu l'usage de placer leurs principales espérances à long terme, ils sont naturellement portés à vouloir réaliser sans retard leurs moindres désirs, et il semble que du moment où ils désespèrent de vivre une éternité, ils sont disposés à agir comme s'ils ne devaient exister qu'un seul jour ». On a supprimé l'écoulement du temps, et voici que l'immédiat se pare aujourd'hui des attributs du « temps réel ».

Pour les jeunes des « quartiers », l'orientation du marché de la force de travail est encore plus problématique. Qu'il existe une discrimination à l'embauche est patent. Même pour décrocher un stage de courte durée - évidemment non rémunéré - au cours de leurs études secondaires, des jeunes gens et jeunes filles au nom insuffisamment « indigène » éprouvent toujours des difficultés liées à leur patronyme ; alors que dire quand il s'agit de chercher par la suite un véritable

---

[10] P. Fabra : Un cruel bizutage social, *Les Échos* des 10 et 11 mars 2006.

emploi ! Même ceux qui ont suivi avec succès un *cursus* long et difficile se heurtent bien souvent au « plafond de verre »[11] qui les empêche d'accéder aux emplois correspondant à leur formation. Pour se voir attribuer des postes moyens, il leur faut impérativement se révéler supérieurs. Concrètement, ils ont bien du mal à passer le stade de l'entretien d'embauche, voire même à atteindre le tout premier niveau, celui où l'on obtient une réponse à un envoi de CV. Presque toujours, de ce côté-ci de la Manche, les jeunes gens dont la famille est originaire d'Afrique du Nord seront identifiés comme des Maghrébins. Il leur faudra arriver à Londres pour être enfin considérés comme des Français, et voir leur candidature à un poste de travail envisagée uniquement sur la base de leurs diplômes. Ci-dessus, on a parlé d'une crise de la société du contrat. Pour ce qui est du contrat de travail, elle se vérifie tous les jours, et avec un degré supplémentaire de gravité s'il s'agit de jeunes d'origine maghrébine, ou issus de l'immigration subsaharienne. Dans quelle mesure cela explique-t-il la récente explosion des banlieues ?

On remarquera d'abord que la révolte de novembre 2005 n'a pas pris une forme politique. Quand la colère exprime une contestation radicale du cadre politico-économique qu'une société présente aux générations montantes, cela donne les « événements » de mai 68. Une telle révolte véhicule toujours sa part d'utopie ; elle traduit à sa façon une espérance, partagée par un groupe entier, et qui peut même être vécue par beaucoup (comme en 1968, précisément) dans une sorte de ferveur. On veut travailler à la gestation d'un avenir différent, à l'avènement d'une société où, enfin, il ferait bon vivre... Pour que celle-ci se transforme, on est prêt à se laisser transformer soi-même ; sous la rage, fleurit l'espoir. Si la motivation avait été la même cette fois-ci, les « jeunes » seraient sortis de leurs quartiers, pour aller porter l'expression de leur désir de changement dans le centre des villes. Ils auraient crié qu'il faut « faire l'amour, non la guerre ». Ils auraient revendiqué hautement le droit d'accéder aux infrastructures scolaires ou industrielles existantes, au lieu de chercher à les détruire par le feu. Mais, en novembre 2005, on n'a pas eu affaire à des manifestants, mais à des émeutiers ; au printemps 2006, le même phénomène s'est reproduit à l'occasion du mouvement contre le CPE : « venez, on va faire des émeutes ! », lançait alors un adolescent en direction de la foule (*Marianne* du 25 au 31 mars 2006). En pareil cas, les destructions, prenant la place des revendications, apparaissent comme

[11] C'est le titre d'un beau film de Yamina Benguigui, réalisé en 2005.

une fin en soi. C'est ainsi que la fin des affrontements de l'automne 2005 n'a été en aucune façon le résultat d'une négociation, l'amorce de nouvelles « avancées sociales ». Il n'y a pas eu de courroie de transmission entre ceux qui criaient le refus de la société existante et les responsables des institutions publiques. Pour qu'il y ait un « Grenelle des banlieues », soulignait le président de la Halde, Louis Schweitzer, « il faudrait qu'il y ait des revendications précises et des interlocuteurs. Ce n'est pas le cas »[12]. Le cri n'ayant jamais pris la forme d'une parole, il en résulte que les traits de la société qui succédera un jour à la nôtre ne se laissent pas aisément déchiffrer.

Pour contenir la colère des banlieues, il conviendrait, nous dit-on, d'en finir avec les discriminations à l'embauche. La Haute Autorité présidée aujourd'hui par Louis Schweitzer a été créée dans ce but. Afin de lever le principal obstacle, certains « trucs » ont été proposés, comme l'institution de CV anonymes. Mais les remèdes sont-ils à la hauteur du problème ? La révolte a-t-elle été le fait de demandeurs d'emploi ? Il me semble qu'il y a lieu, à ce niveau, de secouer quelques idées reçues. Façonné par deux siècles de culture bourgeoise, l'Occidental moyen pense spontanément que tout individu qui ne travaille pas est nécessairement un chômeur. Il existe cependant de par le monde, à côté du travail salarié, d'autres moyens de se forger une identité et de se procurer les biens matériels nécessaires à l'existence. Les jeunes hommes qui « tiennent les murs » dans la banlieue parisienne ne forment pas, on l'a dit, « l'armée de réserve industrielle » en quête d'emploi dont Marx avait parlé ; nous sommes sortis de ce monde-là. Ces jeunes gens subsistent, grâce à une série de petits flux financiers, dont la diversité interdit de les ranger dans quelque « catégorie socioprofessionnelle » que ce soit.

Car tout le monde ne se sent pas destiné à entrer dans les cases préformées de la société bourgeoise ! Pour obtenir des moyens d'existence, il est possible de s'appuyer sur la solidarité familiale, et de compter pour le surplus sur des petits boulots, de petits larcins, de petits trafics. « Ceux-là ne réclament pas de travail, de formation diplômante, de logement décent. Ils n'ont rien à perdre et guère d'espoir de gagner quelque chose. Ils veulent seulement qu'on les 'respecte' et qu'on les

[12] L. Schweitzer : Notre modèle d'intégration républicaine reste le bon, *Les Échos* des 10 et 11 novembre 2005. Louis Schweitzer, ancien PDG de Renault, préside aujourd'hui la Haute Autorité de lutte contre les discriminations et pour l'égalité.

laisse entre eux », notait encore l'hebdomadaire *Marianne* au moment des troubles[13]. « Le nihilisme et la posture de victime permanente (victime de la France, de la colonisation, du racisme, du chômage, etc.) affichés par de nombreux jeunes que nous avons interrogés et côtoyés »[14] sont là pour offrir à l'interlocuteur des réponses toutes prêtes, pour couvrir de vernis un réel refus de se prendre en charge. Là où cette attitude est dominante, les « jeunes » dont il s'agit n'éprouvent aucun désir d'entrer dans *une* cité, fut-elle harmonieuse, qui serait à l'échelle d'un pays entier. *Leur* cité leur suffit, à condition qu'on les laisse y établir *leur* hiérarchie. Les « canons de la société » s'effacent, au profit des « canons du ghetto » (Bondy Blog, *op. cit.).*

Nos références économiques les plus courantes sont, aujourd'hui encore, empruntées à un autre monde, celui d'hier. En effet, la vision courante de l'enchaînement des flux économiques et monétaires demeure marquée par la présentation qu'en donnait David Ricardo, il y a près de deux siècles. Dans la perspective qu'il ouvrait, tout commence par le travail[15]. En utilisant les moyens de production disponibles - dont l'efficacité varie en fonction du niveau technique atteint par chaque société, à chaque époque - les travailleurs réalisent la production nationale. À partir de là, s'opère le partage de la valeur ajoutée ; elle donne lieu à la distribution des revenus, ceux-ci étant ensuite employés en consommation et en épargne. Enfin, une part des ressources épargnées (la plus grande partie possible) est « accumulée », c'est-à-dire utilisée en formation de capital, laquelle permettra, d'année en année, la « reproduction élargie » du système. C'est ainsi qu'a fonctionné le capitalisme du XIXe siècle, solidement arrimé sur le socle de l'éthique protestante. Et c'est toujours sur ce modèle que sont construits les tableaux de la comptabilité nationale française, en dépit de la subordination de l'économie à la finance à laquelle on assiste aujourd'hui.

La conception selon laquelle l'accès au revenu passe par le travail est assurément la plus juste. « Qui ne travaille pas ne mange pas », disait saint Paul, qui, pour pouvoir se nourrir et nourrir ses compagnons, s'épuisait « à travailler de ses mains ». Pour la santé spirituelle d'une

[13] Posons les questions, osons les réponses ? *Marianne* du 19 au 25 novembre 2005.
[14] S. Michel, *Bondy Blog, Des journalistes suisses dans le 9.3*. Seuil 2006.
[15] Ce qui ne signifie pas, rappelons-le au passage, qu'il soit légitime de parler d'un « marché du travail ».

nation, comme pour celle d'un individu, mieux vaut que les moyens d'existence proviennent du travail, plutôt que de la prédation ou de pratiques maffieuses. À ce titre, chacun d'entre nous, si le choix lui était proposé, préférerait vivre au temps des bourgeois (qui ont tout de même des tribunaux, des lois, des Codes[16]) plutôt qu'au temps des corsaires ou des détrousseurs de diligence. Ou encore, pour utiliser le langage de la théorie des jeux : entre deux partenaires, le jeu à somme positive (dans lequel chacun s'enrichit à travers l'échange) est toujours préférable au jeu à somme nulle (où le perdant s'appauvrit de ce que le gagnant empoche). Dans nos banlieues, tout comme à Naples ou à Chicago, on évoque souvent les batailles rangées opposant des bandes entre elles. De fait, on peut parler légitimement de « guerre privée » à l'intérieur d'une nation, quand des prédateurs cherchent à imposer leur « ordre » dans un environnement qu'ils dominent, à la place de l'ordre public. Cela n'empêche pas, bien sûr, qu'une autre forme de « guerre » se déroule en même temps à une autre échelle, quand il s'agit d'opérations militaires conduites par des États menant, sous couvert d'ingérence humanitaire, des politiques destinées à leur assurer le contrôle des ressources de la planète. Mais l'existence de celle-ci, aussi injuste et ruineuse qu'elle puisse être, ne nous conduit pas pour autant à légitimer celle-là.

Dans le chapitre introductif, j'ai rappelé l'opinion formulée naguère par Schumpeter à propos de l'impérialisme. À ses yeux, celui-ci représentait clairement un phénomène du passé. Utilisant le vocabulaire marxiste qu'il maîtrisait parfaitement, il a écrit à ce sujet : « L'impérialisme exprime des rapports de production caractéristiques de modes de production appartenant au passé ... Si notre théorie est conforme à la réalité, on devrait voir les manifestations d'impérialisme diminuer en intensité à l'époque moderne : les exemples les plus récents d'impérialisme à l'état pur se rencontrent dans les monarchies absolues du XVIIIe siècle »[17]. Nous savons au contraire que les sociétés industrielles, à un certain niveau de développement, ont tendance à devenir impérialistes, c'est-à-dire à chercher hors de leurs frontières, et sur la base d'un rapport de forces qui les avantage, les matières premières, les travailleurs, les marchés dont elles ont besoin.

---

[16] Dans le Code Civil, on trouve même cette notation très étonnante, dont nous constatons tous les jours la vanité : « la bonne foi se présume ».

[17] J. Schumpeter : *Impérialisme et classes sociales*, Flammarion, collection Champs, 1984.

C'est au niveau des relations privées que Schumpeter a raison. Si on demeure dans le cadre des rapports économiques interpersonnels, les sociétés bourgeoises ont présenté, à l'intérieur des frontières nationales, un caractère pacifique. Elles n'affichaient pas la volonté de « forger » de façon volontariste un quelconque *homme nouveau* ; elles souhaitaient seulement créer, sans violence visible, les conditions dans lesquelles l'aventure humaine se réduirait peu à peu à convoiter ce qui se voit, et à chercher à l'acquérir par le travail. Dès lors, elle ne transmettait son idéologie que d'une manière indirecte et diffuse ; elle ne demandait à personne d'adhérer à une quelconque vision du monde ; elle se contentait d'inviter ceux qu'elle en jugeait capables à travailler pour produire, contre rémunération, des biens et des services, le reste - convictions, rapport au sacré, affectivité, etc. - relevant de la sphère privée. À mes yeux, c'est ce respect affiché à l'égard de la *privacy* de chacun qui a permis à la société bourgeoise de durer plus longtemps que la société socialiste (remarquons au passage qu'il y a de moins en moins de *privacy* aujourd'hui ; notre époque, exigeant de tout voir, demande à chacun de tout montrer). Reconnaissons qu'il a existé un « ordre bourgeois », certes de bas étiage spirituel, mais qui affichait clairement son but : promettre à chacun d'accéder aux biens de consommation par l'intermédiaire du travail, grâce à la production de valeurs d'usage sociales et aux échanges sur les marchés. Chez nous, on a appelé cela les « trente glorieuses », bien que le terme de « gloire » paraisse ici abusivement transposé.

C'est cet ordre qui est en train de s'effacer sous nos yeux. Pour les jeunes brûleurs de voitures, il ne s'agissait pas de forcer les portes d'une cité laborieuse - et qui l'est d'ailleurs de moins en moins – pour s'y faire une place. Il s'agissait d'en détruire les symboles les plus proches et les plus visibles : entreprises, écoles, centres sociaux ; tout ce qui pouvait contribuer à les *apprivoiser*, qui représentait un type d'activité et d'existence dont les responsables ne voulaient pas leur donner la clé, et qu'ils n'avaient pas non plus l'intention d'adopter.

Il ne faut pas croire, en effet, qu'à toutes les époques et dans toutes les sociétés, le travail ait été célébré comme l'élément structurant de la vie sociale. Tocqueville constatait, au milieu du XIXe siècle, le caractère récent du changement de l'esprit du temps, intervenu aux États-Unis d'Amérique, à l'égard du travail. « Dans une société démocratique, comme celle des États-Unis, où les fortunes sont petites et mal assurées, tout le monde travaille, et le travail mène à tout. Cela a retourné le point d'honneur et l'a dirigé contre l'oisiveté ». Dans les pays du Sud, on trouve encore des sociétés ayant choisi d'en rester, à cet égard, à l'ancien « point d'honneur ». Il est également possible qu'on y revienne à l'avenir sous nos climats, dès lors que la société bourgeoise traditionnelle ne parvient plus à honorer le contrat implicite sur lequel elle repose, et qu'elle a exprimé dans ses « déclarations des droits ». On peut rappeler ici quelques-unes de ces proclamations abstraites : « toute personne a droit au travail... toute personne a droit à un niveau de vie suffisant pour assurer sa santé, son bien-être et ceux de sa famille... » - autant de vœux pieux.

Dans un ouvrage précédent, j'avais cité un dialogue sur le sujet, qui m'avait semblé très révélateur de l'incommunicabilité des cultures. Le cadre en était le Sahara avant la découverte du pétrole, et les interlocutrices, une Européenne de bonne volonté et une Algérienne résidant là-bas. Pour nouer le contact, l'Européenne, une religieuse, pose une question qu'elle juge toute naturelle, allant de soi : « Ton mari, qu'est-ce qu'il fait comme travail ? (en arabe, littéralement : « qu'est-ce qu'il travaille ? ») . Réponse indignée de son interlocutrice : « il ne travaille pas ! ». Dans la culture du pays et de l'époque, c'était le *khammès* (le métayer au cinquième) qui cultivait la terre, non le *fellah* (l'agriculteur). Cela signifie qu'on était parfaitement fondé de se dire agriculteur, tout en considérant qu'on ne pouvait, sans *déroger*, se livrer au travail manuel. Se présenter comme un *fellah,* c'était dire qu'on disposait d'un statut dans la société locale ; mais cela n'impliquait en aucune façon l'accomplissement des actes productifs - correspondant certes à l'activité agricole, mais non au statut. Bien sûr, une telle conception était de nature à déconcerter les Européens, pour qui « l'homme est fait pour travailler comme l'oiseau pour voler », pour reprendre une expression du pape Pie XI, qui n'avait pas conscience de raisonner à l'intérieur d'une aire géographique et culturelle bien délimitée.

Chez nous, nous voyons aujourd'hui le travail attaqué en quelque sorte des deux côtés. Du côté des employeurs, on ne peut que constater leur réticence présente à embaucher pour de bon, les contrats étant offerts pour des durées de plus en plus courtes. C'est à cela que devait remédier le CPE, de funeste mémoire. De surcroît, les événements de novembre 2005 ont accru leur méfiance à l'égard des jeunes des banlieues, ce qui rendra encore plus problématiques les tentatives d'intégration pacifique passant par le travail. Du côté de ces jeunes, la tentation de la violence permanente, plus sourde mais tout aussi grave que les explosions ponctuelles, risque de gagner encore du terrain. Le temps évoqué ci-dessus : celui des corsaires, des détrousseurs de diligence, peut fort bien revenir à nouveau. Dès lors que la finance domine l'économie, que la spéculation boursière permet à quelques-uns de s'enrichir sans travailler, pourquoi faudrait-il se donner la peine de *produire* ? N'est-il pas plus simple, et, en un certain sens, plus rationnel (au sens que la théorie néo-classique donne à ce terme) de *prendre* une partie de ce qu'ils possèdent à ceux qui affichent les signes extérieurs de la richesse ?

En novembre 2005, comme à l'ordinaire, la télévision a fait défiler sous nos yeux des images destinées à susciter l'émotion, sans nous laisser le temps de nous arrêter sur aucune d'entre elles. Elle a mis en exergue les incendies spectaculaires de voitures ou d'entrepôts, au lieu d'attirer notre attention sur le feu qui couve par-dessous : une crise profonde de la reproduction sociale.

Depuis que les *statuts* ont été remplacés par les *contrats*, il y a plus de deux siècles, l'intégration sociale est procurée par le travail. C'est ainsi, du moins, que les choses étaient et sont encore présentées. « Voilà dans quelles idées nous avons été élevés. Car demander du travail, ce n'était pas demander ... C'était, dans une cité laborieuse, se mettre tranquillement à la place de travail qui vous attendait... »[18]. Le travail représentait la norme. Certes, le chômage était toujours présent dans le tableau, comme un élément perturbant - mais il était affecté, on le savait, d'un caractère à la fois cyclique et provisoire. À la « dépression » succédait bientôt « l'essor »... L'apparition, depuis trente ans, du chômage permanent est venue bousculer le modèle. Elle manifeste que nous sommes entrés culturellement dans une « nouvelle donne », mais non au sens où l'entendait Franklin Roosevelt au cours des années 1930. Aujourd'hui, pour les chefs d'entreprise, « la tentation est de se replier sur une gestion de survie », observait récemment Paul Fabra[19]. Au niveau de la nation, un tel comportement trace évidemment le chemin d'une « croissance » molle (ou d'une décroissance) ; mais, si l'on veut bien élargir la perspective et se doter d'un angle de vision plus large, il est surtout le signe d'un crépuscule. De leur côté, un grand nombre de jeunes, dont la famille en est aujourd'hui à sa troisième génération de non-employés, ne sont pas vraiment des « demandeurs d'emploi ».

---

[18] C. Péguy, L'*argent*, Gallimard, 1932.
[19] P. Fabra : Déchiffrer la France illisible, *Les Échos* des 20 et 21 janvier 2006.

On a parlé ci-dessus d'une double fracture. Sa réduction relève par conséquent d'un double traitement. À l'intention des jeunes qui ne souhaitent pas vraiment entrer dans le monde du travail et de l'économie, il serait vain de chercher à dessiner les traits de « nouveaux emplois » (aménagés, subventionnés, attrayants pour les employeurs virtuels, etc...). En fait, ils s'opposent autant au travail obligatoire qu'à l'école obligatoire. Des reporters de *Marianne*, qui en mars 2006 sont restés une demi-heure au milieu d'un groupe de 300 casseurs, ont pu noter la pauvreté de leur vocabulaire : des propos « tournant tous autour de la 'thune', de la 'baise' ou des 'flics' » (numéro du 1er au 7 avril 2006). Comme on le sait, le passage du discours articulé à la *novlangue* représente toujours un symptôme inquiétant. « S'ils avaient les mots, les voitures n'auraient pas brûlé », a noté un des journalistes suisses qui se sont succédés à Bondy pour réaliser le *Bondy Blog*. Et, au moment précis où il serait bien nécessaire de mettre un maximum de moyens pour apprendre aux jeunes à parler la langue commune, pour les aider à découvrir qu'il existe d'autres moyens d'expression que les coups et/ou l'injure, nos gouvernants actuels choisissent de réduire le nombre des enseignants.

Ce n'est pas non plus en leur faisant miroiter, en guise d'idéal, de vieilles pratiques individualistes remises au goût du jour (« travailler plus pour gagner plus ») qu'on ramènera ces jeunes gens à la nécessité d'un ordre, ou même au simple respect des horaires. Il existe autour d'eux suffisamment d'exemples prouvant qu'il est possible de vivre (bien) sans travailler, au sens courant que revêt ce dernier terme dans notre langue. C'est pourquoi on ne voit guère que deux remèdes à la fracture que représente chez nous leur dissidence larvée : la réintroduction dans les quartiers d'une police de proximité, bien sûr ; mais on n'aurait pas beaucoup avancé si la nation n'était présente dans les cités que par l'intermédiaire de sa police. « Les oubliés des banlieues font de temps en temps des crises de 'haine' contre le monde vide qui les entoure », écrivait il y a trois ans le chroniqueur Favilla[20] dans *Les Échos*. Le monde devient seulement un peu moins vide quand de grandes tours sont remplacées par des petites, et quand on substitue (sous des noms divers) une police municipale permanente à des incursions périodiques et musclées de CRS. Il ne s'agit là, me semble-t-il, que d'améliorations à la marge. Le véritable enjeu consisterait à réintroduire de la différence, dans

---

[20] Favilla, Combats singuliers, *Les Échos* des 17 et 18 mars 2006.

des quartiers qui sont le contraire de villages, puisque chacun bute sans cesse sur son semblable. Comme on peut le lire encore dans l'introduction du *Bondy Blog* : « tout le monde se surveille, les frères, les sœurs, les voisins, les potes, les mômes. Même les *dealers* se guettent les uns les autres. Et si quiconque s'avise de sortir du rôle qui lui a été assigné, les quolibets se chargent de le ramener à l'ordre (sic)».

Bien sûr, on peut souhaiter le rétablissement d'une certaine forme de mixité sociale : le retour des différences, qui viendraient gommer une homogénéité stérilisante ... mais on doit savoir que ce n'est pas simple. Dans les débuts de son installation à Grenoble, la municipalité Dubedout avait voulu donner corps à une grande utopie, pour laquelle elle avait retenu le beau nom de « Villeneuve ». Pour réaliser la mixité qui vient d'être évoquée, elle avait voulu combiner, dans un même ensemble urbain situé à la périphérie de la ville, des logements sociaux et d'autres, en accès à la propriété . Afin d'éviter les « cages à lapins », elle avait choisi de construire de grands appartements (« chaque enfant doit avoir sa chambre »). Dans le but d'éviter l'impression de ghetto, de confinement dans un désert économique, elle avait disposé autour des nouveaux immeubles un lot de commerces et de salles de sport.

Il existe, on le sait, une tentation de faire le bien, ou de changer la vie (des autres). De fait, dans ce cas précis, le rêve n'est pas devenu réalité. Les dégradations survenues dans les parties communes, ainsi que les difficultés rencontrées par leurs enfants à l'école, ont amené les résidents aisés à se retirer assez tôt (et à chercher à revendre leur appartement, autant que possible, avant l'effondrement des prix). Ces blocs de béton de dix ou quinze étages, ces immenses coursives de plusieurs centaines de mètres, sont devenus bientôt ce qu'ils étaient destinés à être : des repoussoirs. Dans un article où il reprend les idées de Jane Jacobs, à propos de la « planification urbaine inhumaine » qui a sévi en Europe de l'Ouest au cours de la seconde moitié du XXe siècle, le journaliste britannique Christopher Caldwell parle de ces « appartements si ternes (*dull*) que seuls les pauvres et les criminels voudraient y vivre »[21]. Comme l'observait la sociologue américaine (qui, à l'avance, avait jugé inévitables les émeutes qui ont soulevé les banlieues françaises à l'automne 2005) les planificateurs gouvernementaux vont au-delà de leurs moyens quand, croyant savoir ce qu'il faut aux gens pour être heureux, ils construisent une ville entière *ex nihilo*. *Dixit et facta sunt* :

---

[21] C. Caldwell : The razing of half-baked ideas, *The Financial Times*, 29-30 avril 2006.

une fois de plus, le *verbe* humain a cherché ici à devenir *chair* ; une fois encore, il a échoué dans cette entreprise. Parce qu'il fournit le cadre de la vie, l'habitat n'est pas destiné à entrer dans l'univers du mécanique, qui est fait seulement pour organiser la production des choses ; c'est - répétons-le - une croissance de type organique qui convient ici : plus lente, plus progressive, plus soucieuse du rôle de chaînon que le présent doit tenir entre le passé et le futur.

S'il s'agit de partager les conditions d'existence des habitants des banlieues, on doit pouvoir témoigner de qualités peu communes : être capable de durer dans un environnement difficile tout en semant la paix autour de soi, se montrer suffisamment patient et solide, se révéler plus soucieux d'*être* que de *faire* – et, surtout, ne pas chercher à « changer les gens ». Dans cette ligne, le rédacteur de l'introduction du *Bondy Blog* insiste à juste raison sur la nécessaire « modestie intellectuelle » qui a animé les journalistes ayant participé à l'expérience. Ne pas s'imaginer que son action aura un effet sur le déroulement de l'Histoire, n'avoir pas d'enfants (à cause des problèmes pouvant survenir à l'école), avoir peu de biens, et ne pas y être attaché de façon excessive ... on ne voit guère que des religieux qui pourraient correspondre à un tel « cahier des charges » ! Bien sûr, le message ne sera perçu que par ceux qui ont « des oreilles pour entendre ». À l'opposé, ceux pour qui la réussite dans la vie s'estime à l'aune du volume des possessions visibles risquent de considérer une telle aventure comme convenant à des *losers*. Et cependant, à côté d'une présence policière se faisant à nouveau proche des habitants, à côté d'entreprises innovantes - pouvant canaliser l'inventivité des jeunes des banlieues vers des horizons plus solides que le sport et le spectacle – il semble qu'un enracinement durable, au cœur des cités, du gratuit, du « non-marchand », du « non-rentable », peut constituer une alternative crédible. Ceux qui hésitent, qui cherchent encore leur voie, peuvent y trouver des raisons d'inventer des solutions excluant le recours à la violence. Au rebours de cela, il est question aujourd'hui d'enseigner une certaine forme d'économie aux enfants du primaire, afin de les immerger dans la logique du monde marchand, et de leur inculquer le plus tôt possible (pour qu'il n'y ait pas de temps perdu) le Credo déjà cité de Thomas Pollock, dans *L'échange* de Paul Claudel : *Tout vaut tant.*

Restent ceux, les plus nombreux, qui voudraient bien « gagner leur vie » dans des conditions normales, et qui ne parviennent pas à forcer l'accès d'une cité des hommes dont les portes se ferment devant eux. « Que fait l'État ?» dira-t-on. Un des participants à l'expérience du *Bondy Blog* a vu une affiche apposée par le Conseil Général de Seine-Saint-Denis, qui invitait la population à exiger « de l'État les moyens de vivre, travailler et s'épanouir ». Ce type de revendication est typiquement français, notait le journaliste suisse, qui s'étonnait de voir l'État sommé de jouer le rôle de distributeur universel de bien-être. Il n'avait pas lu Tocqueville : « Partout où, à la tête d'une entreprise nouvelle, vous voyez en France le gouvernement et en Angleterre un grand seigneur, comptez que vous apercevrez aux Etats-Unis une association. ». Depuis la loi de 1901 sur les associations, les choses ont bougé en France. Il n'en demeure pas moins que la première partie de la phrase demeure vraie de nos jours. Chez nous, un président de la République peut dire sans faire rire qu'il a été élu « pour résoudre les problèmes des Français ».

Pourtant, l'État ici est impuissant. Il ne s'agit pas de proposer quelques « trucs » et améliorations de détail, à la marge d'un système qui resterait pour l'essentiel inchangé. C'est la société civile tout entière qui est invitée à changer de regard – puisque c'est d'abord le regard qui est envahi par les choses. D'où cette impression de froid qu'éprouvent bien souvent chez nous ceux qui viennent du Sud, et qui n'a rien à voir avec la météo. Rentrant au pays natal après sept années passées à Londres, le narrateur du livre *Saison de la migration vers le Nord*, de l'écrivain soudanais Tayeb Salih, dit qu'il a vécu en Europe « au pays où les baleines meurent de froid ». Se montrer à nouveau capable de s'apercevoir que l'autre est en réalité un *prochain,* non un lointain – c'est la condition de la survie collective. Mamadou, 29 ans, bon musulman, considéré dans son quartier comme un « grand frère », confiait en novembre 2005 aux reporters de *Marianne* : « Ce qui se passe actuellement, c'est un petit mouvement d'adolescents un peu fous. La France verra comment les banlieusards s'organisent réellement le jour où les gens de mon âge et tous les adultes se soulèveront ». *La France verra* : on ne peut mieux dire qu'il existe une frontière invisible. Si les banlieues sont à l'extérieur de la France, cela veut dire aussi que la France (la nation, aussi bien que l'Etat) commence à l'extérieur des banlieues. Le jour où ceux qui ne *peuvent* pas travailler, -car ils n'arrivent pas à franchir cette frontière invisible - se joindront à ceux qui ne le *veulent* pas, on assistera à un changement d'échelle dans la forme de la contestation sociale. Ce ne sera plus le grand jeu d'adolescents dépourvus à la fois de pères et de repères, mais le passage à une contestation extrême : radicale au niveau de son but, organisée dans ses moyens d'expression.

Peut-être y aura-t-il alors un vrai programme, et de vrais interlocuteurs, comme il y en a eu en Guadeloupe en février 2009 ? Peut-être la parole prendra-t-elle enfin la place du cri ? En tout cas, ce retour en force du changement historique, dans un monde qui s'était laissé engluer dans la gestion du quotidien, peut laisser désemparés ceux qui ont accordé du crédit aux théories sur la fin de l'histoire et le monde prétendument « post-historique » dans lequel nous serions entrés. « L'ère des organisateurs » est désormais derrière nous : le temps des petits mécaniciens (du marché), tout comme celui des grands mécaniciens (de la politique macroéconomique) est sur le point de prendre fin. Les solutions ne relèvent plus d'un *énième* réaménagement des politiques de l'emploi et de la ville. C'est d'un changement complet – volontaire ou involontaire - des principes de la vie en société qu'il s'agit désormais ; mais je pense m'être suffisamment exprimé sur ce point dans les chapitres précédents.

Après avoir rompu avec Charles Maurras et son mouvement (« A Dieu, Maurras ! A la douce pitié de Dieu ! ») Georges Bernanos a cité un jour, de celui qui était devenu son adversaire, « une parole ruisselante de grandeur et de dignité humaine. 'Ce qui m'étonne' avait dit le chef de l'Action Française, 'ce n'est pas le désordre, c'est l'ordre' »[22]. Comment se fait-il en effet qu'il y ait tout de même un ordre parmi nous, dans un monde qui pourtant « gît au pouvoir du Mauvais » ? De cette parole, nous pouvons à juste titre tirer une leçon d'espoir. Cependant une question se pose : si l'ordre bourgeois qui nous enveloppe paraît atteint au cœur, par quel ordre différent peut-on le remplacer ? De toutes façons, on sait qu'un renversement complet des fondements de la cité ne peut être l'affaire de l'État, qui est fait au contraire pour conserver – ou améliorer à la marge - les situations acquises ; il ne peut provenir que des profondeurs de la nation. Encore faudrait-il pour cela que se produisît chez nous un véritable sursaut spirituel. Aujourd'hui improbable, celui-ci pourrait bien un jour, certaines circonstances nouvelles étant données, apparaître comme nécessaire. On y reviendra en conclusion.

---

[22] G. Bernanos : *Les grands cimetières sous la lune*, Plon 1938.

CONCLUSION

Qui se donne une référence spirituelle s'en prend nécessairement à une *normalité* bien établie, celle dans laquelle se reconnaît la société en laquelle il est lui-même inséré. Mais ceux qui se livrent à une recherche scientifique désintéressée se trouvent placés dans une situation analogue. On ne peut penser sans penser *contre*. À propos de la physique, l'épistémologue Gaston Bachelard a insisté sur ce point. « Une expérience qui ne rectifie aucune erreur, qui est platement vraie, sans débat, à quoi sert-elle ? Une expérience *scientifique* est ... une expérience qui *contredit* l'expérience *commune* ». En ce qui concerne les sciences sociales, qui explorent un domaine dans lequel les intérêts abondent, le travail va consister à aller contre les fausses évidences du sens commun. Comme on l'a noté plus haut, celles-ci peuvent procéder, soit de l'idéologie, soit de l'esprit du temps. L'une et l'autre ont déjà été évoqués dans ces pages, mais je souhaite revenir brièvement, en conclusion, sur la différence qui sépare celui-ci de celle-là.

L'idéologie est toujours diffusée par les titulaires du pouvoir économique et politique, en vue de faire apparaître comme *légitime* (autrefois) ou comme *rationnelle* (aujourd'hui) la manière dont ils gèrent les affaires de la cité. Pour pouvoir se présenter aux yeux des contemporains, non comme une forme de propagande, mais comme une évidence, l'idéologie s'est revêtue, selon les époques, de vêtements divers. Il y a eu l'idéologie religieuse (dont des formes subsistent aujourd'hui, en plein *âge positif*). On a connu aussi l'idéologie juridique, qui est l'idéologie bourgeoise par excellence (elle a pour fonction d'attribuer une valeur à la fois universelle et intemporelle à des règles de droit par nature contingentes). Ce que nous connaissons aujourd'hui, dans une société matérialiste comme la nôtre, c'est l'idéologie de la concurrence et du marché ; on va y revenir.

L'esprit du temps, au contraire, ne fait pas l'objet d'une diffusion par les idéologues patentés d'un quelconque groupe dirigeant. L'expression désigne un ensemble de sentiments et d'opinions qui, à chaque moment donné, ne sont remis en cause par quasiment personne. Ils représentent une sorte de *koïnè*, de langue commune, qu'il est impératif de parler si on désire être inclus dans le groupe et y jouer un rôle. Selon une formule fort éclairante, ils *font l'unanimité*. Chacun sent bien qu'en choisissant de se démarquer de ce que ses voisins jugent naturel, de ce qu'ils considèrent comme allant de soi, on court des risques sérieux d'isolement et de mise à l'écart. À la manière du héros de Cervantès, on risque d'apparaître bien vite, aux yeux des autres, comme le type même du personnage décalé.

Dans ces conditions, c'est bien l'esprit du temps qui va tracer la frontière entre la normalité et la déviance. Même ceux qui combattent ouvertement une idéologie dominante éprouvent souvent les plus grandes difficultés à s'en libérer. J'ai déjà cité une observation pénétrante d'Engels : « les grands penseurs du XVIIIe siècle », écrivait-il, « ne pouvaient transgresser les barrières que leur propre époque leur avaient fixées » ; et c'est ainsi que « l'Etat rationnel, le contrat social de Rousseau ... ne pouvait venir au monde que sous la forme d'une République démocratique bourgeoise ». On peut aussi penser à la mutation qui est intervenue entre le XVIIIe et le XIXe siècle en ce qui concerne la direction ou l'objet de la critique : on est passé alors de la critique de *la connaissance* (Kant) à la critique des *conditions de production de la connaissance* (Marx, Nietzsche). D'un siècle à l'autre, l'esprit du temps s'était transformé.

Toujours dans ce domaine, il existe bien sûr des exemples plus récents. Il y a quelques années, le journaliste Jean-François Kahn a souligné l'existence et la dangerosité d'un tel risque, en ce qui concerne les membres de sa profession. Dans une autocritique aussi intéressante que rare en milieu journalistique, il écrivait : « Nous ne sommes pas totalement innocents de ce que nous dénonçons. La chape de plomb du *conformisme d'époque* pèse également sur nos intentions libératrices ». Il y a là une manière intéressante de désigner l'esprit du temps (*Marianne* du 3 au 9 septembre 2005 ; c'est moi qui insiste).

Sous quelles formes se présentent aujourd'hui chez nous ces deux obstacles que sont l'idéologie et l'esprit du temps ?

On a dit ci-dessus que, de nos jours, *l'idéologie* prenait la forme de l'apologie de la concurrence et du marché. Il est en effet bien tentant pour les économistes de cautionner, au nom de ce qu'ils appellent le développement de leur science, les ruptures que les dirigeants du capitalisme mondial ont effectuées par rapport aux fondements de ce système, et de les présenter comme autant de progrès. Ce faisant, ils enfilent sans s'en douter les attributs que François Perroux s'était proposé un jour de passer au cou des intellectuels trop complaisants (« le collier et le grelot »).

L'apologie de la concurrence généralisée, censée entraîner la baisse généralisée des prix, constitue le centre de l'idéologie économique contemporaine. Au moment où les Bourses mondiales connaissent les troubles que l'on sait, on continue à affirmer que la conduite des activités économiques doit être remise à des marchés qualifiés d'*efficients*. Imposée par les directives contraignantes de l'Union Européenne et célébrée par les auteurs de manuels, la concurrence généralisée a pour effet de rompre un équilibre, de mettre à mal le réseau de services publics dont le fonctionnement assurait une couverture relativement complète du territoire : la poste, les chemins de fer, etc. Les régions qui se trouvent éloignées des sources de la richesse privée vont voir se retirer également les traces de la présence d'administrations publiques dont le but affiché, pourtant, n'est pas de faire du profit. A celui qui n'a pas grand-chose, pourrait-on dire, on enlèvera même ce qu'il a.

Dans la même rubrique, on doit classer aussi l'extension prise par la procédure des marchés publics, qui s'étend maintenant à des domaines où elle n'a normalement rien à faire. C'est ainsi qu'a été annexée à cette procédure la désignation des associations (ou, pour reprendre la formule plus large contenue dans le premier appel d'offres publié par le ministère de l'Immigration, des « personnes morales ») ayant accès aux Centres de Rétention Administrative, afin de permettre aux personnes retenues d'exercer leurs droits.

Même si elle est de moins en moins industrielle, la société bourgeoise vit toujours sur les bases dont elle s'est dotée au moment de sa mise en place : *liberté* d'entreprendre, pour ceux qui en ont les moyens ; *égalité* formelle ; *propriété* de plus en plus inviolable et de plus en plus sacrée (voir les développements ubuesques de l'affaire Clavier). Il faut bien, en effet, que le sacré, exclu du rapport avec l'invisible, se réfugie quelque part. À cette liste, comme l'avait fait Marx autrefois, il convient bien sûr d'ajouter le nom de Bentham.

Comment qualifier *l'esprit du temps* qui caractérise notre époque ? On citera d'abord deux expressions qui sont à même de décrire de façon correcte une orientation d'ensemble. La première est le « jouir à tout prix »[1]. Comme l'observait le psychanalyste Charles Melman,

---

[1] C. Melman : *L'homme sans gravité, jouir à tout prix. Op. cit.*

« l'expansion économique, accélérée, magnifique, mondialisée, a besoin pour se nourrir de voir se rompre les timidités, les pudeurs, les barrières morales, les interdits. Cela, afin de créer des populations de consommateurs, avides de jouissance parfaite, sans limite et addictives. On est désormais en état d'addiction à l'endroit des objets ». C'est ainsi que *l'économique* de Stanley Jevons est devenue normative ; et on sait que cet auteur avait construit tout son système sur le socle de la philosophie de Bentham.

La seconde est le « tout, tout de suite ». Elle conduit nos contemporains à se débarrasser, autant qu'ils le peuvent, du rythme biologique, du fardeau du temps et des saisons, de la lenteur des préparations, ou des effets sur le long terme des comportements quotidiens de gaspillage. Il n'y a plus que des instants sans épaisseur. On peut suivre l'évolution des cours de Bourse « en temps réel » (le réel, ici, c'est l'absence de tout délai, la suppression de l'attente). Des entreprises de maintenance nous promettent des interventions « 7 jours sur 7, 24 heures sur 24 ». Le dimanche se banalise ; l'ouverture des magasins ce jour-là est en voie de se généraliser.

À cet égard, l'esprit du temps exerce aussi son influence sur ceux qui ont la charge de conduire les politiques économiques. Paul Fabra a évoqué les confidences d'un ancien président de la Réserve Fédérale américaine, Arthur Burns, qui exerça cette charge de 1970 à 1978, période pendant laquelle une vague d'inflation sans précédent toucha les États-Unis. « Après avoir quitté ses fonctions », écrit Fabra, (Arthur Burns) « révéla son angoisse. 'A tout moment, le système de réserve fédéral a le pouvoir de faire avorter l'inflation et d'en terminer avec elle dans un court délai'. Que ne l'a-t-il fait ? Sa réponse fournit le fin mot de l'histoire, et pas seulement de la sienne : la Fed était elle-même prisonnière des courants philosophiques et politiques en train de transformer les conditions de la vie sociale et la culture américaines »[2]. Si en effet on désire obtenir « tout, tout de suite », on a besoin pour cela de disposer des liquidités suffisantes. Ayant entendu les propos de ce haut responsable de la finance, comment pourrait-on nier que le fonctionnement de nos économies, dans ses dimensions les plus concrètes, dépend de choix philosophiques préalables mais implicites ?

De plus, et comme au XIXe siècle, l'esprit du temps continue à diffuser une croyance naïve dans le cours unidirectionnel du progrès. On entend dire : « en 2009, on ne va tout de même pas dire que... ». De tels

---

[2] P. Fabra : La Fed de Bernanke et nous, *Les Échos* des 3 et 4 février 2006.

propos suggèrent que la conscience humaine évolue en permanence dans le sens d'une ascension, que le progrès spirituel accompagne toujours le progrès matériel. Rien, bien sûr, ne permet de le démontrer ; on est ici clairement dans le domaine de la foi.

Les adversaires que nous avons à affronter une fois identifiés, il s'agit de dégager les points qui ressortent de l'analyse que j'ai tenté de conduire dans ces pages. Ici, je souhaite seulement proposer quelques matériaux ; chacun, s'il le désire, pourra intégrer l'un ou l'autre à sa propre réflexion. Pour que ces points apparaissent plus clairement, je les présenterai sous forme de paragraphes numérotés.

1. Le vocabulaire couramment utilisé à notre époque ne correspond pas à la réalité économique du monde qui nous entoure. Ainsi, il est très étonnant qu'on nous parle couramment des bienfaits ou des méfaits du *libéralisme*, alors que le système capitaliste dans lequel nous sommes bon gré mal gré insérés, est rien moins que libéral. Aujourd'hui, le marché aboutit à la constitution d'oligopoles et de monopoles. Avant 1950, Joseph Schumpeter et Joan Robinson l'avaient l'un et l'autre signalé. Et nous savons comment les véritables économistes libéraux, à commencer par le premier d'entre eux, Adam Smith, ont fustigé les monopoles ! Comme on l'a dit plus haut, tant que l'Europe a été libérale, que son économie a fonctionné en conformité avec les canons de l'économie politique ricardienne, notre continent a connu la paix (en gros, de 1815 à 1870). Ensuite est venu à la fois le temps des monopoles, de l'impérialisme et du dépeçage de l'Afrique (congrès de Berlin, 1878), avec une série de guerres à la clé.

Le processus de destruction inhérent au capitalisme – et dont Schumpeter escomptait à long terme des effets créateurs, par la grâce de la dialectique - entraîne par sa nature même une sortie du libéralisme. Les lois anti-trusts n'y peuvent rien. Dans tous les secteurs, nous sommes à l'ère des pouvoirs privés, des « grandes unités interterritoriales » - pour utiliser un vocabulaire popularisé autrefois par l'ISEA de François Perroux - qui se dévorent les unes les autres, à travers les OPA ou les fusions-acquisitions.

Dès lors, parler de libéralisme, même en l'affectant du préfixe « néo », est aussi inadapté que de qualifier de « néo-classique » une *économique* tournant le dos aux bases mêmes de la véritable économie politique classique, puisqu'elle choisit de raisonner en termes d'utilité du consommateur individuel, de rareté, d'agents économiques, etc.

2. On ne doit pas trop miser sur la capacité dont disposeraient les hommes politiques pour transformer les réalités sociales, ni prétendre que l'État aurait en permanence la vocation d'enfanter la nation. Dans ce pays, on attend par trop de la politique qu'elle accomplisse des miracles. Cette croyance date peut-être du temps où nos rois guérissaient les écrouelles... Et c'est ainsi qu'on transpose trop facilement le vocabulaire du spirituel à des réalités qui appartiennent au monde de la contingence. Il y a près de trente ans, on nous a fait croire que la politique était en mesure de « changer la vie » ; c'était lui demander plus qu'elle ne pouvait donner. Comme on a bien dû le constater à l'époque, les limites du volontarisme politique apparaissent toujours assez vite. Après une brève période d'illusion lyrique, on découvre que les faits sont têtus, et que la réalité ne peut être aisément façonnée par le verbe.

De grands économistes du passé avaient cependant cru qu'une action correctrice menée par les pouvoirs publics permettrait au capitalisme d'échapper à sa tendance naturelle au déséquilibre. On a vu que Sismondi avait cherché, dans le lointain passé de l'Europe, des leçons devant permettre de résoudre les problèmes de son temps.

Aujourd'hui les hommes politiques, se référant à Keynes (qu'ils n'ont pas lu) affirment que l'Etat doit monter en ligne pour sauver la nation (la « communauté », disent les Britanniques). Puisque sa signature est censée correspondre à une sécurité absolue, il a reçu la charge d'emprunter, pour mettre des liquidités à la disposition des entreprises qui vont créer ensuite de l'emploi, de la croissance, etc... On reproche aux hommes d'Etat d'intervenir pour sauver les riches ; ils répondent qu'ils cherchent à sauver tout le monde, y compris les pauvres, qui dépendent eux-mêmes des riches. Mais on a vu que, dans des économies dénationalisées, l'interdépendance qui liait autrefois les capitalistes et les ouvriers ne correspondait plus à la réalité d'aujourd'hui.

3. D'une manière générale, nous attribuons trop facilement la responsabilité des maux dont nous souffrons à l'Etat, c'est-à-dire aux détenteurs du pouvoir politique. Ce diagnostic ne paraît pas justifié.

C'est bien la nation, non l'État, qui n'attribue aux immigrés et à leurs descendants que des fonctions subalternes, en dehors d'espaces qui leur sont en quelque sorte réservés, comme le sport ou le spectacle. C'est elle qui juge normal de sous-payer les femmes travaillant dans le secteur privé, ou d'accroître les obligations pesant sur les médecins étrangers auxquels les hôpitaux publics sont contraints de faire appel (afin de combler les vides creusés dans leurs rangs par l'effet du *numerus clausus* touchant les études de médecine). C'est elle qui multiplie les contrats de très courte durée, assortis d'horaires de travail à la fois réduits et contraints. C'est elle qui a besoin de se voir fixer des quotas pour faire une place aux handicapés dans le monde du travail, tout en faisant en sorte qu'il existe, dans le dispositif mis en place, des portes de sortie permettant d'échapper à l'obligation légale. La fixation d'un quota est toujours le signe d'un échec : il manifeste qu'on décide d'attribuer, dans une société qui se perçoit comme « normale », une place prédéterminée à la différence. On accordera donc à celle-ci un certain pourcentage de visibilité sociale - ni plus, ni moins. Ainsi, c'est toujours la perspective mécanique qui prévaut chez nous, quand il s'agit de résoudre nos « problèmes de société ».

La nation peine aussi à embaucher ses jeunes gens. C'est bien « la société tout entière », observait récemment une journaliste des *Échos,* « qui prend un malin plaisir depuis vingt ans à exclure ses jeunes. Elle s'est habituée à ce que les jeunes de moins de 25 ans ne soient pas légitimes dans le monde du travail »[3]. Ainsi, quand en mars-avril 2006 elle a manifesté massivement contre la précarité, notre société, sans s'en apercevoir, manifestait aussi contre elle-même, contre ses propres règles de fonctionnement.

Le premier ministre de l'époque avait cherché à obtenir à tout prix une baisse du chômage des jeunes de moins de 25 ans, et en particulier des jeunes de banlieue. C'est bien à ceux-ci, en effet, que le « contrat première embauche » était prioritairement destiné. Le *deal* implicitement proposé aux employeurs virtuels était le suivant : décidez-vous à embaucher des jeunes sans diplôme, sans qualification et sans expérience ; s'ils ne donnent pas satisfaction, vous êtes autorisés à les licencier sans formalité, tout au long d'une période de test étendue à deux ans.

Ces mots, cependant, ne pouvaient être prononcés de façon claire : en effet, au-delà d'une simple mesure technique, il s'agissait bien de revenir sur des dispositions du Code du travail et d'accroître, unilatéralement et de façon officielle, le caractère volatile de l'emploi salarié. Le moment paraissait venu d'appliquer à la France une pratique anglo-saxonne bien connue, aussi expéditive qu'efficace, celle du *hire and fire* (embaucher et saquer). Imposée de force à une Assemblée

---

[3] F. Fressoz : Derrière la révolte, le piège de l'immobilisme. *Les Échos* des 17 et 18 mars 2006.

nationale réticente, la loi, promulguée, mais non appliquée (!) a été bientôt contestée dans la rue par des foules de jeunes manifestants – y compris par de jeunes diplômés, non directement concernés par le texte - bientôt rejoints par des adultes. Tous venaient crier leur refus de la régression sociale en général, et de ce nouveau dispositif en particulier.

Et certes, il est réconfortant de voir que l'on refuse d'admettre, dans ce pays, que des personnes soient traitées comme des choses. De fait, le terme de *jetable* a été souvent utilisé au cours de la contestation.

Cependant, en refusant à juste titre d'être considérés comme jetables, les jeunes oubliaient un moment que, sur le marché de l'emploi, ils étaient déjà largement *rejetés* (23% de taux de chômage, et, parmi ceux qui sont employés, 70% d'emplois temporaires). Mais un « marché du travail » fermé représente un adversaire trop diffus et trop abstrait pour pouvoir être contesté dans la rue. On ne peut se battre contre un taux ; et « le patronat » n'est pas un adversaire identifiable. Si par contre un gouvernement modifie unilatéralement le contenu des contrats de travail s'appliquant aux jeunes, abaissant leur qualité pour tenter d'en augmenter la quantité, la situation est perçue comme intolérable. Le chômage est un *fait* ; on le vit mal, mais on ne voit pas comment le combattre de front. Mais qu'on ne touche pas au *droit* ! En pareil cas, on se trouve placé dans une configuration dont notre histoire a connu bien des exemples : la nation contre l'État.

J'ajouterai une autre remarque. Au moment de la Commune, écrivait Marx en avril 1871 à un ami allemand, les Parisiens se sont lancés « à l'assaut du ciel »[4]. Au printemps 2006, les étudiants et les lycéens protestataires ne sont montés qu'à l'assaut d'un contrat. Ni le règne de l'argent, ni l'économie de puissance dans laquelle nous continuons à vivre, ni la société du contrat qui en est le support juridique, n'ont été clairement désignés comme les véritables adversaires. La mise à l'écart systématique des *losers* n'a pas été ouvertement dénoncée. Les élèves des grandes écoles qui constituent, selon un mot français intraduisible en d'autres langues, la future *élite* du pays, sont loin de refuser le monde de la performance et de la compétition, puisqu'ils se savent destinés à participer au jeu, et à en bénéficier .

Couramment admis dans ce pays, le « politique d'abord » se traduit par de fréquentes manifestations contre l'État, quand il apparaît que des principes fondateurs sont bafoués. S'en prendre à la norme elle-

---

[4] K. Marx, J. Marx, F. Engels : *Lettres à Kugelmann*, Éditions sociales, 1971.

même, c'est-à-dire à l'esprit du temps qui imprègne une société tout entière (et, par conséquent, manifester aussi contre soi-même) est une attitude beaucoup moins courante. On en aurait cependant bien besoin aujourd'hui.

4. Les économies socialistes de l'Est européen ont disparu, et l'économie paysanne est dévalorisée, y compris chez la plupart des agriculteurs d'aujourd'hui. Dans leur très grande majorité, nos contemporains demeurent attachés au système capitaliste. Ils savent bien qu'ils n'atteindront jamais le niveau de rémunération indécent des magnats de la finance ; mais il leur paraît en quelque sorte naturel qu'un système fondé sur la *croissance* perpétuelle de la production assure aussi à chacun une *croissance* régulière de ses revenus ; c'est même sur cette profession de foi individualiste qu'est basé ce qui nous reste aujourd'hui de consensus social. S'ils connaissaient l'expression, ils exprimeraient leur accord avec la conception anglo-saxonne du *trickle down* : quand beaucoup d'argent est déversé en haut, il s'en trouvera toujours un peu pour arriver à filtrer et atteindre le bas.

Pour fonctionner, on le sait, un tel système suppose une augmentation permanente de la productivité, une recherche continue de l'élévation des performances, et des processus de fabrication qui changent sans cesse. De là provient l'avalanche de termes, anciens ou nouveaux, qui sont couramment usités aujourd'hui dans le domaine des relations de travail : souplesse, flexibilité, adaptabilité, employabilité... À cette liste déjà longue, madame Parisot vient d'ajouter un néologisme : il s'agit de promouvoir la « séparabilité » de l'employeur et du salarié, notion sur laquelle le Medef veut « travailler » (?). Le sujet serait en effet « détabou-isé » (? ?), aux yeux de la présidente de cette organisation (*Les Échos* des 21 et 22 avril 2006).

Ce foisonnement du vocabulaire d'exclusion, cette assimilation des hommes aux matières premières, expriment bien les bouleversements apparus dans ce pays, depuis la fin des années de forte expansion, dans l'organisation des entreprises. De leur côté, et tout en célébrant à l'occasion le « modèle français », nos gouvernants contribuent à la désorganisation générale. Le démantèlement actuel des services publics sur l'autel de la concurrence (pensons à ce que représentaient chez nous les PTT, il n'y a pas si longtemps) est un facteur aigu d'aggravation du Grand Déséquilibre dont a parlé Friedmann.

Un monde comme le nôtre est aussi, nécessairement, un monde plein de risques - pour les hommes comme pour la nature. Alors gouverneur de la Banque de France, Jean-Claude Trichet était interrogé en ces termes, au mois de juin 1998, par deux journalistes des *Échos* : « ... La crise asiatique peut se répercuter sur l'économie américaine puis sur la croissance européenne. N'y a-t-il pas là un risque ? » M. Trichet répondait : « Bien sûr il y a partout des risques... Mais permettez-moi une remarque. Il faut que notre culture s'habitue à vivre dans un monde qui bouge, parfois pour le meilleur, parfois pour le moins bon. Nous ne sommes pas dans un monde ordonné comme un parc à la française, mais dans un monde de chances et de risques... »[5]. Il vaudrait mieux dire : nous avons quitté l'économie de circuit, où le premier objectif était la sécurité (*security first !)* et nous l'avons remplacée par l'économie de la croissance accélérée et du *toujours plus*, qui accroît les dangers, dans le même temps et au même rythme qu'elle accroît les richesses sans les partager équitablement. Reste à parvenir au troisième et dernier terme du processus dialectique : la négation de la négation. Il correspond à l'entrée dans une économie organique, où les hommes cessent de se battre en permanence contre la nature, et les uns contre les autres. Mais cela ne sera possible que si l'économie actuelle, celle qui divise les hommes en vainqueurs et en vaincus, fait la preuve de son impuissance radicale à assurer la couverture des besoins humains.

En 1817, David Ricardo raisonnait encore sur la base de l'hypothèse de l'égalité des taux de profit à l'intérieur d'un espace économique national. A l'opposé de cette conception, Daniel Zajdenweber nous a rappelé que nous vivons dans une « économie des extrêmes » qui retire tout intérêt au calcul des moyennes. « Certaines distributions hyperboliques de profits contiennent des valeurs tellement extrêmes que leur moyenne est infinie, rendant ainsi inutile l'estimation d'une quelconque moyenne, *ex-ante* comme *ex-post* ».

Notons-le au passage : de la part de l'auteur, il ne s'agit pas là d'une remarque critique, bien au contraire. Pour lui, l'extrême n'est pas à fuir ; il représente au contraire la nouvelle *normalité*, il fait partie des conditions courantes de la vie présente. L'enseignant de Nanterre nous annonce clairement que le risque, voire la possibilité de la catastrophe, représente le prix à payer pour le droit de vivre dans une société ayant

[5] Réduction des déficits publics : « On n'en fait jamais assez », affirme Jean-Claude Trichet. *Les Échos* des 19 et 20 juin 1998.

choisi comme objectif l'obtention d'une croissance matérielle à la fois forte et continue. Puisque nos contemporains demeurent animés d'une foi sans réserves en la capacité des sciences et des techniques à accomplir des pas en avant incessants - dont ils comptent bien toucher au passage les dividendes - ils doivent accepter aussi le passif du bilan : la quotidienneté du danger. « Dans tous les cas de figure, profits ou dommages, les valeurs *extrêmes* ne sont pas étrangères au fonctionnement économique *normal* » (c'est moi qui insiste). « Certes, sans elles, il n'y aurait plus de grandes catastrophes, mais sans elles également il n'y aurait plus de producteurs de films ou d'artistes, plus de laboratoires prenant le risque d'investir dans la mise au point de traitements contre les grandes maladies chroniques contemporaines, plus de *start-up*, plus d'innovateurs investissant dans les nouvelles technologies. Resterait-il alors encore une croissance ? »[6].

Dans une société traditionnelle, ou « de circuit », le risque vient toujours de l'extérieur : de la nature qui « se fâche », des ennemis du groupe qui pillent et rançonnent, des puissants qui prélèvent le surplus, etc. Aujourd'hui, nous devons nous dire que le risque fait partie intrinsèque du fonctionnement même de notre système. Le recours à des technologies non maîtrisées induit le risque industriel ; la volonté de « faire de l'argent » à tout prix induit le risque financier. Ainsi, les métamorphoses du mal « suivent comme leur ombre les progrès de la raison », comme l'écrivait Jean Baudrillard en 1995.

5. Sommes-nous riches ? Il y a près de trente ans, Paul Fabra posait la question dans son ouvrage déjà cité, *L'anticapitalisme*. Au premier abord, elle peut paraître oiseuse. Il semble en effet que la réponse ne peut être que positive : dans ce pays, il a été longtemps jugé « normal » que le Produit Intérieur Brut augmente chaque année d'un certain pourcentage (élevé autrefois, très faible aujourd'hui, négatif demain). En fait, écrit Fabra, « la société a joué à être riche ». Nous ne sommes riches, en effet, que parce que nous vivons au-dessus de nos moyens, consommant sans précaution des ressources fossiles et détruisant l'environnement pour assurer plus de confort au quotidien. « De nos jours », poursuivait l'économiste parisien, « beaucoup de gens jouissent d'un certain confort, mais le bien-être (relatif) ainsi répandu sur une partie importante de la société est obtenu au prix d'une tricherie universelle ». Chacun ou presque possède une automobile, mais les

---

[6] D. Zajdenweber : *Économie des extrêmes*, Flammarion, 2000.

moteurs sont polluants : c'est la nature qui paie. Si on met sur le marché des produits nocifs, c'est parce que nous ne sommes pas assez riches pour pouvoir fabriquer, en quantité suffisante et à un prix abordable, des modèles susceptibles de fournir un service au moins égal – et qui, par surcroît, ne seraient pas facteurs d'agression pour la nature.

La volonté d'éliminer les nuisances implique le choix d'une croissance plus lente, de type biologique. Mais qui est prêt, aujourd'hui, non seulement à sortir du capitalisme, mais à dénoncer à la fois la mise à mal de la nature, la précarisation de la vie professionnelle et l'envahissement du règne des choses ? Si notre société accepte un jour de mettre en place une économie organique (donnant une chance à chacun et respectant la nature) elle devra admettre de ne plus réserver l'expérience de la pauvreté au seul groupe des marginaux. Nous sommes invités à retrouver la fonction sociale du jeûne...

6. Le moment paraît venu en effet de réaliser que le temps des « habiles gens » est passé, et de nous préparer à vivre le moment où responsables politiques et économistes reconnaîtront qu'ils ne savent plus que faire. Au cours des années 1980, l'ancien commissaire au Plan Michel Albert nous avait déjà avertis : « les vieilles politiques de gauche ont échoué » … « les nouvelles politiques de droite vont échouer »[7]. Près de trente ans plus tard, nous en sommes toujours au même point.

Pour sortir des difficultés présentes, il ne suffit plus de recourir à des mesures techniques, sous la forme de nouvelles relances (pour lesquelles, miraculeusement, les caisses de l'Etat cessent tout d'un coup d'être vides). Il n'y a plus rien à attendre des interventions sur le volume de la masse monétaire entraînant une « inflation modérée » permettant d'acheter la paix sociale. Nous ne sommes plus au temps de la « souplesse » ; c'est à une interrogation plus poussée que nous sommes conviés aujourd'hui. Nous ne pourrons pas vivre indéfiniment dans un monde marqué par la malencontreuse séquence ternaire : production, consommation, destruction - dont presque personne aujourd'hui ne songe à dénoncer le troisième terme - et surtout pas les hommes politiques.

C'est dire qu'on se retrouve à nouveau placé face aux questions non-résolues de mai 68. On sait du moins qu'il ne s'agit pas de leur donner des réponses inadéquates. Ne cherchons plus à créer quelques oasis dans un désert environnant : on a déjà dit que les enclaves sont

---

[7] M. Albert : *Le pari français*, Seuil 1982.

destinées à être résorbées un jour. Vouloir une économie de type organique et non mécanique, c'est d'abord choisir, pour une société entière et non seulement pour quelques-uns, un rythme de vie différent ; c'est vouloir que ni les hommes ni la nature ne soient sacrifiés à la volonté d'accaparement des choses ; c'est montrer que la recherche incessante de toujours plus de richesse n'est pas autre chose qu'une entreprise « vaine et vide ».

Cela implique la dénonciation du culte de l'idole-productivité (Fabra) qui conduit à refouler dans la précarité, voire dans la rue, tous ceux et toutes celles qui sont considérés comme insuffisamment performants, voire carrément inaptes. « L'Angleterre, en oubliant les hommes pour les choses, n'a-t-elle pas sacrifié la fin aux moyens ? » demandait déjà Sismondi, dans la préface à la deuxième édition de son livre majeur. En fait, nous ne serons capables de renverser l'ordre des priorités que si nous retrouvons le sens du spirituel. Les sociétés bourgeoises n'ont jamais prétendu qu'elles allaient faire naître un « homme nouveau » ; elles n'ont jamais promis aux hommes que du quantitatif : l'accroissement du bien-être matériel ; et elles ont laissé fleurir les religions sur leurs marges pour couvrir plus ou moins bien le champ qualitatif et non-mesurable de l'aventure humaine. C'est leur force, par rapport aux propagateurs de trop de mythes idéalistes ; mais c'est aussi leur faiblesse. Le Lautréamont qui écrivait : « Je suis fils de l'homme et de la femme, d'après ce qu'on m'a dit. Cela m'étonne. Je croyais être davantage... » sommeille, à des niveaux plus ou moins profonds, dans le cœur de chacun.

Si elle se dirige un jour en ce sens, une nouvelle révolte des jeunes ne se résumera pas (comme en 1968) à un temps d'expression libre débouchant sur une forme ou une autre de restauration ; elle sera plus qu'un simple *happening*. Mais on devra d'abord comprendre que la première réforme à promouvoir est la réforme de soi-même.

Reprenons une fois encore, pour finir, la vieille terminologie schumpétérienne (elle date de 1912) déjà utilisée dans ce livre. Nous avons choisi de sortir du circuit, et nous voilà dans la tourmente. Nous avons accepté d'être exposés au vent, et nous sommes en train de récolter la tempête. Des films récents comme *Sauf le respect que je vous dois*[8] expriment la montée de l'angoisse sociale, et nous montrent combien des hommes pacifiques, « bien intégrés » (comme on dit aujourd'hui) dans

---

[8] De la réalisatrice Fabienne Godet, 2005.

leur entreprise et leur famille, peuvent entrer tout d'un coup dans une spirale incontrôlée de violence. Il serait temps d'écouter, sur ce point aussi, l'avertissement de Hannah Arendt, et de prendre conscience aussi bien de la fragilité humaine que de la banalité du mal.

Reste à trouver la porte de sortie ; mais il se trouve que c'est impossible, sans un passage par une véritable révolution spirituelle. Redisons-le une fois de plus : si les solutions techniques sont devenues inopérantes, c'est qu'il s'agit maintenant de mourir ou de renaître. « Dans les nations démocratiques », écrivait Tocqueville au milieu du XIX° siècle (il vaudrait mieux dire : dans les sociétés bourgeoises) la vie se passe « au milieu du mouvement et du bruit, et les hommes y sont si employés à agir, qu'il leur reste peu de temps pour penser ». On a cité précédemment les propos de Joseph Schumpeter qui, cent ans plus tard, dans la préface de la deuxième édition de son *magnum opus*, reprenait à son compte le même avertissement, tout en le formulant de façon plus angoissée : « Nous planifions toujours beaucoup trop et pensons toujours trop peu. Nous nous offusquons d'une invitation à penser, et nous éprouvons de la haine à l'égard d'un argument inhabituel, qui ne concorde pas avec ce que nous croyons déjà, ou aimerions croire. Nous marchons vers notre futur comme nous marchions vers la guerre, les yeux bandés ». Cependant, dans des sociétés bourrées de moyens de destruction, comme le sont devenues les nôtres, il est bien dangereux de vivre les yeux bandés.

Pour nous forcer à ouvrir les yeux, une révolte étudiante ne peut pas servir de déclencheur, mais seulement de signal d'alarme. En effet, la mobilisation risque fort de s'éteindre, une fois atteint le but ponctuel que le mouvement se sera donné au départ (« on a ga-gné »). Pour renverser de leur piédestal les mythes qui gouvernent l'esprit du temps (les « marchés efficients », les « anticipations rationnelles », la « main invisible du marché ») il existe un moyen plus radical : c'est l'éclatement d'une véritable crise de système, amenant toute la richesse virtuelle – issue de ce qu'on appelle aujourd'hui la « création de valeur » - à se dissiper comme de la fumée. Pour reprendre à nouveau la formule savoureuse empruntée à un feuilleton d'été publié naguère par *The Economist,* il s'agirait en quelque sorte d'une bonne « claque de la main invisible ». Tant qu'elle ne sera pas administrée (mais on dirait que cela commence) nos adversaires auront beau jeu d'opposer le principe de réalité à ce qu'ils appelleront nos utopies. Les présentateurs de Journaux

Télévisés pourront encore, s'ils le souhaitent (« bonne nuit, les petits ») nous donner une image lisse d'un monde chaotique. Mais il se trouve que, dans ce monde de plus en plus artificiel (où, pour s'enrichir, la spéculation apparaît plus raisonnable que la production) cette crise de système représente bien l'avenir le plus probable. Peut-être tirerons-nous un meilleur parti de la récente tempête financière que nos pères ne l'ont fait de celle de 1929. Pour cela, il serait nécessaire de sortir délibérément des sentiers battus (« injecter » des milliards pour que tout redevienne comme avant ?) - mais c'est beaucoup demander aux hommes politiques. A partir de là, un scénario de sortie de la crise économique et de la dépression spirituelle sera possible - si les hommes, enfin instruits par l'expérience, ont vraiment le désir de renverser les idoles, et décident pour de bon de choisir la vie.

Quelques pistes ont été brièvement tracées au chapitre 5 de ce livre. J'ai la conviction qu'aucun changement d'envergure n'est possible tant que le capitalisme mondialisé parvient encore à fonctionner, même si c'est en tournant le dos à ses principes fondateurs. Jusque-là, les optimistes qui parient sur « la reprise » à venir parviendront encore à se faire entendre. Mais en attendant que la chute attendue se produise, il s'agit déjà, pour chacun de nous, de se refaire le regard, pour rejeter le monde de la prédation et retrouver le chemin de l'amitié, avec les hommes, avec les choses, avec la nature – au prix, comme l'écrivait déjà Jacques Maritain en 1936, « d'un effort constamment difficile, et d'une certaine pauvreté ».

Il s'agit là d'un véritable préalable spirituel ; son acquisition ne sera envisageable que si elle apparaît comme le seul chemin de survie - c'est-à-dire : à condition qu'il n'y ait pas d'alternative. Cela est d'autant plus nécessaire que nous nous trouvons littéralement en terre inconnue, toutes les routes qui s'offraient à nous autrefois paraissant désormais barrées. Le capitalisme, sous sa forme actuelle, se résume en un vaste programme, mené à l'échelle mondiale, tendant à asservir les hommes à la « dictature molle » de leurs besoins, présentés comme illimités ; pourtant, ses représentants officiels revendiquent hautement le statut de hérauts de la liberté. Quant au socialisme étatique, qui avait toujours affirmé son orientation matérialiste, il a fonctionné, là où il a été appliqué, comme une tentative globale de soumission des hommes à l'Idée. Cette situation paradoxale a au moins un mérite, celui de nous inviter enfin à penser ; car l'époque décisive qui est la nôtre se présente à nos yeux sous les traits d'une radicale nouveauté.

L'HARMATTAN, ITALIA
Via Degli Artisti 15 ; 10124 Torino

L'HARMATTAN HONGRIE
Könyvesbolt ; Kossuth L. u. 14-16
1053 Budapest

L'HARMATTAN BURKINA FASO
Rue 15.167 Route du Pô Patte d'oie
12 BP 226 Ouagadougou 12
(00226) 76 59 79 86

ESPACE L'HARMATTAN KINSHASA
Faculté des Sciences Sociales,
Politiques et Administratives
BP243, KIN XI ; Université de Kinshasa

L'HARMATTAN GUINEE
Almamya Rue KA 028 en face du restaurant le cèdre
OKB agency BP 3470 Conakry
(00224) 60 20 85 08
harmattanguinee@yahoo.fr

L'HARMATTAN COTE D'IVOIRE
M. Etien N'dah Ahmon
Résidence Karl / cité des arts
Abidjan-Cocody 03 BP 1588 Abidjan 03
(00225) 05 77 87 31

L'HARMATTAN MAURITANIE
Espace El Kettab du livre francophone
N° 472 avenue Palais des Congrès
BP 316 Nouakchott
(00222) 63 25 980

L'HARMATTAN CAMEROUN
Immeuble Olympia face à la Camair
BP 11486 Yaoundé
(237) 458.67.00/976.61.66
harmattancam@yahoo.fr

L'HARMATTAN SENEGAL
« Villa Rose », rue de Diourbel X G, Point E
BP 45034 Dakar FANN
(00221) 33 825 98 58 / 77 242 25 08
senharmattan@gmail.com

634833 - Décembre 2015
Achevé d'imprimer par